utb 4441

W0064452

Eine Arbeitsgemeinschaft der Verlage

Böhlau Verlag · Wien · Köln · Weimar
Verlag Barbara Budrich · Opladen · Toronto
facultas · Wien
Wilhelm Fink · Paderborn
A. Francke Verlag · Tübingen
Haupt Verlag · Bern
Verlag Julius Klinkhardt · Bad Heilbrunn
Mohr Siebeck · Tübingen
Nomos Verlagsgesellschaft · Baden-Baden
Ernst Reinhardt Verlag · München · Basel
Ferdinand Schöningh · Paderborn
Eugen Ulmer Verlag · Stuttgart
UVK Verlagsgesellschaft · Konstanz, mit UVK / Lucius · München
Vandenhoeck & Ruprecht · Göttingen · Bristol
Waxmann · Münster · New York

Univ.-Prof. Dr. phil. habil. Roland Stein, Jahrgang 1962, Dipl.-Psych.; Lehrstuhl für Sonderpädagogik V, Pädagogik bei Verhaltensstörungen an der Bayerischen Julius-Maximilians-Universität Würzburg. Forschungsschwerpunkte: Arbeit und Beruf, Beratung, Unterricht.

Dr. phil. Thomas Müller, Jahrgang 1975; tätig am Lehrstuhl Sonderpädagogik V, Pädagogik bei Verhaltensstörungen an der Bayerischen Julius-Maximilians-Universität Würzburg. Forschungsschwerpunkte: Vertrauen und soziale Benachteiligung, Erziehung und Unterricht.

Roland Stein
Thomas Müller

Wissenschaftstheorie für Sonderpädagogen

Ein Arbeitsbuch zu Theorien und Methoden

Verlag Julius Klinkhardt
Bad Heilbrunn • 2016

Online-Angebote oder elektronische Ausgaben zu diesem Buch
sind erhältlich unter www.utb-shop.de

Die Deutsche Bibliothek – CIP-Einheitsaufnahme
Die Deutsche Nationalbibliothek verzeichnet diese Publikation in der Deutschen Nationalbibliografie;
detaillierte bibliografische Daten sind im Internet über http://dnb.d-nb.de abrufbar.

Umschlagbild: © Andrew Rich / istockphoto.
Einbandgestaltung: Atelier Reichert, Stuttgart.

Druck und Bindung: Friedrich Pustet, Regensburg.
Printed in Germany 2016.
Gedruckt auf chlorfrei gebleichtem alterungsbeständigem Papier.

utb-Band-Nr.: 4441
ISBN 978-3-8252-4441-5

Inhaltsverzeichnis

Vorwort

Sonderpädagogik ist eine wissenschaftlich immer noch recht junge und immer wieder sehr dynamische Disziplin. Sie bedarf, wie alle wissenschaftlichen Disziplinen, der theoretischen Grundlegung. Hier setzt die Auseinandersetzung mit Wissenschaftstheorie an, erstens in Form der Aufarbeitung wissenschaftlicher Grundverständnisse, Begriffe und Konzepte sowie Arbeitsweisen, zweitens mit der Aufarbeitung unterschiedlicher wissenschaftstheoretischer Positionen – und drittens mit der Aufarbeitung methodischer Konzepte, Positionen und Vorgehensweisen. Eine solche, dreifache Grundlegung dient zum einen der Schärfung, zum anderen der Weitung wissenschaftlich orientierten Sehens, Erkennens und Handelns. Ein solches Fundament ist für eine wissenschaftliche Disziplin Sonderpädagogik unverzichtbar. Hier wird eine Grundlegung von Wissenschaftstheorie für Sonderpädagogen vorgelegt, die einer solchen Fundierung dienen soll. Sie richtet sich insbesondere an Studierende der Sonderpädagogik, aber auch an wissenschaftlich wie praktisch sonderpädagogisch Tätige.

Das vorliegende Buch ist aus einer Vorlesungsreihe heraus entstanden, die seit dem Jahr 2011 jährlich am Institut für Sonderpädagogik der Universität Würzburg für alle Studiengänge angeboten wird. Der Text entstand aus verschiedenen Problemstellungen heraus: erstens, Wissenschaftstheorie für Sonderpädagogen aufzubereiten, verständlich zu machen und auf ihre Handlungskontexte zu beziehen, zweitens, angesichts der geringen Verfügbarkeit spezifischer (sonder-)pädagogischer Literatur, welche die thematischen ‚Basics' bietet, Wesentliches und Passendes zusammenzustellen – und drittens, daraus resultierend, den Studierenden einen konzentrierten Text zu bieten, der die ‚Essentials' von Wissenschaftstheorie und wissenschaftlichem Arbeiten für Sonderpädagogen versammelt.

Es sei darauf hingewiesen, dass der Versuch, die Komplexität von Wissenschaftstheorie verständlich zu machen, immer wieder auch zu Vereinfachungen führt, die eine tiefer gehende Auseinandersetzung und Lektüre spannend machen könnten. Hierzu wird häufig zunächst mit weiterführenden Einführungsquellen gearbeitet, die interessierte Leser zur Vertiefung heranziehen könnten; in einem dritten Schritt könnte die Auseinandersetzung mit Originalliteratur stattfinden.

Die Autoren hoffen, dass das vorliegende Buch dem anspruchsvollen Gegenstand zum einen gerecht wird und diesen zum anderen verständlich machen kann. Sie freuen sich jederzeit über Rückmeldungen und Kritik.

Würzburg, im Oktober 2015
Roland Stein und Thomas Müller

Anmerkung:

Im vorliegenden Buch wird zugunsten besserer Lesbarkeit durchgängig auf eine streng ‚gendergerechte' Sprache verzichtet. Dort, wo es nicht anders gekennzeichnet ist, sind jeweils beide Geschlechter gemeint.

1 Einführung in wissenschaftstheoretische Grundprobleme

Wissenschaftstheorie und die mit ihr verbundenen Ideen, Perspektiven und Methoden sind oft in jahrzehntelanger Auseinandersetzung und Diskussion von Wissenschaftlern entstanden. Sie nehmen bisweilen stark Bezug aufeinander, zum einen in Zustimmung zu und Erweiterung von bestimmten Sichtweisen, zum anderen in deutlicher Abgrenzung. Dabei entwickelte sich je nach Strömung oft auch eine ganz eigene Fachsprache, die sich für Außenstehende nicht immer sofort erschließt. Das vorliegende Buch will dazu beitragen, die Grundlagen von Wissenschaftstheorie, ihre zentralen Strömungen und Perspektiven sowie die mit diesen verbundenen Methoden zugänglicher zu machen und dabei auch hinsichtlich ihrer spezifischen Bedeutung für die Disziplin der Heil- und Sonderpädagogik zu erhellen.

Im Folgenden wird daher beispielhaft eine (sonder-)pädagogische Situation skizziert, um im Verlauf dieses Buches immer wieder zeigen zu können, unter welchen Perspektiven und mit welchen Methoden sich Wissenschaft einem Untersuchungsgegenstand nähern kann und wie unterschiedlich Fragestellungen und damit auch mögliche Antworten jeweils ausfallen können.

Das Kultusministerium eines Landes beschließt im Zuge seiner Auseinandersetzung mit der UN-Konvention über die Rechte von Menschen mit Behinderung einen Schulversuch zu starten. In einer Regelschule werden mit dem neuen Schuljahr zwei erste Klassen beginnen: Die eine Klasse besteht nur aus Kindern ohne sonderpädagogischen Förderbedarf und wird von einer Lehrerin unterrichtet. Die andere Klasse besteht aus Kindern ohne sonderpädagogischen Förderbedarf und einer Reihe von Kindern mit ganz unterschiedlichen Förderbedarfen, beispielsweise in den Bereichen der geistigen und körperlichen, der emotionalen und sozialen, aber auch der sprachlichen Entwicklung und im Hinblick auf das Lernen als solches. Diese Klasse wird von einer Regelschullehrerin und einer Sonderpädagogin gemeinsam unterrichtet. Das Kollegium der Schule ist sich nicht sicher, was es von diesem Versuch halten soll. Gemeinsam mit dem Kultusministerium kommt man überein, diesen Schulversuch durch eine Universität begleiten zu lassen.

Bevor sich die hier beauftragte Universität an genauere konzeptionelle Überlegungen und anschließend an die konkrete Untersuchung des Schulversuchs machen kann, muss sie sich mit grundsätzlichen Problemen der Wissenschaftstheorie befassen, um das eigene Vorgehen besser bestimmen zu können. Dederich (2013, 93ff) skizziert, unter Bezug auf Seiffert (1991), vier aus seiner Sicht primäre Probleme der Wissenschaftstheorie, wobei Seiffert die drei erstgenannten erörtert, Dederich das vierte Problem ergänzt:

Problem 1: ‚Analytische' versus ‚ganzheitliche' Vorgehensweise

Analytisches Vorgehen ist typisch für quantitativ-empirisch vorgehende Wissenschaften: Ein Gegenstand wird hinsichtlich seiner einzelnen Bestandteile untersucht, um zwischen diesen liegende Beziehungen und Gesetzmäßigkeiten nachzuweisen und zu erklären. So werden in den ‚Lebenswissenschaften' körperliche Aspekte in ihre Einzelheiten zerlegt, bis auf die molekulare Ebene, um etwa zu ergründen, was Leben ist oder wie bestimmte pathologische Prozesse entstehen und bekämpft werden können.

Überprüfbarkeit setzt dabei in der Regel Quantifizierbarkeit voraus. „Der Zugriff auf die (quantifizierbaren) Einzelheiten ist Bedingung der Möglichkeit für die Wahrheitsfähigkeit wissenschaftlicher Aussagen" (Dederich 2013, 94).

Ganzheitliche Ansätze stellen hierzu eine Gegenbewegung dar. Sie beschäftigen sich mit dem Sinn oder der Bedeutung von Phänomenen, Ereignissen oder Prozessen und deren zeitlichen und situativen Kontexten. Verstehen ist als zirkuläres Zusammenspiel des Verstehens von Teilen und des Verstehens des Ganzen zu betrachten.

Aus Sicht der analytischen Wissenschaften ist der Begriff der Ganzheit suspekt, weil er schwer zu definieren ist und damit problematisch erscheint. Die Komplexität ist unübersehbar groß, und teilweise wird der Begriff ideologisch überhöht (Harrington 2002).

Aber selbst die Lebenswissenschaften kommen mit einem analytischen Vorgehen an Grenzen, etwa wenn es in den Neurowissenschaften darum geht, ein Gefühl oder einen Gedanken wirklich zu erfassen.

Auch weist Dederich (2013, 95) darauf hin, dass ganzheitliche Konzepte „in der Regel nicht versuchen, schlichtweg *alle* Aspekte oder Elemente einer Sache zu erfassen, sondern den gesamten Komplex der *relevanten* Aspekte". Sie kommen also auch nicht ohne Komplexitätsreduktion aus. Allerdings besteht das Problem dann darin, was aus welchen Gründen zur Untersuchung ausgewählt wird.

Nachdem es lange eine ‚Frontstellung' zwischen beiden Herangehensweisen gab, lassen sich mittlerweile auch Versuche beobachten, beide Ansätze miteinander zu verbinden.

Interessiert man sich als Forscher in dem eingangs gewählten Beispiel für das Wohlbefinden der Kinder im Schulversuch, hieße das, zu überlegen, ob man einzelne, begründet ausgewählte Aspekte des zuvor festgelegten Konstrukts ‚Wohlbefinden' untersucht oder aber ob es bedeutsamer erscheint, zu einer generellen Einschätzung und Beschreibung des Wohlbefindens der Kinder in den einzelnen Klassen zu gelangen. Man kann sich aber auch dafür entscheiden, beide Ansätze zu kombinieren und, ausgehend von einer generellen Erfassung des Wohlbefindens, begründet Einzelaspekte genauer zu erforschen.

Problem 2: Allgemeines und Besonderes

Sollte Wissenschaft auf allgemeine Aussagen hin fokussieren, ganz gegenteilig individuelle, einzelne Tatsachen erforschen – oder aber beides zugleich? Analytische Wissenschaftsauffassung ist Dederich (ebd., 95f) zufolge um „Allsätze" bemüht, die allgemeine Gesetzmäßigkeiten darstellen. Eine abgeschwächte Form sind die „Teils-Teils-Sätze". Nichtanalytische Ansätze wollen das Individuelle und Einzelne erforschen – aber auch sie wollen zu allgemeingültigeren Aussagen kommen. Das bedeutet: „… das Individuelle, Einmalige und Unwiederholbare soll einerseits mit allgemeinen Begriffen, andererseits als Ganzes erfasst werden. Umgekehrt zielt das Erklären auf Einzelereignisse, die als solche prinzipiell unwiederholbar sind, um aus ihnen nach Möglichkeit Erkenntnisse über allgemeine Gesetze gewinnen zu können" (ebd., 96). Der analytische Zugang sei gleichzeitig auflösend und verallgemeinernd – der nicht auflösende Zugang zugleich ganzheitlich und individualisierend.

Für die wissenschaftliche Begleitung des Schulversuchs bedeutet dies, einerseits nur Aussagen über die Kinder treffen zu können, die tatsächlich diese beiden Klassen besuchen – und möglicherweise sogar die ganz individuellen Entwicklungswege einzelner Kinder in den Blick zu nehmen. Andererseits wird man versuchen wollen, aus den Erkenntnissen, die durch diese Kinder ‚geliefert' werden, auch auf andere, ähnliche Schulversuche und ihren Ausgang schließen zu können.

Problem 3: Die Frage nach den Werten

Inwiefern ist Wissenschaft werturteilsfrei oder aber wertgebunden? Zum einen ist zu fragen, ob wissenschaftliche Erkenntnis auch zu Werten führt oder diese davon abgeleitet werden können – zum anderen aber auch, ob es Werte gibt, die Orientierungen für Wissenschaft bieten mögen oder gar sollten? Dazu zählt auch die Frage, ob Wissenschaft eine besondere Verantwortung habe und für den Schutz oder die Realisierung bestimmter Werte eintreten sollte (Kap. 11).

Die analytischen Wissenschaften treten für eine Trennung von Theorie und Praxis und eine Trennung von sachlicher Untersuchung und Wertungen ein. „In diesem Sinne hatte bereits Max Weber die Position vertreten, die Wissenschaft könne Mittel für praktisches Handeln bereitstellen und die Konsequenzen unterschiedlicher Wertorientierungen herausarbeiten. Zwar könne sie Wertorientierungen und moralische Überzeugungen als empirisches Material betrachten und als solche untersuchen, sie könne jedoch keine normativ angeleitete Bewertung der von ihr erforschten Wertorientierungen und moralischen Überzeugungen vornehmen. Die tatsächlichen wertgeleiteten Entscheidungen seien woanders zu treffen" (ebd., 97). Aus dem ‚Sosein' der Dinge könne nicht abgeleitet werden, wie sie sein sollten.

Dem tritt die Kritische Theorie (Kap. 7) entgegen: Wissenschaft sei notwendigerweise mit Interessen einer gesellschaftlichen Verwertung von Erkenntnissen verbunden – und damit auch mit Werten. Diese müssten aufgedeckt werden, damit sie nicht versteckt wirken. Jede Wissenschaft stehe mitten im Leben. Die nichtanalytischen Wissenschaften bezögen daher sowohl die Lebenspraxis als auch die mit dieser Praxis verbundenen Wertfragen ganz explizit in ihre Untersuchungen mit ein. Grundsätzlich sind, nach Carrier (2006; zit. n. Dederich 2013 98f), drei Typen von Werten von Bedeutung für die Wissenschaft:

1. epistemische Werte für die Beurteilung der Qualität von wissenschaftlichen Arbeiten, z.B. Überprüfbarkeit, theoretische Konsistenz oder Übereinstimmung mit den Tatsachen (auch Kap. 10);
2. moralische Werte wie die Legitimität der Erkenntnismittel (sprich Untersuchungsformen, insbesondere an Menschen) sowie die Berücksichtigung der Risiken von Technologien – mit der Reaktion der Einrichtung von Ethikkommissionen (auch Kap. 10 und 11);
3. soziale Werte im Sinne der Mitwirkungs-, Teilhabe- und Schutzrechte von gesellschaftlichen Gruppen.

In der Sonderpädagogik können die unterschiedlichen Positionen beispielhaft festgemacht werden an Haeberlin (etwa Haeberlin 1996) – in der Tradition von Pestalozzi, Hanselmann und Moor mit einer „Heilpädagogik als wertgeleiteter Wissenschaft" – und auf der anderen Seite die früheren Arbeiten von Bleidick (etwa 1985b) in einer empirisch-analytischen Tradition, welcher Werte einer „Erziehungsphilosophie" zuweist. Es gehöre zur Ideologiekritik, verdeckte Werte aufzudecken – auch als Schutz vor Indoktrination und Besserwisserei. Dederich (2013, 100) sieht den Umgang mit dieser Frage als schwierigen Balanceakt.

Gerade im Beispiel des Schulversuchs spielen Werte eine große Rolle. Das beauftragende Kultusministerium könnte im Zusammenhang mit Inklusion eine spezifische Haltung haben und damit auch eine entsprechende Erwartung an die wissenschaftliche Begleitung durch die Universität hegen. Zudem kommt auch den Einstellungen der beteiligten Lehrkräfte und Eltern eine wichtige Bedeutung zu. Darüber hinaus haben auch die untersuchenden Wissenschaftler in der Regel eine nicht wertneutrale Position zur Thematik – und sei es, weil sie nicht nur Wissenschaftler, sondern auch Eltern schulpflichtiger behinderter oder nichtbehinderter Kinder sind. Dies alles könnte sich in ihrem Untersuchungsansatz niederschlagen.

Problem 4: Das Verhältnis zwischen wissenschaftlichen und nichtwissenschaftlichen Erkenntnisformen

Die Frage, die hier gestellt wird, ist, ob es einen privilegierten Zugang der Wissenschaft zur Wahrheit gebe (Kap. 2.6). Die Antwort war über lange Zeit ein unhinterfragtes ‚Ja'. „Demnach wäre beispielsweise die naturwissenschaftlich fundierte Medizin schamanistischen oder wissenschaftlich nicht abgesicherten naturheilkundlichen Verfahren ebenso überlegen wie die wissenschaftliche Pädagogik einem auf Intuition beruhenden Erziehungsverhalten" (ebd., 100). Aber auch die Wissenschaft ist irrtums- und fehleranfällig. Insofern habe es schon immer skeptische Stimmen gegeben, die sich auf drei Aspekte zentrierten: die *Begrenzheit* auch wissenschaftlicher Erkenntnisfähigkeit, die *Selektivität* methodischer Erkenntniswege und Instrumente – sowie die kulturelle, politische und institutionelle *Bedingtheit und Abhängigkeit* der Wissenschaft. Durch das Aufkommen konstruktivistischer Positionen (Kap. 9) wurden die Zweifel verstärkt: die Wissenschaft brächte erst das hervor, womit sie sich beschäftige.

Während Wissenschaftler wie Popper (1973) den besonderen Status der Wissenschaft mit ihrer methodischen Transparenz, intersubjektiven Überprüfbarkeit und hohen Zuverlässigkeit betonten, bestritten andere, wie beispielsweise Feyerabend, deren besonderen Status: zwischen Mythen und wissenschaftlichen Theorien gebe es „keinen klar formulierten Unterschied" (Feyerabend 1983, 385).

Heute könne, Dederich (2013, 101) zufolge, dennoch von einem nicht bezweifelten epistemischen Status der Wissenschaften gesprochen werden. „Ohne den Anspruch, dass wissenschaftliche Erkenntnisse nicht einfach Erfindungen sind, sondern in spezifischen Sachzusammenhängen zutreffend sind und den Tatsachen entsprechen, wäre die gesamte Unternehmung völlig sinnlos" (ebd.). Damit sind aber die (teilweise berechtigten) Zweifel keinesfalls zugleich vom Tisch.

Konkret angewandt bedeutet dies, dass einerseits die Ergebnisse der Wissenschaftler aus der Begleitung eines Schulversuchs zu inklusiver Beschulung nicht einfach ignoriert oder für ungültig erklärt werden können, wenn diese beispielsweise für die Schule oder das Kultusministerium nicht in die eigene Strategie passen. Andererseits wird von einer seriösen Begleitung auch gefordert sein, Ergebnisse nicht zu verabsolutieren, sondern sich methoden- und wahrheitskritisch zu den eigenen Befunden zu äußern.

2 Was sind Wissenschaft und Wissenschaftstheorie?

Während ‚Wissenschaft' in unserer Gesellschaft ein fast selbstverständliches Konzept zu sein scheint, erschließt sich ‚Wissenschaftstheorie' bedeutend schwerer. Aber auch das Selbstverständliche eines Verständnisses von Wissenschaft entpuppt sich bei näherem Hinsehen als eine Art ‚Schein-Selbstverständlichkeit'. Daher soll nachfolgend eine Annäherung versucht werden: über die Betrachtung von ‚Wissenschaft' und von ‚Theorie' hin zu einem ersten Verständnis von ‚Wissenschaftstheorie'.

2.1 Was ist Wissenschaft?

Wissen ist eine der Grundfragen des Menschen. In der Neuzeit hat Immanuel Kant die zentralen Grundfragen der Philosophie so formuliert:
• Was kann ich wissen? (die Frage der Metaphysik)
• Was soll ich tun? (die Frage der Moral)
• Was darf ich hoffen? (die Frage der Religion)
• Was ist der Mensch? (die Frage der Anthropologie)
Dabei schließt die letzte Frage alle anderen im Grunde mit ein (Kunzmann, Burkard & Wiedmann 1991, 11). Der dtv-Brockhaus (1990) definiert Wissenschaft wie folgt:

> „…Inbegriff des durch Forschung, Lehre und überlieferter Literatur gebildeten, geordneten und begründeten, für gesichert erachteten Wissens einer Zeit; auch die für seinen Erwerb typische methodisch-systemat. Forschungs- und Erkenntnisarbeit sowie ihr organisatorisch-institutioneller Rahmen. Hauptziel der W. ist die rationale, nachvollziehbare Erkenntnis der Zusammenhänge, Abläufe, Ursachen und Gesetzmäßigkeiten der natürl. wie der histor. und kulturell geschaffenen Wirklichkeit; neben der Erweiterung des Wissens über die Welt liefern v.a. Natur-W. und Technik die Mittel zu vorausschauender Planung und gezielter Veränderung der Wirklichkeit. Als Hauptmerkmal der W. wird (außer im Marxismus …) eine von Wertungen, Gefühlen und äußeren Bestimmungsmomenten freie, auf Sachbezogenheit gründende Objektivität angesehen, welche neben dem method. Konsens die Verallgemeinerungsfähigkeit und allg. Nachprüfbarkeit wissenschaftl. Aussagen begründet" (ebd., Bd. 20, 120).

Von Tschamler (1996, 23) stammt eine häufig rezipierte, knappere Formulierung, die zugleich einen bedeutsamen ergänzenden Aspekt berücksichtigt: „Wissenschaft ist das methodisch gewonnene, systematisierte, durch die Sprache vermittelte Wissen über die Wirklichkeit. Dabei werden die Interdependenzen dessen, der Wissenschaft betreibt, des Wissenschaftlers, mit einbezogen". Damit impliziert, wie noch zu zeigen sein wird, Tschamler sowohl Theorie aus auch Metatheorie als Aufgaben der Wissenschaft.

Die hier als wesentlich erscheinenden Bestimmungsstücke von Wissenschaft und Wissenschaftlichkeit können wie folgt herausgehoben werden:
- angesammeltes, tradiertes Wissen
- geordnetes (systematisiertes) Wissen
- auf Basis methodischer Forschung in definiertem Rahmen
- rational und nachvollziehbar orientiert
- verallgemeinerte Modelle (Abstraktionen)
- nachprüfbare Aussagen
- mit metatheoretisch-kritischer Orientierung

Hinsichtlich der grundsätzlichen Auffassung von ‚Wissenschaft' unterscheidet Kron (1999, 80ff) vier Vorstellungen:
- Wissenschaft als ein gedachtes oder reales *globales Konzept* aller Wissenschaften oder wissenschaftlichen Wissens, also eine Art ‚Überbau'
- Wissenschaft als eine *einzelne, spezifische Disziplin* – also etwa die Sonderpädagogik als Wissenschaft
- Wissenschaft als *kulturelle Tätigkeit* der Begründetheit, der Regelleitung, der systematischen Ordnung, der Veröffentlichung und der Verpflichtung zur Selbstoptimierung
- Wissenschaft als *System von Aussagen* über einen Gegenstandsbereich (im Sinne der Logik)

Es gibt, darüber hinaus, durchaus sehr unterschiedliche Auffassungen von Wissenschaft und Wissenschaftlichkeit. Diese Vorstellungen, die so genannten wissenschaftstheoretischen Positionen, werden in Kapitel 5-9 noch Thema sein, denn sie bezeichnen zugleich Sichtweisen auf Behinderungen und die – wissenschaftliche – Beschäftigung damit als Sonderpädagogen – und sie bieten zudem Erkenntnismodelle im Hinblick auf die ‚Wirklichkeit' von Behinderungen, deren Betrachtung (wie und womit kann man zu Erkenntnissen kommen?) und deren dezidierte Untersuchung (was kann erkannt werden, und mit welchen Methoden?).

Eine besondere Frage ergibt sich für einen hier grundlegend eingesetzten, scheinbar selbstverständlichen Begriff: Was denn ‚Wissen' eigentlich sei? Kron (1999, 81f) verweist auf zwei alltagssprachliche Bedeutungen von Wissen: zum einen Wissen als Erkenntnis bzw. Kenntnis, die individuell kulturell erworben werden kann – und zum anderen Wissen als ein gedachtes kulturelles Potenzial der Gesellschaft, das zu deren Nutzen gereicht. „Als klassische Definition kann gelten: Wissen sei begründete Erkenntnis" (ebd., 82).

Insofern reicht wissenschaftliches Wissen über Alltagswissen hinaus, kann aber auch nicht vollständig von diesem getrennt werden, weil es dieses (mit)speist und zugleich auch zum Gegenstand haben kann. Wissen bezeichnet demzufolge ein Vermögen, einen Besitz einer oder mehrerer Personen, das als Disposition auftritt – und zugleich propositionalen Charakter hat: Jemand weiß, dass etwas so und so oder anders ist. „Im Unterschied zum Meinen und Glauben stellt Wissen eine auf Begründung (Rechtfertigung) und Überprüfung (Intersubjektivität) bezogene Kenntnis dar. Im Anschluss an Platons Theätet versteht man unter Wissen eine wahre gerechtfertigte Überzeugung" (Wessel & Diesner 2010, 51). Ähnliche Formen des Wissens sind etwa Vorstellung, Wahrnehmung, Erinnerung oder Erfahrung (ebd.) – von diesen soll sich ein engeres, wissenschaftliches Verständnis von Wissen mit den beiden genannten Kriterien der Rechtfertigung und Überprüfung abgrenzen.

2.2 Was ist Theorie?

Der Begriff Theorie geht auf das griechische ‚theorein‘ zurück, das ‚betrachten‘, ‚schauen‘ oder auch ‚durchschauen‘ bedeutet. Etwas unabhängiger von der griechischen Wortbedeutung steht Theorie für Gedanke, Lehre oder auch Erläuterung (Hügli & Lübcke 1997, 621). „Eine T. lässt sich allgemein definieren als zusammenhängende Reihe von singulären und universalen Aussagen, die es – über ein reines Beschreiben hinaus – ermöglichen, den Gegenstand der T. zu begründen, zu erklären oder zu verstehen. Was dies genauer heißt, ist jedoch umstritten" (ebd.). Hier wird zweierlei deutlich: Zum einen müsste man sich mit der offenbar wichtigen und zentralen Unterscheidung zwischen Erklären und Verstehen beschäftigen – und zum anderen bestehen offenbar unterschiedliche Auffassungen über dasjenige, was denn ‚Theorie‘ näher betrachtet meint.

Theorie wird alltagssprachlich oft scharf abgegrenzt von der Praxis. Gerade im Bereich der Lehrerbildung scheint man häufig der Meinung zu sein, Theorie und Praxis hätten zu wenig oder (fast) gar nichts miteinander zu tun. ‚Grau ist jede Theorie‘ (bunt ist die Praxis). Also stellt sich die Frage, wozu Theorien überhaupt dienen können und in welchem Verhältnis sie zur Praxis stehen?

Theorien sind zunächst systematisierte, durchdachte konzeptionelle Systeme, die Ableitungen für konkrete Fälle und die Praxis erlauben können. Sie dienen einem „Durchschauen" der Phänomene (Kron 1999, 72). „Theorien sind *das* Substrat menschlicher Erkenntnis, dessen sich der Mensch zu allen Zeiten und in allen Kulturen bedient, um ‚die Welt‘ – einschließlich seiner selbst – kritisch zu verstehen und kognitive Kontrolle über seine Umgebung zu gewinnen" (Spinner 1974, 1486, zit. n. Kron 1999, 75).

Dabei unterscheidet Kron (ebd., 72ff) allerdings bei differenzierterer Betrachtung drei Funktionen von Theorien:

- **Theorie als Durchschauen:** In diesem Sinne werden Theorien als systematische Tätigkeiten beschrieben, in deren Rahmen auf der Basis von Phänomenen Strukturen erkannt und beschrieben werden sollen, also relativ stabile, bestimmten Gesetzmäßigkeiten unterliegende Gefüge einschließlich der Zusammenhänge zwischen ihren bedeutenden Teilaspekten. Mit Hilfe von Theorien kann – bzw. soll zunächst – von der Vielzahl von Einzelfällen auf ein Grundmuster oder eine Grundstruktur geschlossen werden. Auf diesem Wege werden dann auch Prognosen möglich.

- **Theorie als Ergebnis von Forschung:** Der Regelfall besteht im oben genannten Sinne einer Abstrahierung vom konkret Beobachtbaren darin, dass Theorien aus den Ergebnissen von Forschungen gebildet werden. Dabei spielen die Funktionen des Verstehens und auch des Erklärens eine Rolle, auf die weiter unten noch näher eingegangen werden soll. Hierin fließen allerdings auch ‚Vortheorien‘ der theoriebildenden Wissenschaftler ein.

- **Theorie als Basis von Forschung:** Allerdings bestimmen Theorien auch umgekehrt das weitergehende Vorverständnis und Wissen der Forscher mit und fließen damit in weitere oder neue Theorien ein. Zudem besteht eine verbreitete Sicht von Forschung darin, dass sie stets mit einer Theorie beginnt, aus der Fragestellungen und Hypothesen resultieren. Nur so wäre gezielte wissenschaftliche Arbeit möglich.

Keineswegs alle, aber viele sind der Meinung, dass jede Theorie von praktischen Erkenntnisinteressen abhängt. Insofern dienten sie der Forschung und der (Weiter-)Entwicklung einer wissenschaftlich begründeten Praxis. Manche sehen Theorie aber auch möglich als ‚reine Erkenntnis‘. Theorien sollen demnach dem Weltverstehen dienen, über die Erkenntnis des Einzelfalles hinaus. Sie dienen insofern auch der Kontrolle des Menschen über seine Welt. Zudem ermöglichen Theorien Voraussagen für die Praxis. Je nach wissenschaftstheoretischer Position haben sie neben Erklärung und Vorhersage eine dritte Funktion: die technologische, indem sie Aussagen zu Handlungsmöglichkeiten bereitstellen sowie ggf. auch Regeln für Handlungsvorschriften: Tue in dieser Situation jenes. „Als Technologie bezeichnet man entscheidungslogische Vorschriften für das Handeln, die durch operationale Definitionen gegeben werden" (Tschamler 1996, 189). Dies entspricht insbesondere der Position des Kritischen Rationalismus, wie ihn in Deutschland Brezinka vertritt (Kap. 6). Für das Verhältnis zwischen Theorie und Praxis ergeben sich zwei Möglichkeiten:

- *Deduktion* meint das Ableiten von Schlüssen aus einem theoretischen System, die dann wiederum im Rahmen des theoretischen Systems eine Rolle spielen – oder sich direkt auf die Praxis beziehen. Deduktion zielt vom Allgemeinen auf das Besondere. „Unter logischer Deduktion versteht man jenen Schlusssatz, dessen Umfang und Inhalt nicht über die Prämissen (Vordersätze, aus denen der Schluss abgeleitet wird) hinausführt" (Tschamler 1996, 62).

Das deduktiv-nomologische Vorgehen will wissenschaftliche Erklärungen über Kausalzusammenhänge liefern und dabei einfache Sätze verwenden: Erklärende Sätze und bestehende wissenschaftliche Erkenntnisse werden sprachlich kausal kombiniert und aus ihnen ein neuer, erklärender Satz gewonnen. Deduktion wird von den Naturwissenschaften anders begriffen als von den Geisteswissenschaften. In den Naturwissenschaften geht es meist um ein nomothetisches Vorgehen, bei dem vom Untersuchungsgegenstand abstrahiert oder dieser reduziert wird, um allgemeingültige Gesetze zu gewinnen. Für die Geisteswissenschaften ist eher ein idiographisches Vorgehen üblich, weil oft spezifische Situationen oder Untersuchungsgegenstände detailliert erforscht werden.

- Bei der *Induktion* ist das Vorgehen umgekehrt: Sie reicht vom Einzelnen, etwa auf Basis der sinnlichen Erfahrung, zum Allgemeinen. Aus unterschiedlichen einzelnen Erfahrungsgegenständen können beispielsweise Definitionen gewonnen werden, die das Gemeinsame bezeichnen. „Unter Induktion wird jener logische Schluss verstanden, in dem der Schlusssatz inhaltlich und umfangmäßig über die ihn bedingenden Urteile (Prämissen) hinausgeht" (Tschamler 1996, 180).

Diese Unterscheidung reicht, auch als Differenzierung unterschiedlicher Denkstrategien, bis in die griechische Philosophie zurück: Während Platon in seiner Ideenlehre deduktiv vorgeht, sieht Aristoteles die Entstehung der Ideen als zunehmenden Abstraktionsprozess und sieht den Vorgang damit induktiv: „Die ‚Dinge‘, die hier einen ontologischen Status beanspruchen, werden in einem sukzessiven Prozess der Abstraktion von allen sinnlichen und/oder bildlichen Eigenschaften gereinigt. Mit anderen Worten: Der Abstraktionsraum abstrahiert von sinnlichen und/oder bildlichen Erfahrungen und konstruiert sich stattdessen regelförmig" (Treml 2010, 73). Wissenschaft hat Horster (2010) zufolge den Brückenschlag zwischen Theorie und Praxis zu leisten; und „so muss man sagen, dass eine theorielose Praxis etwas sieht, bestenfalls beobachtet und beschreibt, vielleicht Erfahrungen macht, doch nichts zu erklären weiß und darüber hinaus nicht wirklich verstehen kann" (ebd., 160) (siehe auch 4.3).

Eine etwas weiter vertiefte Antwort auf die Frage nach dem Verständnis von Theorie gibt eine Abbildung von Gudjons (1994; siehe Abb. 1): Er unterscheidet zwischen Objekttheorien und Metatheorien. Während sich Objekttheorien einfach mit der Erforschung eines Gegenstandes beschäftigen, was der alltagspsychologischen Sicht von Wissenschaft entsprechen könnte, zeichnet sich Wissenschaft im eigentlichen Sinne Gudjons zufolge durch das Interesse an einer Metatheorie aus: Die Beobachtung selbst wird kritisch hinterfragt – etwa daraufhin, wie sie erfolgt, zu welchem Zweck, und welches Wissenschafts- bzw. Weltverständnis ‚hinter‘ dieser Untersuchung steht. In diesem Sinne fragt Wissenschaft weiter, versucht einen Schritt zurückzutreten, den Beobachter und sich selbst zu hinterfragen.

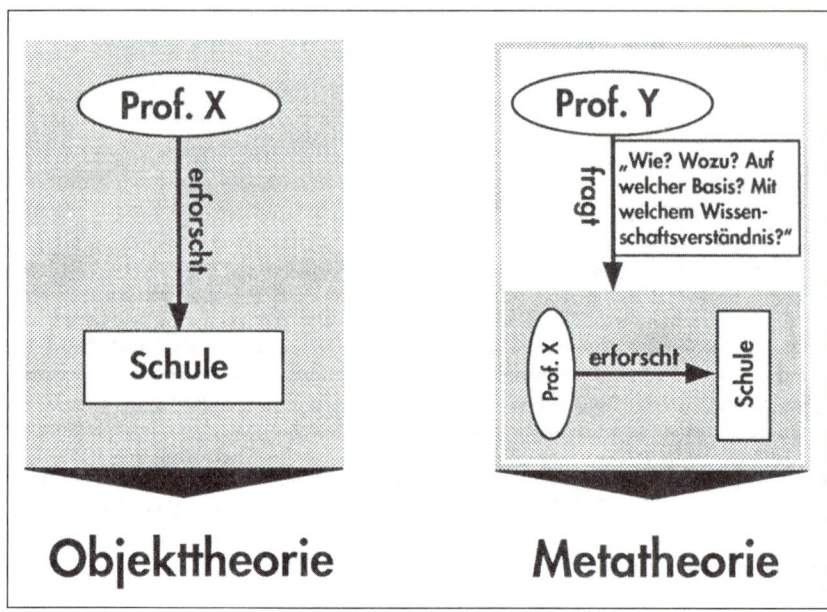

Abb. 1: Objekt- und Metatheorie (Gudjons 1994, 28)

Damit ist schon eines der wesentlichen Momente von Wissenschaft und Wissenschaftlichkeit angesprochen: die kritische Distanz und Orientierung an einer Metatheorie. Übertragen Sie dies auf das Lesen des vorliegenden Buches – so könnten Sie nicht nur feststellen: die Autoren beschäftigen sich mit Wissenschaftstheorie; ich beschäftige mich damit. Sie könnten darüber hinausgehend fragen: *Wie* tun die Autoren dies, *warum* tun sie es – und welches Verständnis von Wissenschaftlichkeit, von Welt, von der Sonderpädagogik, vom Menschen und von Behinderungen steht hinter ihrer Betrachtung – sprich: aus welchem Vorverständnis heraus schreiben sie? Die gleichen Fragen richten sich aber dann auf Sie selbst und die Hinterfragung Ihrer Beschäftigung mit unserem Gegenstand.

Die Unterscheidung zwischen Verstehen und Erklären wurde oben angesprochen. Hiermit sind zwei unterschiedliche Möglichkeiten der Erkenntnis gemeint. Vor diesen beiden Formen steht allerdings die Beschreibung:

• Beschreiben stellt die erste wissenschaftliche Kernaufgabe im Hinblick auf einen Sachverhalt dar. Dabei kommen Wahrnehmung, Erfahrung und Denken zusammen. Die Erkenntnis sollte im Kant'schen Sinne nicht über gewonnene Erfahrungen hinausgehen. „Menschen nehmen nur die Dinge wahr, von denen sie einen Begriff haben" (Horster 2010, 157).

Im Falle des für dieses Buch konstruierten Beispiels ‚Schulversuch‘ könnte das heißen, dass die Lehrerin, die nun erstmals ein Kind mit Förderbedarf in der geistigen Entwicklung unterrichtet, mit einem Mal Artikel und Berichte über Kinder mit diesem Förderbedarf wahrnimmt, die sie vorher gar nicht ‚gesehen‘ hatte.

- Erklären als Erkenntnisfunktion wird zunächst klassisch eher den Naturwissenschaften zugeschrieben: „1. Zusammenhänge aufgrund von beobachteten Gesetzmäßigkeiten aufzuzeigen; 2. Gegebene Wirklichkeiten bzw. aufgenommene Daten auf kausale Wirkzusammenhänge zurückzuführen; 3. Wirklichkeitszusammenhänge auf Gesetzmäßigkeiten zurückzuführen, die auch empirisch erhellt werden können" (Kron 1999, 74). Forscher nehmen auf diesem Wege eine gewisse Distanz zu ihrem Forschungsgegenstand ein.

- Verstehen wird üblicherweise als Vorgehensweise oder Methode der Geistes- und Sozialwissenschaften gesehen, „1. einen unmittelbar gegebenen und erlebten Wirklichkeitszusammenhang aus ihm selbst heraus zu begreifen und sprachlich zur Darstellung zu bringen; 2. Den Sinn- oder Bedeutungszusammenhang einer bestimmten sozialen Wirklichkeit herauszuarbeiten; 3. Sinnstrukturen zu erfassen; 4. Den eigenen Horizont herauszuarbeiten, in dem für den Forscher die Wirklichkeit in Bezug auf ihn selbst zur Geltung kommt" (ebd.). Das Konzept wurde von Dilthey entwickelt (siehe Kap. 5) – zugeschnitten auf die ganz besonderen Erkenntnisinteressen der Geisteswissenschaften. Forscher gehen ganz dicht an ihren Forschungsgegenstand heran – und Verstehen wird zugleich nur dadurch möglich, dass der Verstehende seine eigenen Voraussetzungen mit einbringt und bewusst miteinbezieht (Horster 2010, 159). Kausalerklärungen seien im Bereich der Geistes- und Sozialwissenschaften nicht denkbar, da es um Menschen mit Handlungsfreiheit gehe. Allerdings weist Horster (ebd., 160) darauf hin, dass mit dieser Position und einem solchen Herangehen auch wissenschaftliche Gefahren verbunden seien (siehe auch Kap. 5.4).

Zu beschreiben, zu erklären und zu verstehen, dies alles aus einer distanzierten Perspektive zu betrachten, zugleich aber auch gut reflektiert dicht heranzurücken – und noch dazu, dies alles auseinanderhalten zu können –, bilden eine Basis wissenschaftlichen Arbeitens, die in einem universitären Studium der Sonderpädagogik erworben werden sollte.

2.3 Was ist Wissenschaftstheorie?

Bei der Wissenschaftstheorie handelt es sich um eine philosophische Disziplin – eine Disziplin,

„… die bestrebt ist, philos. Fragestellungen mit ähnlicher Methodologie und v.a. derselben Vorstellung von Genauigkeit und begrifflicher Klarheit zu behandeln, wie dies in
den Einzelwissenschaften, insbesondere den Naturwissenschaften geschieht. Ihre theoretischen Überlegungen zielen – zumindest im Bereich der analytischen Philos. – oft auf eine
methodologische Begründung der Einzelwissenschaften. Als selbständige Disziplin hat sie
sich erst in den 30er Jahren an den Universitäten etabliert. Ihr Verhältnis zu andern meta-
wissenschaftlichen Disziplinen – Wissenschaftslogik, Wissenschaftsethik, Wissenschaftsgeschichte, Wissenschaftspsychologie und -soziologie – ist unaufgeklärt und umstritten"
(Hügli & Lübcke 1997, 681).

In diesem Sinne kommt der Wissenschaftstheorie ein übergeordneter Charakter zu:
„Die *Wissenschaftstheorie* beschäftigt sich mit den Voraussetzungen und Grundlagen der Erkenntnis in den Einzelwissenschaften. Dabei werden deren Methoden,
Grundsätze, Begriffe und Ziele geklärt und einer krit. Prüfung unterzogen" (Kunzmann, Burkard & Wiedmann 1994, 13).
Wichtige Problemfelder der Beschäftigung mit Wissenschaftstheorie sind u.a. die
folgenden (Hügli & Lübcke 1997, 681f):
• das Verhältnis zwischen wissenschaftlicher Theorie und Praxis
• das Verhältnis zwischen Theorie und Empirie
• das Verhältnis zwischen Theorie und Wirklichkeit
• wissenschaftliche Argumentationen und Begründungen
• die Methodenfrage wissenschaftlicher Erkenntnis
• die logische Struktur und Bedeutung von Theorien
• die Entwicklung der wissenschaftlichen Erkenntnis
• das Verhältnis zwischen verschiedenen Formen von Wissenschaft
• wissenschaftliche Erklärung
• wissenschaftliche Objektivität
• das Verhältnis zwischen Wissenschaft und Technologie
• das Verhältnis zwischen Wissenschaft und Ideologie
• die gesellschaftliche Funktion der Wissenschaft
Im Hinblick auf die Aspekte und Fragestellungen der Wissenschaftstheorie gibt
es unterschiedliche, zum Teil sich auch diametral widersprechende Auffassungen,
die Kron (1999, 66) als „Denktraditionen" bezeichnet; Wesentliche werden in den
Kap. 4 bis 9 vorgestellt. Man könnte nun sagen: Was soll dann das Ganze; ist nicht
alles dann Spekulation; gibt es dann überhaupt *‚die'* Wissenschaft? Die Antwort
könnte lauten: Ja, all diese durchaus sehr unterschiedlichen Positionen und Auffassungen, die noch im Einzelnen Thema in den folgenden Kapiteln werden, machen
Wissenschaft als ein Spannungsfeld aus – und sie geben Anregungen für die eigene
wissenschaftliche Arbeit im Sinne kritischer, systematischer, sich weiter entwickeln-
der Reflexion der Welt.
Wissenschaftstheorie als eine Art ‚Metatheorie' steht in einem bestimmten Verhältnis zur Erkenntnistheorie, zu den Denktraditionen und mit ihnen verbunden

Forschungsmethoden, zur Methodologie (als konkreter, auf den Alltag bezogener Methodik und Methodenlehre), zur Disziplintheorie und Disziplingeschichte sowie zur Gegenstandstheorie. Mit Kron (1999, 66) soll dazu folgende Übersicht dienen und zentrale Zusammenhänge beschreiben:

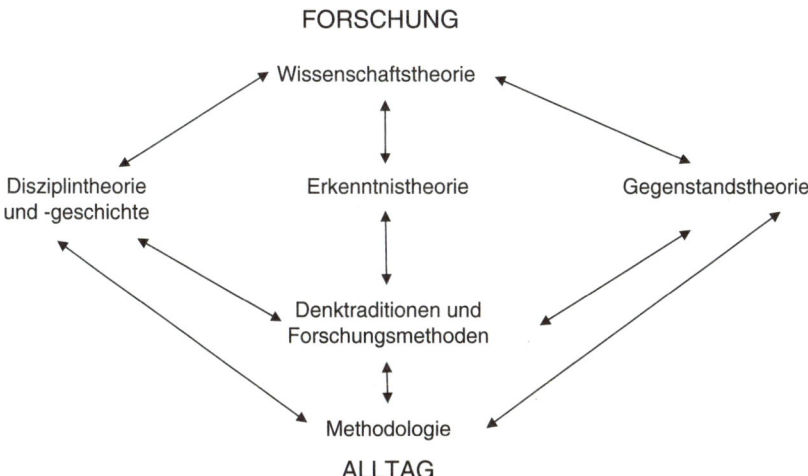

Abb. 2: Legende: „Arbeitsdefinitionen der in der Grafik verwendeten Begriffe: … Wissenschaftstheorie: Theorien von Theorien (Metatheorie) … Erkenntnistheorie (Epistemologie, Theory of knowledge): Theorien über Bedingungen, Möglichkeiten und Grenzen menschlicher und wissenschaftlicher Erkenntnis. … Denktraditionen und Forschungsmethoden: Erkenntniswege: planmäßige Vorgehensweisen zur Erlangung oder Begründung von Wissen; z.b. die beiden Großgruppen der induktiven und deduktiven Vorgehensweise; in der Pädagogik z.b. Empirie, Phänomenologie, Hermeneutik, Dialektik. … Methodologie (Methodik, Methodentheorie): Lehre von den Erkenntniswegen in den einzelnen Wissenschaften. … Disziplintheorie und -geschichte: Theorien zur Begründung der einzelnen Wissenschaften als Wissenschaft und Hochschuldisziplin in Geschichte und Gegenwart; in der Pädagogik z.b. Theorien und Modelle der Pädagogik. … Gegenstandstheorien: Theorien über Gegenstände bzw. Phänomene einer Wissenschaft; in der Pädagogik z.b. die Theorie des pädagogischen Bezugs, der Erziehung als symbolischer Interaktion" (Kron 1999, 66f).

Wissenschaftstheorie wurde durch die Philosophie begründet und führt von den Einzelwissenschaften auf die Philosophie zurück. Quellen heutiger Wissenschaftstheorie sind die ‚Kritiken' von Kant, Hegels „Phänomenologie des Geistes" sowie die französische Schule der Epistemologie im 19. Jahrhundert. „Der Begriff selbst wurde zum ersten Mal 1794 von Fichte verwendet" (Kron 1999, 67). Allerdings hat er von dort ausgehend heute verschiedene Bedeutungshorizonte. Kron (ebd., 67ff) unterscheidet vier Auffassungen:

1. Wissenschaftstheorie als Grundlegung der Wissenschaften: Als „Theorie der Wissenschaft" dient die Wissenschaftstheorie der Analyse und der Legitimation, mit-

hin der wissenschaftlichen Grundlegung der Philosophie selbst – die wiederum diesen Apparat den anderen Einzelwissenschaften anbietet. Gegenstandsbereiche der Wissenschaftstheorie als Grundlegung sind Erkenntnistheorie, Metaphysik, Anthropologie, Logik und Ethik.

2. Wissenschaftstheorie als Theorie von Theorien: In diesem Verständnis ist Wissenschaftstheorie eine Art Metatheorie nach oder hinter den Theorien. Gegenstands- bzw. Objekttheorien sollen auf ihre Aussagekraft und wissenschaftliche Tragfähigkeit hin hinterfragt und überprüft werden. Insofern dient Wissenschaftstheorie der Kontrolle und Qualitätssicherung von gegenstandstheoretischer Arbeit sowie der auf dieser basierenden Praxis, etwa der Erziehungswirklichkeit oder konkreter der Förderung eines körperbehinderten Kindes.

3. Wissenschaftstheorie als Analyse der Wissenschaft: Seit dem 16. Jahrhundert haben sich wissenschaftstheoretische Traditionen der Einzelwissenschaften entwickelt. Wissenschaftstheorie als Logik der Forschung untersucht insofern die Begriffs-, Hypothesen- und Theorienbildung, Probleme der logischen Begründung der Grundsätze empirischer Forschung und Methoden, Probleme der Bestätigung oder auch Falsifizierbarkeit von Aussagesystemen sowie Kriterien des Erkenntnisfortschritts. Hier rückt die Methodologie stark nach vorne (Kron 1999, 70).

4. Wissenschaftstheorie als Methodologie: Hier handelt es sich um eine Art „Verschärfung" (ebd.) der vorgenannten Verständnisweise. In diesem Verständnis (im Sinne einer ‚Theory of Science') befasst sich Wissenschaftstheorie vor allen Dingen mit der Analyse der wissenschaftlichen Verfahren und der konkreten Methoden, „steckt die Grenzen des wissenschaftlichen Arbeitens ab und bildet Theorien über diese" (ebd.).

2.4 Systematik der Wissenschaften

Erst vom 19. Jahrhundert an begann ein Emanzipations- und Ausdifferenzierungsprozess der Einzelwissenschaften von der Philosophie. Es bildeten sich je disziplinspezifische Methoden, Theorien und Konzepte heraus, in Entsprechung zu den jeweiligen Gegenständen. „Außerdem begannen die Einzelwissenschaften zunehmend, eigene implizite Anthropologien und Ethiken sowie metaphysische Begründungszusammenhänge zu entwickeln" (Kron 1999, 102). In den Naturwissenschaften entstand ein strenges Methodenverständnis, welchem vom 19. Jahrhundert an eine Art Vorbildfunktion für andere Wissenschaften zukam. Dabei wurde beispielsweise für das Tierreich eine Ordnung verschiedener Gruppen von Tieren nach Klassen, Ordnungen, Familien, Gattungen, Arten und Unterarten vorgenommen (ebd., 109).

Eine erste grundlegende Differenzierung zwischen Naturwissenschaften einerseits sowie Geistes- bzw. Kulturwissenschaften andererseits stammt von dem Philosophen Wilhelm Windelband (Hügli & Lübcke 1997, 680), der 1894 zwei Wissenschaftsbereiche unterschied: einerseits die „Gesetzeswissenschaften", die nomothetisch vorgehen und allgemeine Gesetzmäßigkeiten formulieren – andererseits die „Ereigniswissenschaften", die idiographisch arbeiten und das Individuelle und Einmalige beschreiben (Kron 1999, 103). Auch Kultur- und Sozialwissenschaften können Windelband zufolge jedoch nomothetisch arbeiten (die heutige Ausprägung etwa der Psychologie, aber auch Teile der Erziehungswissenschaften zeigen dies deutlich) – ihr Schwerpunkt liege jedoch im Idiographischen, im Interesse an der Erkenntnis des Individuellen und Einmaligen. Aus heutiger Sicht wäre allerdings eine Vielfalt der Ausrichtungen für jede Disziplin, auch die Pädagogik, wünschenswert.

Der Philosoph Heinrich Rickert entwickelte 1910 diese Unterscheidung weiter. Er unterscheidet Kultur- und Naturwissenschaften; zu ersteren zählt er die Geschichtswissenschaft (Hügli & Lübcke 1997, 540). Naturwissenschaften versuchen über ein generalisierendes Verfahren von Einzelfällen der empirischen Wirklichkeit zu abstrahieren, „um zu Formulierungen von Gesetzen zu kommen, die Allgemeingültigkeit beanspruchen können" (Kron 1999, 105). Kulturwissenschaften fokussieren auf die Wirklichkeit und Besonderheit des Individuellen „und des Zusammenhangs zum überindividuellen, geschichtlichen und ideellen Ganzen" (ebd.). Auch die Verfahren seien individualisierend.

Wilhelm Dilthey unterschied (1895/96) zwischen Naturwissenschaften und Geisteswissenschaften (Kron 1999, 105ff). Naturwissenschaften hätten Tatsachen zum Gegenstand, die im Bewusstsein als von außen gegeben aufträten; sie könnten durch Schlüsse und die Verbindung von Hypothesen erfasst werden. In den Geisteswissenschaften hingegen gehe es um Gegenstände, die von innen als lebendiger Zusammenhang aufträten; der Zusammenhang des Seelenlebens liege als ursprünglich gegeben zugrunde. Die Natur könne erklärt, das Seelenleben müsste hingegen verstanden werden. Das Regelwerk des Erlebens, des Ausdrucks und des Verstehens versucht Dilthey mit der Hermeneutik als Lehre vom regelgeleiteten Verstehen menschlicher Wirklichkeit zu erfassen. Gemeinsam sei beiden Wissenschaftsbereichen die Grundlage der Erfahrung.

Max Weber schließlich verstand die Sozialwissenschaften bzw. die Soziologie als „Wirklichkeitswissenschaft". Die Wirklichkeit der Gesellschaft und ihrer Teilbereiche kann seines Erachtens mit nur einer methodischen Ausrichtung nicht erfasst werden (Kron 1999, 107f). Neben verstehende treten auch erklärende Methoden (Weber 2005, 4ff). „Der Rückgriff Webers auf das Handeln bzw. das gegenseitige Handeln verweist zwar auf die idiographische Dimensionierung der Forschung hin. Die gesellschaftliche Einbindung des Handelnden oder der Handelnden und damit die gesellschaftliche Bedingtheit individuellen Handelns durch Institutionen und

Organisationen erzwingen aber auch die nomothetische Dimensionierung der Forschung. Daher können Sozialwissenschaften sowohl verstehend als auch erklärend operieren" (Kron 1999, 108).

In heutiger Perspektive sind drei Gruppen von Einzelwissenschaften zu unterscheiden: die Natur-, die Geistes- und die Sozialwissenschaften. Sie sind gekennzeichnet durch je eigene Gegenstände und Methoden. Die Zweiteilung in der Tradition von Windelband, Rickert und Dilthey kann so nicht aufrechterhalten werden, wie es bereits Weber herausgearbeitet hat. Heute muss man zudem, insbesondere für Psychologie, Soziologie, Pädagogik und Sonderpädagogik, von einem Methodenpluralismus ausgehen.

Insbesondere drei Strömungen sind im 20. Jahrhundert neben die idiographisch-geisteswissenschaftliche und die nomothetisch-naturwissenschaftliche Ausrichtung getreten:

• Die *Kritische Theorie*: Diese ging vom materialistischen Wissenschaftsverständnis in der Tradition von Marx aus und wurde insbesondere durch die ‚Frankfurter Schule' entwickelt, die sich über die Jahre erheblich weiter- und vom Marxismus weg entwickelte. Im Fokus steht eine radikale Kritik der gesellschaftlichen Verhältnisse; dabei geraten auch die historischen sowie auch die materiellen Bedingungen wissenschaftlichen Arbeitens in den Blick, da Wissenschaftler selbst stets in ihre jeweiligen historisch-gesellschaftlichen Verhältnisse eingebunden sind. Diese Bedingungen sollen analysiert werden. Also wird auch Wissenschaft in ihren gesellschaftlichen und historischen Bezügen betrachtet, von denen sie sich letztlich nie lösen kann, sondern aus denen heraus sie operiert; hierfür muss ein kritisches Bewusstsein geschaffen werden (siehe Kap. 7).

• Die *Systemtheorie* nimmt nicht den Einzelmenschen oder den Organismus, sondern vielmehr dessen Einbettung in größere Einheiten in den Blick. Deren komplexe Dynamik soll betrachtet werden: ihre Elemente, die Relationen zwischen diesen, die Funktionen von Systemen und deren Unterscheidung (Differenz) zur Umwelt. Erklärungen werden nicht mehr kausal gesehen, sondern in den Zusammenhängen der Systeme und damit ‚zirkulär'. Die Systemtheorie stellt ein recht heterogenes Gebilde unterschiedlichster Konzepte dar, die grundlegend theoretisch orientiert sind, sich teilweise aber auch direkt auf die Praxis beziehen – wie etwa familiensystemische Therapieansätze (siehe Kap. 8).

• Der *Konstruktivismus*: Diese Position entstand zunächst in der Philosophie der Mathematik: „Gemäß ihrer Auffassung existieren mathematische Objekte nur insofern, als wir sie konstruieren" (Hügli & Lübcke 1997, 355). In der Folge verbreitete diese Position sich auch in den Sozialwissenschaften und wurde hierauf bezogen und diesbezüglich spezifiziert. Die individuelle Welt des Menschen wird als aus sich heraus und in sich konstruiert betrachtet. Dabei bietet auch der Konstruktivismus ein Spektrum der Sichtweisen: Im ‚radikalen Konstruktivismus' wird die Existenz objektiver Tatbestände außerhalb der subjektiven, ‚konstruierten' Welt des Individuums in Frage gestellt oder schlicht als irrelevant erachtet. Auch wissenschaftliche Erkenntnis wird hier als ein Konstruktionsprozess gesehen, der stets aus sich selbst, aus den schon bestehenden Konstrukten heraus, erfolgt. Systemtheorie und Konstruktivismus sind verbunden in der spezifischen Konzeption des ‚sozialen' oder ‚systemischen Konstruktivismus', die insbesondere in den 1990er Jahren und bis heute in Pädagogik und Sonderpädagogik großen Einfluss bekam (siehe Kap. 9).

2.5 Was meint Erkenntnis in der Wissenschaft?

Auf menschlicher Erkenntnis basiert die Erkenntnistheorie oder Epistemologie (griech: epistemé, Verstehen, Wissen, Erkenntnis, Einsicht, Geschicklichkeit; lat. Cognitio; Kron 1999, 82). Erkenntnistheorie als philosophische Disziplin untersucht menschliche Erkenntnis hinsichtlich ihrer Bedingungen, Möglichkeiten und Grenzen (Hügli & Lübcke 1997, 183). Nach traditioneller Auffassung gibt es drei Bedingungen dafür, dass eine Person Wissen oder eine Erkenntnis hat: wenn eine Behauptung oder Aussage a) wahr ist, b) die Person hiervon überzeugt ist und c) sie dafür gute, ausreichende und oder zwingende Gründe angeben kann. Wissen „ist nach dieser klassischen Analyse identisch mit wahrer, begründeter Überzeugung" (ebd.).

Allerdings wird diese traditionelle Auffassung von verschiedenen Seiten kritisiert: Es sei nicht möglich, notwendige und hinreichende Bedingungen für wahres Wissen anzugeben; Wissen und Erkenntnis seien vage und unbestimmt. Wissen sei letztlich undefinierbar. Erkenntnis müsse letztlich durch andere Erkenntnisse legitimiert und begründet werden, was zu einen infiniten Regress oder circulus vitiosus führe.

Habermas betrachtet Erkenntnistheorie letztlich als einen Prozess des radikalen Fragens, das immer auf das Ganze und auf die Hintergründe zielt (Kron 1999, 84). Im Vordergrund stehen dann weniger methodische Zweifel oder eine Verfeinerung von Methoden und Theorie, sondern eine kritische Einstellung. Dies hat auch in weiten Teilen der Sonderpädagogik eine lange Tradition.

Erkenntnis geht von Phänomenen aus. Diese werden kategorial geordnet, was durch Sprache geschieht: Kategorien werden demnach durch Begriffe bezeichnet. „Gedanken ohne Inhalt sind leer, Anschauungen ohne Begriffe sind blind" (Kant 1995, 98). „Der Erkenntnisprozess ist … eine Einheit von Wahrnehmung, Erfahrung und Denken. … Menschen nehmen nur die Dinge wahr, von denen sie einen Begriff haben" (Horster 2010, 157). Nach Kant ist sichere Erkenntnis nur möglich, wenn man nicht über die Grenzen der Erfahrung hinausgeht. „Viele Wahrnehmungen derselben Sache verdichten sich zur Erfahrung" (ebd., 158).

Kron (1999, 50f) unterscheidet in Bezug auf Erkenntnis fünf Grundkategorien:

1. *Qualität:* Hier geht es um die inhaltliche, differenzierte Wesenhaftigkeit von Phänomenen.

2. *Quantität:* Damit kann zum einen eine bestimmte Größe als Eigenschaft gemeint sein, zum anderen auch in Relation zu anderen Einheiten, da es immer einen Bezug zu anderen Messgrößen gebe.

3. *Relation:* In formallogischer Hinsicht lassen sich vier Grundfiguren von Relationen unterscheiden: Gleichheit oder Identität, Ähnlichkeit, Verschiedenheit sowie Gegensatz bzw. Widerspruch.

4. *Raum:* „Der Raum gehört zu jenen Kategorien in der Philosophie, die in jenen Einzelwissenschaften große Bedeutung erlangt und die sich mit den Menschen und seinem Verhältnis zur Welt befaßt haben" (Kron 1999, 50). Leben und Lebenswelt sind Aspekte des Raums, die für den Menschen Bedeutung haben.

5. *Zeit:* Diese hat große Bedeutung für Erkenntnis, wenn etwa Entwicklungsunterschiede zwischen verschiedenen Kohorten untersucht werden (wie im eingangs grundgelegten Beispiel des Schulversuchs), wenn man die Entwicklung eines Individuums längsschnittlich erforscht oder auch, wenn Menschen hinsichtlich ihrer biographischen Erfahrungen untersucht werden. Grundsätzlich geht es hier um Geschichtlichkeit, was im geisteswissenschaftlichen Paradigma besondere Bedeutung gewinnt, aber auch in der Kritischen Theorie.

Unter Bezug auf König weist Kron (1999, 52) darauf hin, dass es nicht genüge, Phänomene zu beobachten, zu beschreiben und zu klassifizieren: Es bedarf eines Begriffssystems. „Kategorien liegen vor jeder Erfahrung. Das heißt in diesem Zusammenhang: sie liegen vor der empirischen Forschung" (Kron 1999, 52). Sie gehen insofern der Erkenntnis voraus, und aus ihnen können Hypothesen abgeleitet werden. Allerdings werden aus psychologischer Perspektive Kategorien auch auf Basis von Erkenntnis gebildet, weiterentwickelt und verändert – mit dem psychologischen Wechselspiel der Bildung und Anwendung von Kategorien einerseits, der Erkenntnis und der Veränderung von Kategorien andererseits beschäftigt sich grundlegend die Theorie von Piaget (etwa Piaget & Inhelder 1990; 1991).

Aus wissenschaftlicher Perspektive müssen Kategoriensysteme bestimmten Anforderungen genügen: a) Definitionsklarheit bei der Begriffsbildung, b) Trennschärfe der Begriffe, c) Beachtung des logischen Status der Kategorie, etwa in der Operationalisierung der Definition – sowie d) Definitionsklarheit und Trennschärfe bei der Bildung von Unterkategorien und Teilklassen.

Die wissenschaftliche Arbeit hin zur Erkenntnis folgt bestimmten Prinzipien. Kron (1999, 56f) unterscheidet hierzu, aus der philosophischen Tradition heraus, vier klassische Prinzipien:

1. *Der Satz vom Widerspruch:* Eine Aussage kann nicht zugleich und in gleicher Hinsicht wahr und falsch sein. Wenn „Hans ist groß" wahr ist, kann nicht zugleich „Hans ist klein" gelten. „Ontologisch betrachtet, bedeutet der Satz vom

Widerspruch, daß die Dinge nicht zum selben Zeitpunkt und in derselben Hinsicht eine bestimmte Eigenschaft haben und nicht haben können" (ebd., 56).
2. *Der Satz von der Identität:* Damit werden logische Wahrheiten bezeichnet: „A impliziert A" (ebd.). Wissenschaftlich ergibt sich daraus die Forderung, einen einmal definierten Begriff immer in derselben Bedeutung zu verwenden. Ontologisch gilt dann, dass jedes Ding mit sich selbst identisch ist. Zwei verschiedene Objekte können dann nicht miteinander identisch sein (ebd.). Anthropologisch gilt demzufolge auch: Jeder Mensch ist unverwechselbar und durch Identität bestimmt.
3. *Der Satz vom ausgeschlossenen Dritten:* Eine Aussage ist entweder wahr oder falsch – etwas Drittes gibt es nicht („tertium non datur"; ebd., 57). In der Logik muss eine Aussage nach logischer Prüfung bejaht oder verneint werden; eine dritte Möglichkeit ist nicht zulässig. Ontologisch gilt: „Entweder ist ein Ding so oder es ist nicht so – etwas Drittes gibt es nicht. Z.B. ist Gott entweder allmächtig oder er ist es nicht" (ebd.). Allerdings wurden im 20. Jahrhundert mehrwertige Logiken diskutiert, die über ‚wahr' und ‚falsch' auch ‚noch offen' ermöglichen. „Die neue Logik ist von den Geisteswissenschaften bisher nicht in Anspruch genommen worden" (ebd.).
4. *Der Satz vom Kausalitätsprinzip:* Dieses Prinzip gilt nur für die Ontologie – es trifft Aussagen über die Realität: Alles, was ist, müsse einen Grund haben oder alles habe eine Ursache. „Jeder Sachverhalt steht mit einem anderen Sachverhalt in einer Ursache-Wirkungs-Beziehung" (ebd.). Allerdings wurde mittlerweile erkannt, dass dieser grundlegende Satz nur hypothetische Bedeutung haben kann, also letztlich eine Annahme ist. Jüngere wissenschaftstheoretische Systeme wie der Konstruktivismus oder die Systemtheorie gehen hier alternative Wege und suchen nach anderen Antworten auf die Erklärung der Realität.

Wenn Erkenntnistheorie als Erklärung der Konstruktion neuer Erkenntnisse gesehen wird, rücken zwei Forschungstraditionen und Disziplinen in den Vordergrund (Kron 1999, 86):
1. die *Logik* als eine philosophische und mathematische Teildisziplin – hier geht es um ein System von Regeln, das möglichst weitreichende und gültige (wissenschaftliche) Erkenntnis ermöglicht.
2. die *Psychologie* (oder ‚Psycho-Logik'), indem sie sich mit der Entwicklung des Denkens und der Kognition beschäftigt. Dabei geht es (auch) um Alltagserkenntnis, um den Menschen als ein Wesen, das nach Erkenntnis im Hinblick auf sich und seine Welt strebt.

2.6 Was meint Wahrheit in der Wissenschaft?

Wissenschaft verschreibt sich der Wahrheit und versucht sich ihr anzunähern. Doch was ist unter Wahrheit überhaupt zu verstehen? Wer hat sie ‚gepachtet‘, wenn es zwischen Menschen, und auch unter Wissenschaftlern, ganz unterschiedliche Sichtweisen und Perspektiven gibt?

Bei Thomas von Aquin im 13. Jahrhundert ist ‚wahr‘, neben ‚gut‘, eine der beiden Transzendentalien des ‚Wahren‘ und des ‚Guten‘ (verum – bonum), im Falle des ‚Wahren‘ die Übereinstimmung von Sache und Verstand, die Übereinstimmung mit dem Erkenntnisvermögen (Kunzmann u.a. 1991, 83).

Hügli & Lübcke (1997) verstehen unter Wahrheit zunächst einfach die „Bestimmung desjenigen, das ‚wahr‘ im Gegensatz zu ‚falsch‘ genannt wird" (ebd., 658). Sie unterscheiden dann Wahrheit in einem weiteren sowie in einem engeren Sinne:

- Im weiteren Sinne ist Wahrheit im Sinne von Echtheit, Wirklichkeit oder auch Güte zu verstehen: ein ‚wahres‘ Leben, ein ‚wahres‘ Ereignis, ein ‚wahres‘ Kunstwerk. „Häufig liegt diesem Begriff von W. die Vorstellung zugrunde, daß es für jedes Ding eine ideale Gestalt gebe und daß ein Ding umso ‚wahrer‘ werde, je näher es diesem Ideal kommt" (ebd.). Dabei erfolgt ein Bezug auf die Konzepte von Platon, Hegel und Kierkegaard.
- Im engeren Sinne wird der Begriff Wahrheit als Bestimmung von Urteilen oder Aussagen verstanden – sowie auch im Hinblick auf menschliche Akte und Zustände.

Hügli & Lübcke (ebd., 658ff) unterscheiden fünf Theorien der Wahrheit:

1. Die *Korrespondenztheorie*: Aus dieser auf Aristoteles zurückgehenden Theorie heraus wird etwas als wahr gesehen, wenn es demjenigen entspricht oder mit diesem übereinstimmt, auf das sich eine Aussage bezieht. „So ist die Aussage ‚Der Durchmesser der Sonne beträgt 1 400 000 km‘ wahr dann und genau dann, wenn das, was ausgesagt wird, mit der Wirklichkeit übereinstimmt" (ebd., 659). In der Folgediskussion wurde vor allem erörtert, was es denn bedeutet, dass etwas mit etwas anderem ‚übereinstimme‘. Aus der Kritik heraus formulierte Popper die Variante, eine Aussage sei dann als wahr zu bezeichnen, wenn sie in irgendeiner Form mit einem Faktum ‚korreliere‘. Große Probleme ergaben sich auch mit verneinenden Aussagen: Für die These „Es gibt keine Löwen auf Grönland" müsste im Grunde eine unendliche Menge negativer Fakten eingeholt werden (Hügli & Lübcke 1997, 659).

2. Die *Kohärenztheorie*: Aussagen werden dieser auf Leibniz zurückgehenden Theorie zufolge nur dann als wahr gesehen, wenn sie in einer widerspruchsfreien Weise mit dem gesamten Satz- und Sprachsystem zusammenhängen und mit diesem auch vereinbar sind. Kritisiert wird, dass unklar bleibe, was denn ‚Zusammenhang‘ zwischen Aussagen bedeute. Widerspruchsfreiheit sei für Wahrheit ein

notwendiges, aber kein hinreichendes Kriterium. „Weiter wird eingewendet, daß es durchaus möglich ist, zwei gleich umfassende, unvereinbare Systeme von Aussagen aufzubauen, die je für sich als eine in sich kohärente Ganzheit anzusehen wären" (ebd., 660).

3. Die *Evidenztheorie* der Wahrheit „bestimmt dasjenige als wahr, was sich in einer evidenten Erfahrung zeigen kann" (ebd.). Dieses Erfahrungsmoment steht bei Brentano und auch Husserl im Vordergrund, im Sinne einer verbürgten Gewissheit. Allerdings wird der Begriff Evidenz als solcher stark kritisiert, weil er von Philosophie und Psychologie über die Jahrhunderte hinweg sehr unterschiedlich verstanden worden ist. Der Epikurismus beispielsweise verstand unter Evidenz etwas völlig anderes als der Rationalismus oder die Phänomenologie. Bei Husserl wird zudem kritisiert, dass Evidenz im Sinne des subjektiven ‚Für-wahr-Haltens' verwendet wird und Evidenz im wissenschaftlichen Sinne immer nur als Idealzustand gelten kann, dem sich die Wissenschaft, bei ständiger Selbstkorrektur, anzunähern versucht.

4. Die *Wahrheitstheorie* des Pragmatismus (von griechisch *pragma*, Wirksamkeit, Tun; Hügli & Lübcke 1997, 660) sieht etwas als wahr, wenn es sich in der Praxis als fruchtbar oder nützlich erweist, also bewährt, auch im Sinne eines befriedigenden Umgangs mit der Umwelt – entweder aus Sicht des Lebens oder aber der Wissenschaften (Kunzmann u.a. 1991, 173). Im Sinne des Wandels von Interessen und Lebensumständen ist Wahrheit aus dieser Sicht zum einen dynamisch – und es können zum anderen durchaus auch mehrere ‚Wahrheiten' nebeneinander bestehen. – Diese Theorie steht auch in Nähe zur Konsenstheorie, die Aussagen dann als wahr bestimmt, „wenn eine potenziell unendlich große Menge von Menschen unter idealen Kommunikationsbedingungen dieser Aussage allgemein zustimmen würde" (Hügli & Lübcke 1997, 660).

5. Die *Redundanztheorie* klammert die Begriffe wahr und falsch aus, denn der Zusatz, dass etwas wahr sei, wiederhole nur, dass etwas so sei. Diese Aussage sei logisch überflüssig. „Eine Behauptung oder Aussage als ‚wahr' zu bezeichnen, heißt also eigentlich nichts anderes, als sie bestätigen, was keine Beschreibung, sondern ein Tun ist" (ebd.).

Der Wahrheitsbegriff ist für die Wissenschaft also ein wesentlicher Begriff, denn Ziel jeder wissenschaftlichen Erkenntnis soll Wahrheit im Sinne von Genauigkeit oder Absolutheit sein. Doch selbst für die sehr genau – weil messend – arbeitenden Naturwissenschaften bleiben (Mess-)Unsicherheiten bestehen und für die Sozial- und Geisteswissenschaften ist der Erkenntnisgewinn immer an die Personen und ihre subjektiven Einflüsse wie beispielsweise Vorannahmen und Interpretationen gebunden.

2.7 Kontrollfragen zu Wissenschaft und Wissenschaftstheorie

- Können Sie zentrale Merkmale von ‚Wissen‘ bestimmen?
- Können Sie bedeutsame Aspekte nennen für gesicherte Erkenntnis bzw. ‚wahres‘ Wissen?
- Können Sie Theorien verschiedene Funktionen zuordnen?
- Können Sie verschiedene Verhältnisse von Theorie und Praxis beschreiben?
- Können Sie erklären, was man unter einer ‚Metatheorie‘ versteht?
- Können Sie verschiedene Auffassungen von Wissenschaftstheorie unterscheiden?
- Können Sie Grundkategorien benennen, die sich in Bezug auf Erkenntnis unterscheiden lassen?
- Können Sie ein engeres Verständnis von Wahrheit von einem weiteren Verständnis trennen?

3 Pädagogik und Sonderpädagogik als Wissenschaft?

3.1 Probleme der Sonderpädagogik als Wissenschaft

Befasst man sich näher mit der Frage nach Pädagogik und Sonderpädagogik als Wissenschaft, treten zwei wesentliche Aspekte in den Vordergrund: zum einen die Konstituierung der Pädagogik im Einflussbereich der Philosophie und zum anderen die Emanzipation der Pädagogik als Disziplin von der Philosophie.

Aspekte der ganz speziellen, eigenen Situation der Heil- und Sonderpädagogik kann man anhand einer Reihe von Unsicherheiten des Faches darstellen, wie sie Bach (1977) bereits vor vier Jahrzehnten zusammengestellt hat. Sie können auch heute noch fast unverändert Geltung beanspruchen – und sie machen nicht nur Unsicherheiten, sondern dezidierte Probleme der Sonderpädagogik als Wissenschaft deutlich. Bach (ebd.) beschrieb sechs spezifische Unsicherheiten:

Erste Unsicherheit – Bezeichnung des Berufsfeldes und der wissenschaftlichen Disziplin:
Für die Bezeichnung des Faches werden ganz unterschiedliche Begriffe eingesetzt: Heil-, Sonder-, Behinderten-, Rehabilitations-, Integrationspädagogik (heute auch: Inklusionspädagogik). Dabei ist der Begriff ‚Heilpädagogik‘ ebenso umstritten (was bedeutet hier Heil? Ist der Begriff durch den Nationalsozialismus nicht merkwürdig gebunden?) wie derjenige der Sonderpädagogik (was meint hier besonders; ist dies nicht eine Ausgliederung; erinnert es nicht an ‚Sonderkommandos‘ und sorgt damit auch für merkwürdige Assoziationen?).
Bei Heil- und Sonderpädagogik sowie ihren ‚Namensvettern‘ handelt es sich um ein Fach, das sich an Hochschulen findet. Dort ist es allerdings aus historischen Gründen gespalten: in eine außerschulische Heilpädagogik, deren Ausbildung an Fachhochschulen verankert ist, und eine traditionell stärker schulbezogene Sonderpädagogik an den Universitäten, die sich seit einiger Zeit zunehmend als nicht nur schulbezogen versteht, womit sie in Verstrickungen zur fachhochschulischen Heilpädagogik gerät. Während der Begriff Heilpädagogik im Fachhochschulbereich recht unumstritten ist, wird die Situation dadurch noch undurchsichtiger, dass im universitären Bereich der Begriff Sonderpädagogik keineswegs durchgängig Verwendung findet, sondern hier in Konkurrenz tritt mit den bereits erwähnten sowie weiteren Bezeichnungen – beispielsweise (auch) Heilpädagogik, Behindertenpädagogik, Förderpädagogik oder auch Rehabilitationspädagogik.

Zweite Unsicherheit – Abgrenzung des Personenkreises:
Wenn es um ‚Behinderung' und um ‚Behinderte' geht, ist die Frage, ob es eine klare Grenze zwischen Behinderten und Nicht-Behinderten gibt? Kann diese objektiv bestimmt werden? Und meint ‚einmal behindert' auch ‚immer behindert' oder auch ‚in allen Kontexten des Lebens behindert'? Sollten Heilpädagogen erst eingreifen, wenn es zu einer Behinderung gekommen ist – oder nicht besser auch präventiv? Dann ginge es aber wiederum nicht nur um die Arbeit mit Behinderten. Hinzu kommt: Gibt es Überschneidungen mit sozialpädagogischer Arbeit, die gleichfalls auf eine solche Prävention gerichtet ist? Aus heutiger Sicht könnte man durchaus fragen: Macht es Sinn, die heil- und sonderpädagogische Arbeit überhaupt am Personenkreis festzumachen? Aber wenn nicht daran, woran denn sonst? Über die Frage, ob man den eigenen Auftrag an Behinderungen festmachen kann oder sollte, fragen einige sogar hinaus, ob es diese gibt. So proklamierte beispielsweise Feuser 1996 bei einem Vortrag: „Geistigbehinderte gibt es nicht!" (ebd.).

Dritte Unsicherheit – Ziele der Heil- und Sonderpädagogik:
Bis vor wenigen Jahrzehnten schienen die Ziele heilpädagogischer Bemühungen selbstverständlich und wurden von Generation zu Generation weitergegeben: etwa ‚Pflege' oder auch ‚Behütung'. Heute sind andere Ziele ins Spiel gekommen und werden vehement diskutiert: etwa Integration, Normalisierung, Selbstbestimmung oder Teilhabe. Diskutiert wird eine große Fülle von Zielen, die jeweils sorgfältig durchdacht werden sollen. Und innerhalb der Disziplin gibt es verschiedene erhebliche ‚Kampflinien' im Hinblick auf Ziele: Wie viel besondere Förderung soll und darf überhaupt sein? Geht es um Erziehung, Bildung, Fürsorge, Aufsicht, Hilfe zur Selbsthilfe und Selbstständigkeit, Emanzipation, Stellvertretung – und so weiter?

Vierte Unsicherheit – die heilpädagogischen Methoden:
Als einen Brennpunkt hat Bach (1977) bereits vor einigen Jahrzehnten die (sonder-pädagogische) Diagnostik ausgemacht – insbesondere die kritische Frage, inwiefern ihre Methoden (Testverfahren, Fragebögen, Verhaltensbeobachtungen) wirklich Sinnvolles erheben – und inwiefern sie zu eng auf Defizite gerichtet sind und diese anschließend festschreiben. Es wurde in der Folge dieser Kritik angestrebt, dem eine ‚Förderdiagnostik' entgegenzustellen, welche stärker qualitativ, auf das Individuum ausgerichtet untersucht und dabei auch oder gar bevorzugt Kompetenzen in den Blick nimmt. In ihrem Rahmen werden dann gerne Kompetenzen als gering ausgeprägt beschrieben, oder man nimmt die Bereiche in den Blick, in denen etwas Positives zu entdecken ist: Martin, schwerbehindert, kann hervorragend den linken Finger bewegen. Martina, aggressiv und brutal gewalttätig, kann gegenüber anderen Kindern wirkungsvoll und nachhaltig ihre Interessen behaupten. Die hier provokant formulierten Beispiele machen deutlich, dass es oft von der Außenperspektive abhängt, ob eine Fähigkeit, Fertigkeit oder Verhaltensweise als Defizit oder als Ressource gesehen wird. Die Heil- und Sonderpädagogik tut möglicherweise

also nicht gut daran, sich selbst einer solchen Polarisierung zu unterwerfen. Versteht man Behinderung und Beeinträchtigung stärker existenziell, so fallen beide Kategorien schnell ineinander: sie beschreiben ein Vermögen wie Unvermögen, einen Lösungsversuch wie auch ein Konfliktpotenzial zur gleichen Zeit. Aufgabe wäre es dann, Kindern und Jugendlichen zum Umgang mit dieser ‚Gleichzeitigkeit' zu verhelfen.

Eine weitere Unsicherheit in diesem Kontext hat sich in den letzten Jahrzehnten für die Frage der Abgrenzung zwischen Erziehung und Pädagogik einerseits und Therapie andererseits entwickelt. Methoden, die früher bedenkenlos eingesetzt wurden, werden seit einiger Zeit kritisch betrachtet im Hinblick auf den – eben pädagogischen und nicht therapeutischen – Auftrag der Heil- und Sonderpädagogik und im Hinblick auf die Frage seriöser Fachkompetenz (zum Einsatz therapeutischer Verfahren, etwa der Physiotherapie oder der Psychotherapie).

Fünfte Unsicherheit – Entwicklung der Institutionen:
Auch für diesen Aspekt gilt, dass lange Zeit die heil- oder sonderpädagogischen Institutionen recht unhinterfragt bestanden: insbesondere das System der Sonder- oder Förderschulen, aber etwa auch Heime für erziehungsschwierige Kinder und Jugendliche oder Berufsbildungswerke als eigene Einrichtungen der arbeits- und berufsbezogenen Förderung von jungen Menschen mit Behinderungen. Im Zuge verstärkter Bestrebungen hin zu einer gesellschaftlichen, sozialen, aber auch institutionellen Integration seit den 1970er Jahren sind diese besonderen Institutionen zunehmend in die Kritik gekommen, nochmals verstärkt durch die aktuelle Diskussion um Inklusion: Vorwürfe gehen dahin, die Existenz dieser Institutionen sorgte erst für die Definition von Behinderung, sie zementierten diese in Form von ‚Sackgassen-Karrieren' oder auch, sie sorgten für die Konzentration bestimmter Problematiken an einem Ort. Welchen sozialen Lernort bildet beispielsweise aus dieser kritischen Perspektive eine Schule für Erziehungshilfe oder ein Berufsbildungswerk? Sie repräsentierten eine Gettobildung (etwa eine Einrichtung auf dem ‚platten Feld', drei Kilometer von der nächsten Wohnsiedlung entfernt) – und erschwerten eher die Integration. Die Verfechter dieser Einrichtungen hingegen halten mit Argumenten wie dem historischen und aktuellen Elternwunsch, der Entlastung, der Gewährleistung eines notwendigen Schonraums, spezieller Förderung, der Bereithaltung von konzentrierter Professionalität usw. dagegen.

Sechste Unsicherheit – die Sprache:
Zum einen war die Sprache der Heilpädagogik, etwa aufgrund des sozialen und fürsorgerischen Impetus, traditionell von einem gewissen (engagierten) Pathos getragen. Als problematischer kann aber gesehen werden, dass sich im Zuge der Herausbildung der Heil- und Sonderpädagogik als Fachdisziplin, später auch als wissenschaftliche Disziplin, eine eigene Sprache entwickelt hat. Im negativen Sinne könnte dies ein ‚Vernebeln', ein ‚Sich-Aufblasen' oder, was der medizinischen Spra-

che oft unterstellt wird, gar ein Entmündigen von Menschen mit Behinderungen und deren Angehörigen bezwecken oder auch nur unbeabsichtigt nach sich ziehen. Im positiven Sinne steht es natürlich für die Herausbildung einer sprachlichen Ökonomie, indem komplexe Sachverhalte in eigene Begriffe gefasst werden. Eine solche Sprache dient der gezielten Verständigung der Fachleute und ist ein ganz selbstverständlicher Prozess im Rahmen der Spezialisierung und Verwissenschaftlichung. Allerdings darf sie nicht zum Selbstzweck werden. Die heutige sprachliche Verunsicherung im Fach betrifft allerdings weniger die Frage, ob spezifische Begriffe verwendet werden sollten, sondern: welche? Hier trifft man auf eine Verbindung der Verunsicherungen der Bezeichnung der Fachdisziplin (wie sollte diese benannt werden?) sowie ihrer Zielgruppe (Behinderte? Menschen mit Behinderungen? Menschen mit Förderbedarf? ‚Menschenwieduundich‘?). Das scheint vielleicht eine ‚Begriffsklauberei‘ zu sein oder wie ein semantisches Spiel zu wirken, aber hinter Begriffen stehen Auffassungen, Sichtweisen, Modelle und Vorstellungen des Menschen – und dies hat potenziell Einfluss auf menschliche Wahrnehmung und in der Folge auch auf ganz konkretes (professionelles) Handeln.

3.2 Umbrüche in der Sonderpädagogik

Hinter all diesen Unsicherheiten stehen auch verschiedene Krisen, welche die Heil- und Sonderpädagogik durchlaufen hat oder in denen sie immer noch steckt. Bach (1977) bezeichnet die von ihm gesehenen Unsicherheiten als ‚fruchtbar‘, und so bergen auch Krisen, wenngleich dieser Begriff umgangssprachlich negativ konnotiert wird, immer auch Chancen. Eine ganze Fülle solcher Krisen wird von Speck (2003) erörtert, der eine „Heilpädagogik im Epochenumbruch" beschreibt. Diese von Speck erörterten Krisenaspekte sollen hier nur kurz skizziert werden, in Ergänzung zu den Unsicherheiten. Grundsätzlich weist Speck darauf hin, dass die Heilpädagogik früher mit sich eins gewesen sei. Heute liege sie im Widerstreit mit sich und mit ihrer Umwelt – sei aber zugleich mehr denn je gefragt. Beides gilt, ähnlich wie Bachs ‚Unsicherheiten‘, heute wohl mehr denn je und hat sehr viel mit der oft polarisiert, auch sehr emotionalisiert und kontrovers verlaufenden Diskussion um Inklusion zu tun (Ahrbeck 2011; 2014; Speck 2010; Kroworsch 2014). Speck sieht die folgenden kritischen Entwicklungen:

Die Integrationsbewegung: Zunächst war die Heil- und Sonderpädagogik auf Sondereinrichtungen ausgerichtet und ging historisch aus diesen auch hervor. Im besonderen Zentrum stand das Sonderschulsystem. Diese ‚Besonderungen‘ kamen mehr und mehr in die Kritik, insbesondere seit den 1960er und 1970er Jahren. Das gilt für die Schulen, aber auch für andere Einrichtungen (siehe etwa die ‚Heimkampagne‘ mit ihrer Forderung: ‚Holt die Kinder aus den Heimen!‘). Integration wurde zu einer stark ideologisch geprägten Bewegung mit erheblicher Polarisierung innerhalb der Heil- und Sonderpädagogik – bis dahin, eine spezielle Pädagogik als solche als suspekt anzusehen, da sie ‚Besonderung‘ fokussiere. Aus Specks Sicht zur Zeit seiner Veröffentlichung ebbte diese Polarisierung ab – angesichts der Diskussion um Inklusion hat sie hingegen heute eine ganz neue, sehr erhebliche Dynamik gewonnen. Anstelle einer ‚Integrations‘- besteht nun eine ‚Inklusionsbewegung‘ (für die erhebliche Unsicherheiten bestehen, wohin der Weg gehen sollte).

Die Aufspaltung in getrennte Sonderpädagogiken: Die zunehmende, aber auch traditionelle Aufgliederung der Heil- und Sonderpädagogik in Teildisziplinen, zumeist, aber nicht immer entsprechend bestimmter Formen von Behinderung oder Förderbedarfe, entspricht im Grunde dem wissenschaftlichen Trend zur Spezialisierung. Hier haben sich auch unterschiedliche Fachidentitäten herausgebildet. Spezialisten verstünden aber ‚immer mehr von immer weniger‘. Ein weiteres Argument für Generalismen kommt aus der Praxis: Hier kämen in der Regel verschiedene Probleme oder Formen der Beeinträchtigung zusammen, was eine Spezialisierung daher nicht rechtfertige. Man drohe stattdessen aufgrund der Spezialisierungen Lebenszusammenhänge aus dem Auge zu verlieren.

Das *wissenschaftstheoretische Dilemma* dabei lautet: Wissenschaftlichkeit impliziert auch Rationalität. Eine Forderung besteht in einer ‚wertfreien‘ Wissenschaft, wie sie insbesondere in den 1970er Jahren vertreten wurde. In der Pädagogik zeigte sich dies an der kritisch-rationalen Unterscheidung zwischen Erziehungswissenschaft und Erziehungsphilosophie (siehe Kap. 6). Dies eröffnete eine neue Phase auch für die lange Zeit sehr idealistisch und normativ orientierte Heil- und Sonderpädagogik. Zugleich verweist Speck auf die sehr komplexe sonderpädagogische Realität, die kaum wissenschaftlich kontrollierbar sei. Die strenge Trennung zwischen Darstellung und Wertung sei hier außerordentlich schwierig und hinterfragt auch den Wert einer rein ‚beschreibenden‘ Wissenschaft, etwa im Hinblick auf aggressive Akte. Hinzu komme aber die Bedeutung von Werten, gerade für die Heil- und Sonderpädagogik, unter Verweis auf Haeberlin: „Heilpädagogik ist ohne eine grundgelegte Werteordnung nicht konstituierbar und praktizierbar" (Speck 2003, 36). Seit der Bioethik-Debatte um den Lebenswert behinderten Lebens habe sich aber wiederum die Neigung innerhalb der Heil- und Sonderpädagogik verstärkt, sich intensiver mit normativen und ethischen Fragen zu beschäftigen. Die aktuelle Diskussion um den Umgang mit Inklusion bewegt sich in einem sehr kontroversen Feld zwischen Normorientierung (Einklagen eines ‚Rechts auf Inklusion‘) und Forderungen einer stärker ‚evidenzbasierten‘ Forschung. – Mit Bezug auf den Leserbrief eines Psychologen klagt Speck (2003) ein, über einer normativen und ethischen Diskussion die empirische Forschung nicht zu vergessen:

> „Die akademische Heilpädagogik ist bis zum heutigen Tage nicht in der Lage gewesen, auf einer empirischen Basis zu belegen, welche therapeutischen Verfahren für massivste

Verhaltensprobleme bei schwer geistig behinderten Menschen in Frage kommen. Stattdessen bewegt sie sich permanent auf einer rein spekulativen Ebene. Der akademischen
Heilpädagogik würde es aus meiner Sicht sehr gut tun, wenn sie endlich einen Wandel von
der ‚Konfession' hin zur ‚Profession' vollziehen würde. … Zu viel Energie wurde bereits
vergeudet für hochmoralische Glaubensbekenntnisse, die einem schwer geistig behinderten Menschen in seinem Leid nicht weiterhalfen' (R. Braun in einem Leserbrief 1995)"
(Speck 2003, 36f).

Die Krise des Theorie-Praxis-Bezugs: Wissenschaftliche Orientierung droht den ‚Ver-
lust der vollen Wirklichkeit' nach sich zu ziehen. Speck sieht ein Auseinanderdrif-
ten von sonderpädagogischer Theorie und Praxis – vielleicht ist es aber auch nur das
Erleben eines solchen Auseinanderdriftens? Die Praxis neigt einerseits gerade in der
Heil- und Sonderpädagogik, auf Basis der durchaus notwendigen Subjektorientie-
rung und Individualisierung, dazu, wissenschaftliche Objektivationen abzulehnen.
Auch sei allerdings die Wissenschaft andererseits für die Praxis einiges schuldig geblieben.

Die Loslösung vom Medizinisierungsansatz: „Was ursprünglich der Befreiung von
Bevormundung durch eine andere Disziplin und der Herausarbeitung eines autonomen Kategorien- und Handlungssystems galt, entwickelte sich inzwischen in einen fachlichen Dualismus und Isolationismus hinein. Die Verständigung zwischen
sozialwissenschaftlichem und medizinischem Erklärungsansatz wurde schwieriger"
(Speck 2003, 37). Dahinter stehen sowohl Machtkonflikte als auch Ängste und Be-
fürchtungen. „Die Medizinisierung (medicalization) des sozialen Handlungsfeldes,
die Umfunktionierung sozialer Probleme in medizinische, wurde ebenso beklagt
wie auf der anderen Seite die Pädagogisierung medizinisch relevanter Zustände"
(ebd.). Die Zusammenarbeit ist mehr denn je unverzichtbar, aber nach wie vor ein
erhebliches Problem, weil ihr unterschiedliche Menschenbildannahmen, Fachsprachen und Zuständigkeitsforderungen zugrunde liegen. Ein Beispiel für die Erfordernisse, aber auch die Probleme der diesbezüglichen Zusammenarbeit ist der Umgang mit dem Thema Aufmerksamkeits- und Hyperaktivitätsstörungen (Abelein &
Stein 2016).

Die Verselbstständigung als Sonderschulpädagogik: Die Sonderpädagogik war lange
Zeit durch eine Sonderschulpädagogik dominiert und wurde so auch verstanden.
Im Kern ist das teilweise noch heute so. Dies wurde verstärkt durch die Ausglie-
derungen bestimmter Teilbereiche in eine außerschulische Heilpädagogik und die
Sozialpädagogik bzw. Soziale Arbeit. Hinzu kam lange (und kommt noch) die enge
Bindung der universitären Sonderpädagogik an Lehramtsstudiengänge. Pädagogik
und Sonderpädagogik sind aber nicht allein von der Schule her oder auf diese hin
bestimmbar – unverzichtbar ist die gesamte Breite der schulischen wie außerschulischen Orientierung.

Die unklare fachliche Effektivität: „Die ‚Sonderpädagogik' legitimiert sich durch besondere Methoden, spezielle pädagogisch-therapeutische Maßnahmen oder Techniken. Mit ihnen erweist sich der Sonderpädagoge als Experte" (ebd., 38). Die Konzepte kamen und kommen aus verschiedenen Theorien heraus und wurden selten auf ihre Wirksamkeit hin wissenschaftlich evaluiert. Aber diese Evaluierung selbst erweist sich oft aufgrund der geringen Kontrollierbarkeit als schwierig bis unmöglich. Damit bestehen viele Unsicherheiten über die Effektivität und Ernüchterungen bei Erhebung dieser. Die Effektivität von Methoden oder auch ganzen Systemen (etwa der Förderschule) wurden und werden teilweise heftig in Frage gestellt. In jüngerer Zeit werden Evaluierung und die bereits erwähnte Evidenzbasierung eingeklagt (Wember 2014; Nußbeck 2014). Wenn dies zum einen aus Gründen einer empirischen Wissenschaftlichkeit heraus geschieht, zum anderen aber auch vom Kriterium der Wirtschaftlichkeit her, ist diese Diskussion für die Heil- und Sonderpädagogik zwiespältig.

Der Wandel des Eltern-Experten-Verhältnisses: Lange Zeit waren die Eltern eher in einer Abhängigenrolle im Hinblick auf sonderpädagogische Maßnahmen. Umgekehrt waren sie bisweilen aber auch gezielt Auftraggeber sonderpädagogischer Einrichtungen durch zumeist private Träger, weil sie sich mit ihren Sorgen und Nöten alleine gelassen fühlten. Zunehmend sind bei ihnen Selbstbewusstsein und kritische Auseinandersetzung (im Sinne einer kritisch ablehnenden, aber auch einer bejahenden Einstellung) mit dem sonderpädagogischen System und dem, was an Förderung geplant wird oder geschieht, aufgekommen. „Die Eltern als Primärerzieher sind auf dem Wege, wieder mehr Verantwortlichkeiten für ihre Kinder zu übernehmen, nachdem ihnen die professionellen Systeme Stück für Stück ihrer Erziehungsautorität und Kompetenz abgenommen hatten" (Speck 2003, 39) – diese These von Speck gilt vielleicht für den Bereich der Körper-, Sinnes- oder Geistigen Behinderungen, sehr wenig aber vermutlich für Trends in den Kontexten Lernbeeinträchtigungen und Verhaltensstörungen. Hier ist eher eine gegenteilige Entwicklung, nämlich die des Rückzugs aus elterlicher Erziehungsverantwortung zu beobachten. Speck fordert Partnerschaftlichkeit, was sicher wünschenswert wäre, aber in manchen Feldern auch sehr schwer zu realisieren ist.

Die Polarisierung zwischen Fachleuten und Klienten: Zunehmend geriet die Frage der Selbstbestimmung von Menschen mit Behinderungen in den Blick – auch unter dem Stichwort ‚autonom leben'. Dies warf ein kritisches Licht auf die Sonderpädagogik, auch auf den wissenschaftlichen Bereich: Werden nicht die Betroffenen oft bevormundet, auch durch Wissenschaftler, die etwas ‚über' sie aussagen, ohne selbst behindert zu sein? Hier wird, auch aktuell, der Heil- und Sonderpädagogik der Vorwurf des so genannten ‚Paternalismus' gemacht (Theunissen & Plaute 2002, 39ff). Aus dieser Kritik resultierte eine recht starke Polarisierung – bis hin zu dem Standpunkt, nur Menschen mit Behinderungen könnten wirklich etwas über Menschen mit Behinderungen aussagen oder definieren, was diese brauchen. Auf der einen

Seite sollten die Fachleute natürlich eine dienende, assistierende, helfende Funktion ausfüllen – auf der anderen Seite gilt es aber, Professionalität aufrechtzuerhalten und diese nicht durch eine reine Orientierung an Betroffenheit zu ersetzen.

Die gefährdete Qualität: Speck (2003) sieht zwei zentrale Gefährdungen der Qualität in heilpädagogischen Einrichtungen: diejenige durch Personalmangel und diejenige durch Ressourcenabbau. Im Hinblick auf das Personal verzeichnet Speck Rückentwicklungen und damit einen gegenteiligen Trend zum Aufbau in den 1970er Jahren. Dafür macht er verschiedene Gründe verantwortlich: das geringere Interesse an sozialen Berufen, die besonderen Erschwernisse in diesem Bereich, die Stellen wenig attraktiv erscheinen lassen, aber auch die oben erwähnten Ressourcenkürzungen. Zu dieser Qualitätsgefährdung gehört sicher auch der bereits erwähnte Abbau im Bereich wissenschaftlicher Stellen, insbesondere von Professuren. (Erst in allerjüngster Zeit zeichnet sich hier, im Zuge der Inklusionsdiskussion, ein veränderter, aber auch fachlich eindimensionaler Trend ab.) Zu den Ressourcenkürzungen ist zu sagen, dass diese aus Kostendruck und dem Kriterium der Wirtschaftlichkeit resultieren. Maßnahmen der Qualitätssicherung können hier teilweise zur simplen Kostensenkung missbraucht werden. Interessant ist aber auch ein kritischer Verweis auf die sonderpädagogische Binnendiskussion: „Demotivierend dürften auch pauschale Diskriminierungen der spezialisierten Behindertenberufe wirken, wenn diese generell als Hindernis für mehr Selbstbestimmung und Integration von Menschen mit Behinderungen angesehen werden" (ebd., 42).

3.3 Kontrollfragen zu Sonderpädagogik als Wissenschaft

1. Können Sie erläutern, was Otto Speck mit dem „wissenschaftstheoretischen Dilemma" der Sonderpädagogik meint?
2. Können Sie erklären, inwiefern die von Bach für die Heil- und Sonderpädagogik beschriebene Unsicherheit hinsichtlich der Sprache auch ein wissenschaftstheoretisches Thema ist?
3. Können Sie einige der nach Speck kritisch zu betrachtenden Entwicklungen in eigenen Worten wiedergeben?

4 Wissenschaftstheoretische Grundbegriffe

Nach einer Grundlegung von Wissenschaftstheorie, die von den Konzepten der Theorie und der Wissenschaft ausging, sowie einer Diskussion von Sonderpädagogik als (einer) Wissenschaft sowie diesbezüglichen Problemfeldern sollen nun, weiterführend, einige zentrale wissenschaftstheoretische Begriffe erörtert und geklärt werden: zum einen ‚Paradigma‘, zum anderen das Verhältnis von Theorien, Modellen und Konzepten sowie von Theorie, Praxis und Poiesis. Diese Begriffe stellen so etwas wie grundlegende Vokabeln dar, welche dabei helfen, wissenschaftstheoretische Positionen (Kap. 5-9) besser verstehen und auch miteinander vergleichen zu können.

4.1 Grundbegriff: Paradigma

Der Begriff ‚Paradigma‘ entstammt dem griechischen ‚paradeigma‘ und bedeutet ‚Vorbild‘, ‚Muster‘ oder auch „mustergültiges Beispiel“ (Hügli & Lübcke 1997, 474) sowie auch „Modell“ (Kron 1999, 249).
Allerdings wird der Begriff Paradigma in den Geistes-, Kultur- und Sozialwissenschaften, wie viele andere Begriffe (etwa Dialektik), mit durchaus unterschiedlicher Bedeutung verwendet. In die wissenschaftstheoretische Diskussion wurde der Begriff 1962 durch Thomas S. Kuhn eingeführt (ebd.). Hier soll ein Paradigma dasjenige bezeichnen, was die Mitglieder einer wissenschaftlichen Gemeinschaft verbindet – und eine solche wissenschaftliche Gemeinschaft wird umgekehrt durch das Teilen eines Paradigmas bestimmt. Damit ist eine Konstellation von Meinungen, Werten, Methoden usw. gemeint, die von der Gemeinschaft geteilt wird. Daraus ergeben sich zwei Bedeutungen:
1. eine Konstellation von allgemein anerkannten wissenschaftlichen Leistungen eines Faches;
2. ein besonderes Element in der Konstellation dieser allgemein anerkannten wissenschaftlichen Leistungen. „Es handelt sich dabei um die ‚konkreten Problemlösungen‘ eines Paradigmas“ (Kron 1999, 250).
Das Attraktive an einem Paradigma ist die Neuartigkeit und Offenheit der Konstellation von Problemlösungsangeboten. Paradigmen zeichnen sich durch einen Kern solcher Elemente aus, die resistent gegenüber Transformationen sind und größeren Erfolgscharakter bei der Lösung von Problemen aufweisen. Zudem weisen sie eine Peripherie auf, welche den Forschungsansprüchen weniger stand hält; hieraus generieren sich neue Forschungsfelder und Forschungsbemühungen, die noch eine gewisse Offenheit haben.

Die folgenden fünf besonderen Teilfunktionen sieht Kron im Anschluss an Kuhn (Kron 1999, 251ff) hinsichtlich der Leistungen eines Paradigmas spezifisch für pädagogische Kontexte:

- *Curriculare Funktion*: Diese „entsteht dadurch, daß die Leistungen innerhalb eines Paradigmas in einem Theoriegebäude zusammengefaßt und mit Anwendungsmöglichkeiten versehen werden und die ihren Niederschlag in Lehrbüchern finden, die von der Wissenschaftsgemeinschaft einer Disziplin anerkannt werden" (Kron 1999, 252). Das entwickelte und gesammelte Wissen wird in curricular vermittelbare Formen gebracht und entsprechend weitergegeben. Diese Funktion ergibt sich in der Regel erst dann, wenn sich eine Wissenschaft als Hochschuldisziplin etabliert hat.
- *Vorbildfunktion*: Die Anwendung eines Paradigmas erweist sich für Theoriebildung und Forschung als Erfolg versprechend; insofern üben die Elemente des Paradigmas einen Einfluss aus, sie auch zu nutzen. Damit können die Elemente des Paradigmas zugleich zu Modellen für (weitere) Forschung werden.
- *Traditionsstiftende Funktion*: Paradigmen liefern einen verlässlichen, allgemein anerkannten Rahmen für Forschung im Sinne eines Basisrepertoires an Begriffen, Theorien, Methoden, Instrumenten, Systemen und Problemstellungen. „Wissen und Routine sparen Zeit und Konflikte und ermöglichen den Forschenden den zweckrationalen Weg wissenschaftlicher Erkenntnis" (ebd.).
- *Entwicklungsfunktion*: Wissenschaftliche Entwicklung führt in einem Prozess hin zu einem Bestand zusammengefügter Bestandteile bzw. Elemente. Brennpunkte normaler wissenschaftlicher Tätigkeit sind erstens die Bestimmung bedeutsamer Tatsachen, zweitens die gegenseitige Anpassung von Fakten und Theorie sowie drittens die Artikulierung der Theorie (Kron 1999, 253). Als wichtige Ressource von außen kommt Kritik ins System, die bei Offenheit der Forschenden zur Modifizierung von Theorien und zu weiterführender Forschung hinleitet. „Daher ist eine ‚normale Wissenschaft' auch immer in Bewegung" (ebd.).
- *Disziplinbegründende Funktion*: Wissenschaftliche Arbeit besteht auch aus dem Bemühen um die Verständigung hinsichtlich der Sinnhaftigkeit des eigenen Tuns. „In diesem Bezug wird nach der Bedeutung der verschiedenen Leistungen für das wissenschaftliche Selbstverständnis der Wissenschaftsgemeinschaft gefragt" (ebd.). Im Hinblick auf die erbrachten Leistungen wird ein Legitimationswissen aufgebaut.

Kron (1999, 254) weist darauf hin, dass all dies eine offene, demokratische Gesellschaft voraussetzt, in der Chancengleichheit sowie die Vielfalt und Konkurrenz von Paradigmen möglich sind. Monopole können auch in der Wissenschaft diese Offenheit einschränken. Neuentwicklungen vollziehen sich schrittweise, also in der Regel nicht plötzlich und schlagartig, und führen zu einem ‚Paradigmenwechsel'. Für diesen nennt Kron, wiederum Kuhn folgend, drei Merkmale (Kron 1999, 254f):

1. Aufgeben einer Theorie und Ersetzen durch eine neue;
2. neue Impulse aus der empirischen Forschung führen zur Modifizierung von Problemlösungsstrategien, etwa im Methodenbereich;
3. die wissenschaftliche Betrachtung der Welt hat sich so sehr verändert, dass sich die bisherigen Forschungsansätze als nicht mehr passbar erweisen.

„Systematisch gesehen, entwickelt sich ein neues Paradigma aus den Randzonen des alten Paradigmas heraus und stellt in diesem Vollzug neue konkrete Problemlösungen vor, z.B. in Form und Gestalt einer neuen Theorie oder eines neuen Konzepts. Durch diesen krisenhaften Prozeß wird auch das Selbstverständnis einer Wissenschaft revolutioniert" (ebd., 255). Wenn dies so stimmt, bleibt das bisherige Paradigma parallel zum neuen bestehen. Konkret für die Sonderpädagogik diskutieren Hillenbrand (1999) und Moser (2003) das Konzept des Paradigmas und des Paradigmenwandels. Mit der Integrationsdiskussion in den späten 1980er und den 1990er Jahren kam es in der Sonderpädagogik zu einer großen Diskussion, ob sich hier nun ein Paradigmenwechsel abzeichne oder ob es sich doch nur um ‚alten Wein in neuen Schläuchen' handle. Für die jüngere Sonderpädagogik kann man daher sicher erörtern, ob den Veränderungen im Zuge der Unterzeichnung der UN-Konvention über die Rechte von Menschen mit Behinderung mit dem Konzept der Inklusion der Charakter eines Paradigmenwechsels zukommt; die Diskussion erweist sich als grundlegend.

4.2 Grundbegriffe: Theorien, Modelle und Konzepte

Im thematischen Zusammenhang mit dem Theoriebegriff fallen auch die Begriffe Modell und Konzept auf. Dabei werden diese Begriffe durchaus unterschiedlich definiert und genutzt. Der Begriff Modell wird teilweise auch mit Theorie synonym gesetzt. Hier soll der Argumentation von Kron gefolgt werden, der Modell, auch schon direkt auf pädagogische Fragen bezogen, im Sinne eines Plans versteht: „Stundenmodelle, Unterrichtsmodelle oder Modelle zur Unterrichtsvorbereitung; aber auch sogenannte Stundenbilder, Planungsschemata, Unterrichtsentwürfe"… *Modelle beziehen sich auf Theorien.* Sie können daher als eine Art Vorform von Theorie angesehen werden. Sie enthalten Elemente, die noch nicht zu einer Theorie verknüpft, die aber zur Hypothesenbildung herangezogen werden können … *Modelle beziehen sich auf Handlungen.* Sie reduzieren die Komplexität der Handlungszusammenhänge" (Kron 1999, 77). Insofern stünden Modelle zwischen Theorien und dem konkreten (pädagogischen) Handeln.

Auf Basis dieser Auffassung empfiehlt sich, im Sinne begrifflicher Prägnanz, ein Verwerfen anderer Auffassungen, die Theorie und Modell analog setzen oder auch Modell als Kategorie verstehen, im Sinne einer „regionalen Theorie" (ebd.).

Unter Konzepten werden gedankliche Werkzeuge verstanden, mit denen sinnvoll gehandelt werden kann. Sie stellen insofern eine Art Handlungsentwurf dar, der einerseits Klarheit bezüglich für den jeweiligen Handlungskontext wesentlicher Sachverhalte herstellt, andererseits jedoch auch einen Entwurf für zukünftiges Handeln liefert (Kron 1999, 78).

Theorien → – → Modelle → – → Konzepte → – – → Praxis

Abb. 3: Von der Theorie zur Praxis

Insofern spannt sich ein Spektrum zwischen Abstraktheit und Konkretheit auf, in das Kron folgende hierarchische Reihung bringt: Theorien – Modelle – Konzepte – Praxis. Auf dieses gesamte Spektrum greifen sowohl Praktiker als auch Wissenschaftler zu (ebd.). Allerdings bedarf das Verhältnis von Theorie und Praxis, besonders im pädagogischen Kontext, einer genaueren Betrachtung.

4.3 Grundbegriffe: Theorie, Praxis und Poiesis

Theorien wurden in ein Verhältnis zu Modellen und Konzepten gebracht. Wie steht es jedoch mit dem Theorie-Praxis-Verhältnis? Gerade in Pädagogik und Sonderpädagogik wird häufig beklagt, dass beides sehr weit voneinander entfernt sei. Wechselweise werfen sich beide Seiten ‚Theorieabstinenz‘ sowie ‚Praxisferne‘ vor. Grundsätzlich interessant ist, dass ‚Praxis‘ ja eine Art Antipode zur Theorie darzustellen scheint. Während letztere ausführlich definiert wird, wird erstere zumeist unhinterfragt vorausgesetzt. So definiert etwa Kron (1999) dezidiert Theorie, Modell und Konzept und setzt sie in ein Verhältnis zu Praxis – ohne jedoch letztere näher zu bestimmen.

Ist Praxis ‚real‘, also die Wirklichkeit betreffend – im Sinne der physischen, objektiven oder bewusstseinsunabhängigen Wirklichkeit (Hügli & Lübcke 1997, 528)? Aber spielen nicht auch Erlebnisse und Wahrnehmungen innerhalb dieser Praxis eine Rolle und können nicht ohne sie gedacht werden? Praxis ist also nicht unbedingt bedeutungsidentisch mit Realität.

Hilfreich ist ein kleiner Blick auf sach- und sinnverwandte Wörter (Duden 1997) – für ‚Praxis‘ werden hier die folgenden genannt: Erfahrung, Kunstfertigkeit – sowie auch: Sprechzimmer. Im Sinne einer Kontrastierung wird etwas „ohne Praxis“ als „theoretisch“ bezeichnet (ebd., 556).

Ganz anders sieht es die Soziologie – hier gilt Praxis als „Art und Ergebnis des richtigen Handelns als Eingriff in gegebene Zustände. Erfolgreiche soziale P. setzt Erkenntnis der gesellschaftlichen Bedingungen, Verfügbarkeit und Beherrschung zweckmäßiger Mittel, angebbare Ziele sowie Überprüfung der Ergebnisse voraus" (Fuchs u.a. 1987, 586f).

Zunächst lässt sich also Folgendes feststellen: Umgangssprachlich wird ‚Praxis' häufig der Theorie gegenübergestellt. Aber man kann Praxis auch als Realisierung und als Kunstfertigkeit betrachten. Wenn Theorie und Praxis einander gegenübergestellt werden, scheint hier oft eher die Polarität zwischen Theorie einerseits und dem Realen, der Realität, der ‚Wirklichkeit' andererseits gemeint zu sein.

Blickt man auf Fragen wissenschaftlicher Forschung, so bietet ‚Praxis', in der einen Richtung gedacht, das Erfahrungsfundament für die Theorienbildung. Geschehen in der ‚Praxis' fließt hier ein. Im Rahmen empirischen Arbeitens bildet dies sogar die Grundlage, indem ‚Praxis' systematisch und differenziert untersucht wird, um die gewonnenen Erkenntnisse in die Hinterfragung und Überprüfung theoretischer Annahmen einfließen zu lassen sowie letztere auf dieser Basis weiterzuentwickeln. ‚Praxis' wäre insofern eine Art Prüfstein der Wahrheit (Kunzmann u.a. 1991, 169). Im Hinblick auf die andere Richtung nennt Kron (1999), unter Bezug auf Spinner, verschiedene Funktionen von Theorien, die teilweise auch deren Relevanz im Hinblick auf die ‚Praxis' bezeichnen (Kron 1999, 79):

- Verstehen und Erklären individueller und allgemein sozialer Gegebenheiten
- Prognosen ermöglichen
- Überprüfen der kognitiven Qualität der Theorien selbst durch diese
- Kritik an anderen Theorien
- Produktion neuer Theorien
- Kritische Analyse sowie regelgeleitete Veränderung sozialer Wirklichkeit
- Transformierung in Modelle

Dabei weisen die beiden ersten Aspekte sowie der vorletzte auf die Praxisrelevanz von Theorien hin; ergänzend kommt dem letztgenannten Aspekt mittelbare Relevanz zu, indem hier Modelle als ‚Transmissionsriemen' zwischen Theorie und Praxis stehen. Für die Pädagogik ist das Verhältnis von Theorie und Praxis aber noch nicht hinreichend beschrieben, was im Folgenden verdeutlicht wird:

Die Begriffe von Theorie und Praxis beziehen sich, historisch betrachtet, auf die Gestaltung unterschiedlicher Lebensweisen. Böhm (1985, 16ff) weist in diesem Zusammenhang auf die Bedeutung des Begriffspaares in der griechischen Dichtung hin. Von Aristoteles stammt schließlich das Verständnis von Theorie als Wissenschaft, wobei dieser drei Wissenschaftsarten unterschied: „Die erste bezeichnete er als praktische, die zweite als poietische, die dritte als theoretische Wissenschaft, und nur diese letzte bringt er in einen unmittelbaren Bezug zur Theorie" (Böhm 1985, 19). Entscheidend für den Praxisbegriff ist nun der Unterschied von Poiesis und Praxis in diesem Verständnis. Das Poietische hat den Charakter des Macherischen, strebt stets etwas Produkthaftes an und erfährt seinen Sinn und damit seine Berechtigung erst durch das Ergebnis, das Werk, das hergestellte Produkt. Die Praxis dagegen ist kein Machen, sondern ein Handeln; sie trägt ihren Sinn schon in sich und kann daher als stärker prozesshaft charakterisiert werden. Praxis bezieht sich auf das selbstverantwortete und selbstbestimmte Handeln eines Menschen, ohne von vorneherein auf ein mögliches Endergebnis zu schielen. „Praxis heißt also nicht jedes beliebiges Agieren und ebenso wenig irgendein Hantieren, nicht einfach das, was mehr oder weniger zufällig eintritt oder sich hier und da ereignet, sondern Praxis meint das auf das Gute hin bezogene sittliche und das auf das Gemeinwohl ausgerichtete politische Handeln des Menschen" (Böhm 1985, 22). Mit Descartes und Bacon verändert sich das antike Theorie-Praxis-Verständnis hinzu einem neuzeitlichen. Dies hat damit zu tun, dass Bacon den Kosmos auf das physikalische Universum verkürzte und verkündete, dass „dessen kausale Ursachen und Verlaufsprozesse zu erforschen … die einzige Aufgabe der wissenschaftlichen Erkenntnis" sei (Böhm 1985, 43). Die Frage nach dem Funktionieren und damit nach dem ‚Wie‘ einer Sache oder eines Zusammenhangs wird damit wichtiger als die Frage nach dem eigentlichen ‚Was‘ und ‚Warum‘ von Welt und Mensch. „Der Begriff ‚Praxis‘ erfährt eine noch viel weitreichendere Umdeutung. Als Gegenbegriff zu einer ‚Theorie‘, die sich ausschließlich darauf richtet, wie und durch welche Mittel und Vorgänge etwas entstanden ist und wie sich diese Vorgänge rekonstruieren und nachmachen lassen, kann nicht mehr eine ‚Praxis‘ im Sinne des klassisch-christlichen Verständnisses stehen. Einer operativen Theorie und einem instrumentellen know how korrespondiert nicht das menschliche Handeln, sondern das herstellende Machen" (Böhm 1985, 46). Das, was ursprünglich mit Praxis gemeint war, wendet sich im neuzeitlichen Denken in Poiesis. Aus erziehungswissenschaftlicher Sicht wird das neue Theorie-Praxis-Verständnis mit John Locke relevant, als dieser das Kind als Forschungsgegenstand ‚entdeckt‘ und Fragen nach der Machbarkeit des Erzieherischen aufwirft. Böhm weist darauf hin, dass Locke dadurch der Pädagogik eine Gestalt verleiht, die man als „Instrument der Persönlichkeitsformung" (Böhm 1985, 54) bezeichnen kann. Diese Gestalt wird auch durch die Fragen nach der Messbarkeit von Schulqualität und Schulerfolg im 21. Jahrhundert besonders deutlich. Mindestens zwei für die Pädagogik wichtige Fragen resultieren aus diesen Entwicklungen: Wenn Praxis aber nicht mehr Praxis im eigentlichen Sinne ist, sondern sich ins Poietische gewandelt hat, was und wo ist dann Praxis? Und zweitens: Ist Erziehung Poiesis oder Praxis? Böhm zeigt, dass sich diese Fragen ebenso eindeutig beantworten wie auch nicht beantworten lassen. So finden sich durchaus Argumente, die dafür sprechen, dass Erziehung Poiesis ist, während andere, stark an der Person orientierte Argumente, Erziehung als Praxis ausweisen. „Unter Verweis auf das oben Gesagte ist daran festzuhalten, daß Praxis ‚handelnde Auseinandersetzung mit der Welt‘ ist und nicht nur Intention/Modifikation; sie ist auch mehr und anderes als Praktik/Technik. Für die heilpädagogische Praxis beruflichen Handelns läßt sie sich als Verwirklichung von Handlungskonzepten bestimmen; diese bilden eine je eigentümliche und individuell wie intersubjektiv vermittelte (‚gebrochene‘) Mischung aus theona, praxis und poiesis" (Gröschke 1997, 140). Diesem grundsätzlichen Zusammenhang soll in diesem Rahmen jedoch nicht weiter nachgegangen werden.

Grundsätzlich, den pädagogischen Kontext betreffend, wird von Praxis nur im Hinblick auf den Menschen gesprochen. Pflanzen oder Tiere haben kein Verhalten, das man als Praxis bezeichnen könnte. Praxis hat vielmehr grundsätzlich zwei Bedeutungen, die miteinander verbunden sind: Zum einen umfasst sie diejenigen Handlungen, die aufgrund einer Willensleistung entstehen. Zum anderen bezieht sich eine Praxis immer auch auf das, was sie bewirkt, verändert oder beabsichtigt.

Aus pädagogischer Sicht müssen zwei weitere, grundsätzliche Bedingungen erfüllt sein, damit etwas als Praxis bezeichnet werden kann. Zum einen stellt sich die Frage, ob die jeweilige Tätigkeit in Zusammenhang mit der Imperfektheit des Menschen steht und gesehen wird, der durch seine eigene Praxis seine Bestimmung und damit seine Sinnhaftigkeit im Leben findet. Zum zweiten ist diese Bestimmung, die der Mensch durch seine Praxis erreicht, seine substanzielle oder existenzielle Bestimmung. So definiert Benner (1980, 486): „Eine Tätigkeit kann dann als Praxis bezeichnet werden, wenn sie erstens in einer Imperfektheit des Menschen ihren Ursprung, ihre Notwendigkeit hat, diese Not wendet, die Imperfektheit aber nicht aufhebt, und wenn sie zweitens den Menschen in einer Weise bestimmt, daß diese Bestimmung durch die Tätigkeit selber erst hervorgebracht wird, also nicht unmittelbar aus der Imperfektheit resultiert". Erziehung beispielsweise wird diesen Kriterien gerecht: sie ist notwendig für die Entwicklung des Menschen, muss gewollt sein und ereignet sich nicht einfach. Sie verhilft Menschen dazu, sinnhaft, weil mündig und autonom, zu leben. Gleichzeitig bleiben die Imperfektheit des Menschen und seine Notwendigkeit zur Erziehung, und sei es in Form der Selbsterziehung, ein Leben lang erhalten.

4.4 Kontrollfragen zu wissenschaftstheoretischen Grundbegriffen

- Können Sie Aspekte dessen skizzieren, was als ‚Paradigma' verstanden wird?
- Können Sie mehrere Funktionen von Paradigmen mit eigenen Worten wiedergeben?
- Können Sie unterschiedliche Merkmale und Auffassungen von ‚Praxis' erläutern?
- Können Sie das Verhältnis von Theorie, Praxis und Poiesis klären?

5 Geisteswissenschaftliche Pädagogik

5.1 Historische Entwicklung

Die Geisteswissenschaftliche Pädagogik wurde im Anschluss an die Philosophie von Wilhelm Dilthey und seinen Schülern seit den 1920er Jahren entwickelt; sie trat zunächst 1917 als „Kulturpädagogik" auf den Plan (Matthes 2011, 35ff). Geisteswissenschaftliche Pädagogik kann als nach wie vor prominenteste und folgenreichste pädagogische Strömung in Deutschland gelten (Krüger 2006, 18). Erst ab den 1960er Jahren kamen überhaupt andere Strömungen und Sichtweisen auf, insbesondere die empirische Erziehungswissenschaft. Namhafte, prägende Vertreter in der Gründungsphase waren Herman Nohl, Theodor Litt und Eduard Spranger, später Wilhelm Flitner und Erich Weniger (ebd.). Zudem bestehen enge Verbindungen zwischen Geisteswissenschaftlicher Pädagogik und Reformpädagogik, die in der Weimarer Republik zu erster Blüte kam.

In seinen Schriften hat Dilthey versucht, den spezifischen Wissenschaftscharakter der geisteswissenschaftlichen Disziplinen herauszuarbeiten. Er ging von einem existierenden Gegenstand aus, nicht von einer zu entwickelnden Position. Er suchte nach einer den Gegenständen der Geisteswissenschaften gerecht werdenden Auffassung und den entsprechenden Methoden – insbesondere in Abgrenzung zur damaligen, dominanten naturwissenschaftlichen Sicht von Wissenschaft, einschließlich der von Dilthey kritisch betrachteten Tendenz, naturwissenschaftliche Methodik auch auf geistes- und kulturwissenschaftliche Kontexte zu übertragen Matthes 2011, 31). Der Gegenstand sollte die Methoden bestimmen – und nicht umgekehrt. Dilthey ging es insofern um die Herausarbeitung der Eigenständigkeit der Geisteswissenschaften. Geisteswissenschaftliche Pädagogik „verstand sich als Wissenschaftskonzept, das Theorie und Praxis nicht prinzipiell gegeneinander abhob, sondern davon ausging, daß Wissenschaft immer nur soweit legitimiert ist, wie sie vom Standpunkt des Handelns, aus seiner Verantwortung betrieben wird, sie verstand sich als Alternative zu einem technologisch-empiristisch wissenschaftlichen Arbeiten, als Konzept, das vor allem Fragen des pädagogischen Umgangs, des pädagogischen Verhältnisses, der Methoden der Interaktion zu klären versuchte" (Thiersch 1995, 83). Ausgangspunkte waren, das gesamte Geistesleben aus einer geschichtlichen Perspektive zu betrachten und eine philosophische Grundlegung der Geisteswissenschaften zu liefern (Krüger 2006, 23). „Die Bedeutungs- und Wirkungszusammenhänge der geistig-geschichtlichen Welt sind nicht direkt greifbar und erkennbar. Das, was die Geisteswissenschaften erkennen wollen, ist immer nur indirekt zugänglich, über Objektivationen des menschlichen Geistes" (ebd.,

24). Die Gemeinsamkeiten aller Lebensbezüge nennt Dilthey den „objektiven Geist" – zu ihm gehören Sprache, Kunst, Sitten und Gebräuche sowie auch Institutionen (ebd., 181). Einschränkend muss erwähnt werden, dass sich Geschichtlichkeit hier eingeengt als ideelle, geistige Wirklichkeit ohne Berücksichtigung der ökonomischen und sozialen Bedingungsfaktoren versteht (ebd., 25). Erlebnisse des Menschen sieht die Geisteswissenschaftliche Pädagogik in ihrer Verbundenheit von Denken und Leben. „Im Erlebnis bildet die Subjekt-Objekt-Beziehung als erlebter Zusammenhang eine Einheit" (Tschamler 1996, 126). Es bestehe dabei allerdings die Gefahr einer psychologistischen Interpretation, bei der jedes Erleben mit subjektiver Bedeutsamkeit aufgeladen bzw. überladen wird. „Die Phänomenologie spricht von intentionalen Erlebnissen als objektgerichteten Akten des Subjekts (Bewußtsein von etwas)" (ebd.). Bewusstsein ist hier immer außerhalb des Subjekts, weil es als Bewusstsein *von* etwas gilt.

Dabei entwickeln sich Strukturen von Lebenszusammenhängen, und diese Strukturen können erkannt werden; bzw. Erlebnisse können regelhaft verknüpft werden. „Als Struktur bezeichnet man Invarianten der Erkenntnisobjekte, deren Teile in einem Ordnungszusammenhang stehen. Eine Veränderung der Struktur ist möglich und wird als Umstrukturierung bezeichnet" (Tschamler 1996, 127).

Dabei versteht sich die Geisteswissenschaftliche Pädagogik als ‚lebensphilosophisch' bzw. orientiert an einer Lebensphilosophie. Leben ist im Erleben unmittelbar gegeben; hier sind Subjekt und Objekt nicht klar trennbar. „Den letzten Grund des Philosophierens bildet das Leben. Das Leben ist ein geschichtlicher Prozeß ..., und eine totale Erfassung des Lebens durch das Denken ist unmöglich (Supra-Rationalismus). Deshalb wird auch die Erkenntnis des Lebens immer nur eine relative sein ... Das Leben soll aus sich selber gedeutet und verstanden werden, und mögliche Kategorien des Lebens werden an ihm selbst abgelesen" (Tschamler 1996, 128). Matthes (2011, 33) fasst dieses Verständnis von Lebensphilosophie in vier Merkmale:

- „das philosophische Nachdenken hat seinen Ort im Leben selbst, d.h. das Leben selbst wirft philosophische Fragestellungen auf" (ebd.), die wissenschaftlich zu klären sind;
- „das philosophische Nachdenken geschieht nicht um seiner selbst willen, sondern es wirkt auf die Lebenspraxis zurück" (ebd.) – im Sinne der Klärungen und der Bewusstseinsbildung;
- es werden keine a-priori-Kategorien akzeptiert, etwa aus der Vernunft heraus, sondern die Kategorien seien schon in der Lebenspraxis bzw. dem erfahrenen Leben angelegt und müssten bewusst und systematisiert werden;
- Lebenspraxis sei immer eine historische, sie sei dem Wandel unterworfen (ebd.).

5.2 Grundbegriff: Geist

Nachdem sich die Bezeichnung Geisteswissenschaftliche Pädagogik gegenüber Kulturpädagogik durchgesetzt hat, stehen der Begriff und das Konzept des Geistes besonders im Vordergrund und bezeichnen die Basis geisteswissenschaftlichen Denkens und Arbeitens. „Geist heißt Freiheit im Gegensatz zur Natur" (Hügli & Lübcke 1998, 228); der Geist ist als *absolute Freiheit* (Hegel 1807/1998, 432) vorhanden – in diesem Sinne wird eine zentrale Abgrenzung zu den Naturwissenschaften und ihren Gegenständen deutlich. Tschamler (1996, 134) definiert Geist als umfassenden philosophischen Begriff, „der Spontaneität, d.h. Selbstsetzung bedeutet und jede Fremdbestimmung ausschließt."
Grundsätzlich kann man für ‚Geist' vier Bedeutungskontexte bzw. Sichtweisen unterscheiden (Hügli & Lübcke 1998, 228):
* Geist als die Einheit von Leib und Seele;
* Geist als höherer Teil der Seele (Denken, Vernunft);
* Geist als Ordnung außerhalb des Menschen (Kosmos), die ‚hinter' den Dingen steht – sowie schließlich auch
* Geist als ‚transzendenter' (überschreitender) Grund, etwa im Sinne der schöpferischen Macht Gottes – also etwas, das ‚jenseits' der Dinge steht.

Der Philosoph Hegel (1830/2012), der den Begriff (in einer bestimmten Weise) besondere geprägt hat, unterscheidet mehrere Ausprägungsformen des Geistes: „den subjektiven Geist als individuellen Geist, den objektiven Geist (Kulturgebilde wie Staat, Volk usw.) und den absoluten Geist oder den zu sich selbst gekommenen Geist (Weltgeist). Dieser Geistbegriff wird von der geisteswissenschaftlichen Pädagogik in modifizierter Weise übernommen" (Tschamler 1996, 134), ausgearbeitet von Dilthey und Spranger. Der Geist als Absolutes manifestiert sich in der Geschichte. Er bezeichnet die Freiheit, ‚zu sich zu kommen'. In diesem Sinne beschreibt Hegel in seiner Phänomenologie des Geistes von 1807, „wie der Geist über verschiedene Bewußtseinsstufen zum Bewußtsein seiner selbst gelangt" (Hügli & Lübcke 1998, 489). Dabei geht Hegel davon aus, dass er sich in der Endphase einer langen historischen Entwicklung befindet, im Zuge dessen sich der Weltgeist auf unterschiedlichen Ebenen manifestiert. Solche Manifestationen hat der Geist als idealtypische Bewusstseinsformen in sich aufgenommen.
Grundsätzlich lassen sich demzufolge drei Momente von ‚Geist' unterscheiden:
* *Subjektiver Geist*: Dieser individuelle Geist findet sich in drei Formen: der Seele (naturbestimmt), dem Bewusstsein oder Selbstbewusstsein – sowie dem Willen (sich selbst Ziele zu setzen).
* *Objektiver Geist:* Hier wird der menschliche Geist überindividuell – durch Handlungen prägt der Mensch Umgebungen (im Sinne eines sozialen Phänomens und der Einwirkung des Menschen auf die Welt). Es kommt zur Entwicklung von In-

stitutionen und Staaten als Ausprägungsformen des Geistes. Höchster Ausdruck des objektiven Geistes ist ein überstaatlicher Weltgeist (als Verhältnis zwischen den Staaten).

• *Absoluter Geist:* Hier manifestiert sich ein Bewusstsein des Menschen und der Menschheit von sich selbst: insbesondere in Form von Kunst, Religion sowie Philosophie. Der Geist versteht: es ist ein und derselbe Geist, der sich als subjektiver und als objektiver Geist zeigt. Einzelne erkennen sich als „Teil eines größeren, zusammenhängenden und sinnvollen Ganzen" (Hügli & Lübcke 1998, 229).

Im Sinne dieser Fokussierung auf den menschlichen Geist besteht das zentrale Anliegen der Geisteswissenschaftlichen Pädagogik darin, den ‚Kern' zu erfassen, der ‚hinter' den offensichtlichen Erscheinungen liegt – im oben umrissenen Sinne anhand der ‚Objektivationen' des menschlichen Geistes eine Annäherung an diesen selbst anzustreben.

Zur Entschlüsselung der Quellen, die solchen Erkenntnissen dienlich sein könnten, entwickelte Dilthey das Verfahren der Hermeneutik. In Anbindung an Schleiermacher sah er das Hauptproblem der Auslegungen im hermeneutischen Zirkel. Er forderte die Entwicklung eines Systems von Grundbegriffen als Grundlage aller Geisteswissenschaften. Diese Kategorien könnten nicht apriorisch sein, sondern müssten aus dem Leben selbst stammen. Insofern existieren sie schon, bedürfen jedoch der Präzisierung und Einbindung in reflektierte Zusammenhänge. Geistiges Leben deutet Dilthey lebensphilosophisch: Philosophie versteht sich hier nicht als selbstgenügsam, sondern sucht auf zweifache Weise die Verbindung zum Leben: „Zum einen gehen die Motive für philosophisches Fragen aus den Lebensproblemen hervor. Zum anderen versteht sie sich als reflektierende Instanz, die nach den Voraussetzungen und Strukturen der Einzelwissenschaften, der Weltanschauungen, der menschlichen Lebenspraxis fragt und damit gleichzeitig auf den sich entwickelnden Lebensprozess zurückwirkt" (Krüger 2006, 25).

Thiersch (1995) und Krüger (2006) machen deutlich, was unter anderem alles durch die Geisteswissenschaftliche Pädagogik (mit-)begründet wurde: Entwürfe zu Offenem Unterricht und erfahrungsorientierten Lernmethoden, Verständnis eines eigenständigen Jugendlebens, Ansätze der Verwahrlostenpädagogik und des Jugendstrafrechts, versehen mit starken pädagogischen Komponenten.

5.3 Grundannahmen

Das Grundprogramm Geisteswissenschaftlicher Pädagogik zielt darauf ab, zu verstehen: „Die *Naturwissenschaften* streben danach, *Natur* zu *erklären*, d.h. *gesetzmäßige Zusammenhänge* zwischen verschiedenen Naturelementen zu ermitteln und allgemeingültig, nach Möglichkeit mathematisch zu formulieren. In den Geisteswissenschaften hingegen geht es darum, die geistig-geschichtliche Welt zu *verstehen*. Verstehen als die zentrale Methode und das Erkenntnisziel der Geisteswissenschaften richtet sich auf das *Herausarbeiten von Bedeutungs- und Sinnzusammenhängen* der durch menschliches Handeln entstandenen geistig-geschichtlichen Welt" (Matthes 2011, 32). – *Verstehen* wird in diesem Sinne abgegrenzt vom naturwissenschaftlichen Ziel der (insbesondere kausal orientierten) *Erklärung*.

Das geisteswissenschaftliche Verständnis von Erziehung als pädagogischer Grundaufgabe geht dahin, sie als immer gegebene Lebenswirklichkeit zu betrachten. Zentrale Aufgabe der Volksschule ist nach Spranger die Bewahrung der „Eigenwelt"  – „Eigenwelt meint bei Spranger die Welt, in der Menschen und Menschengruppen in ihrer Umwelt leben, in der gemeinsam geltende Bedeutungen die Dinge, Beziehungen und Handlungsformen bestimmen, in der der Zusammenhang von Erfahrung, Arbeit (Nützlichkeit) und Tradition gegeben ist in einem überschaubaren, zeitlichen und räumlichen Kontext; ein Zusammenhang von Natur und Kultur, der geprägt ist durch Geschichte, Sitte und Religion; in dem die Menschen sich in ihrer Welt, in der sie als Subjekte beteiligt sind, die sie sich angeeignet haben, zuhause wissen, die für sie Heimat ist" (Thiersch 1995, 86). Eigenwelten stehen in Kontrast zur allgemeinen, öffentlichen, wissenschaftlichen Welt. Aufgabe der Volksschulen ist damit auch, Eigenwelten zu bewahren und zugleich öffentliche Welten zu vermitteln. Deutlich kritisch-politischer fällt hingegen Nohls Konzept von Alltäglichkeit aus: Der pädagogische Alltag bestehe aus einer Vielfalt von, auch sozialen, Problemen, die im Rahmen der Alltäglichkeit angegangen werden müssten – und zwar in Kooperation aller wichtigen Kräfte. So müssten Schule und Sozialpädagogik eng zusammenarbeiten, und das Jugendamt dürfe sich nicht als Verwaltungsbehörde, sondern als eine lebendige Organisation verstehen (Thiersch 1995, 88). Dabei seien Veränderungen der Gegebenheiten nicht gerade einfach; notwendig sei aber diesbezügliche Besinnung und Aufklärung. „Solche Aufklärung gelingt, wenn die Wahrhaftigkeit in den Lebensformen des Alltags selbst gefunden wird, also in den eigenen Entdeckungen, im eigenen Handeln, in den dem eigenen Handeln zugänglichen Formen von Produktion. Solche Aufklärung aber gelingt nicht, wenn Alltag sich darin nur auf sich selbst beschränkt: Alltag muß konfrontiert werden mit den Objektivationen des Geistes, also den besonderen, herausragenden Leistungen und Ausdrucksformen der Kultur" (Thiersch 1995, 89). Alltäglichkeit konstituiert sich aus der Dialektik zwischen Gegebenem und Aufgegebenem.

Krüger (2006, 26f) dagegen geht von drei zentralen wissenschaftstheoretischen Grundannahmen geisteswissenschaftlicher Pädagogik aus:

- Pädagogische Theorie geht immer neu aus pädagogischer Praxis hervor und wird als reflexive Instanz verstanden, die auf die Praxis aufklärend zurückwirkt. Hier erfolgt ein enger Rückbezug auf Schleiermacher: in der Erziehung sei die Praxis älter als die Theorie; insofern gebe es einen Primat der Praxis. Auch Weniger (1969) arbeitete dies, bei Unterscheidung verschiedener theoretischer Abstraktionsebenen, heraus (Matthes 2011, 44f): Unter ‚Theorien ersten Grades' versteht er Grundeinstellungen von Praktikern, die oft nicht (vollständig) bewusst seien. ‚Theorien zweiten Grades' sind dann solche, die durch Praktiker formuliert werden in Form von Lehr- oder Erfahrungssätzen, Lebensregeln, Schlagworten oder auch Sprichwörtern (ebd., 44). Die Wissenschaft müsse im Sinne von ‚Theorien dritten Grades' diese Theorien der beiden anderen Grade aufgreifen, kritisch beleuchten, historisch fundieren und zur „Theorie des Theoretikers" (ebd.) weiterentwickeln. – Weniger wies jedoch darauf hin, dass die Theorie nicht immer nur aufklärend der Praxis nachfolgen kann, sondern ggf. auch voranschreitend neue Wege suchen müsse. Dann komme es zu einem zeitweiligen Primat der Theorie. „Die pädagogische Theorie ist hilfreich, indem sie schon in der Ausbildung den zukünftigen professionellen Pädagogen lehrt, die Erziehungswirklichkeit besser zu verstehen und sich in ihr richtig zu verhalten ... Die konkrete Entscheidung, was in der Praxis zu tun ist, kann keine noch so entwickelte pädagogische Theorie dem Praktiker abnehmen" (Krüger 2006, 27).

- Geisteswissenschaftliche Pädagogik begreift ihren Gegenstand, also pädagogisches Handeln, Institutionen und Theorien geschichtlich und versucht Sinngehalte zu verstehen und auszulegen (mit Hilfe der Hermeneutik). Der Mensch kann nur aus der Interpretation der Geschichte zur Selbsterkenntnis kommen und nur aus dieser heraus den Sinn von Erziehung angemessen erfassen. Die jeweilige Erziehungswirklichkeit ist immer auch eine historische Erscheinung. Auch Theorien sind geistige Objektivationen im Zeitbezug. Methodisch knüpft die Geisteswissenschaftliche Pädagogik an das Konzept der Hermeneutik als Wissenschaft der Textauslegung und des Verstehens geistiger Objektivationen an. Dieses entwickelte Dilthey im Anschluss an Schleiermacher. Das Interesse richtete sich zunächst auf historische Texte: Schulordnungen, Biographien, pädagogische Klassiker usw. Im Weiteren fokussierte das Vorgehen auf eine Hermeneutik der gegenwärtigen Erziehungswirklichkeit. Krüger (2006, 28f) merkt kritisch an, dass eine hermeneutische Erforschung der erzieherischen Realität der damaligen Epoche, also der 1960er Jahre und ihrer großen gesellschaftlichen Umbrüche, kaum stattfand.
- Geisteswissenschaftliche Pädagogik will nicht von vorgegebenen Glaubenssetzungen oder Wertsystemen ausgehen, „sondern versucht, eine relativ autonome Wissenschaft aus der geschichtlichen Erfahrung heraus zu begründen" (Krüger 2006, 26; auch Kron 1999, 277). Weniger hat, insbesondere unter Bezug auf die Arbeiten von Pestalozzi, herausgearbeitet, dass sich die Eigenständigkeit der Pädagogik seit der Aufklärung entwickelte. Im frühen 20. Jahrhundert sei dies durch Jugendbewegung und Reformpädagogik vorangetrieben worden. Dabei verstand sich die Geisteswissenschaftliche Pädagogik als Theorie dieser Strömungen (Thiersch 1995, 86). „Die Geisteswissenschaftliche Pädagogik, die sich teilweise als Theorie dieser Bewegung verstand, versuchte die Pädagogik aus ihrer Ab-

hängigkeit von der Theologie, der Philosophie und der Psychologie zu befreien und eine relativ selbständige pädagogische Wissenschaft zu begründen" (Krüger 2006, 30). Aus dem Eigenrecht von Kindes- und Jugendalter wird die Forderung abgeleitet, dass Erzieher Anwälte der Zukunft der Kinder und Jugendlichen sein sollten – gegenüber Staat, Wirtschaft, Kultur, Familie und Beruf. Das gleiche gilt dann für die Geisteswissenschaftliche Pädagogik als solche, wobei die Anwaltschaft immer auch als relativ verstanden wurde. Im Zuge dieser Grundannahme wurden auch Werturteile, also normative Aussagen, in die Arbeit mit eingeführt.

5.4 Zentrale Leistungen

Als leitende Begriffe und Konzepte wurden Bildung und Erziehung eingeführt und diskutiert. Hier sollen nun drei inhaltliche Grundfragen der Geisteswissenschaftlichen Pädagogik herausgestellt werden, welche diese beiden Grundbegriffe repräsentieren (auch Krüger 2006, 31ff.; Kron 1999, 276f):

Bildung und Kultur. Die Geisteswissenschaftliche Pädagogik betrachtet Bildung als Ziel der Erziehung, unter Anknüpfung an die deutsche Klassik. Krüger (2006, 31f) arbeitet diesbezüglich drei Spannungsfelder heraus:

1. Bildung meint einerseits die Entwicklung und Selbstformung aller Aspekte der menschlichen Existenz, also als Gesamtpraxis aller einzelnen Praxisformen (Benner 2012), die andererseits im Menschen zu einer Einheit gebracht werden (Antithese des Spannungsfeldes Allseitigkeit und individuelle Einheit).
2. Bildung versteht sich auch als Übernahme von Vorgegebenem, Überliefertem – zum anderen jedoch im Sinne einer produktiven und eigenständigen Aneignung und Weiterentwicklung dieser Aneignungen durch den einzelnen Menschen (Antithese zwischen Ansprüchen historisch-kultureller Objektivität und Bildsamkeit des Subjekts; Krüger 2006, 31f).
3. Bildung meint sowohl Bildung des Einzelnen als auch Bildung in einem gebildeten Volksleben (Antithese zwischen individueller und Volksbildung; ebd.). Letzteres war Ausgangspunkt der Entwicklung des Volkshochschulwesens.

Also wird das Kind als grundsätzlich bildsam betrachtet im Sinne einer Lernfähigkeit als Lernoffenheit, im Sinne der Hoffnung hierauf und dem pädagogischen Engagement dafür (Thiersch 1995, 91). Dabei sollen aber auch realistische Begrenzungen gesehen sowie die individuellen Interessen mit den gesellschaftlichen vermittelt werden. Unter Bezug auf Herbarts Ausführungen zur Bildsamkeitsannahme formuliert Tenorth hierzu: „Es gibt keine ,unbegrenzte Bildsamkeit' und die Psychologie – nicht die Pädagogik, die offenbar zu Entgrenzungen neigt, wenn sie an Bildsamkeit denkt – ,wird diesen Irrtum verhüten'. Systematisch verantwortlich für diese Begrenzung ist einerseits die Natur des Menschen und Heranwachsenden selbst – ,die Unbestimmtheit des Kindes ist beschränkt durch dessen Individualität'

– und verantwortlich ist andererseits der historische Kontext – die ‚Umstände der Lage und der Zeit‘" (Tenorth 2011, 4). Ebene jene Begrenzungen und Beschränkungen sind es, welche die Heil- und Sonderpädagogik von jeher in besonderem Maße herausfordern – und zugleich macht der auf Bildung ausgerichtete fachliche Umgang mit diesen ihre disziplinäre Professionalität mit aus.

Pädagogischer Bezug und Erzieherrolle. Die prägnanteste Herausarbeitung dieses Aspekts stammt von Herman Nohl. Er definiert den pädagogischen Bezug als „das leidenschaftliche Verhältnis eines reifen Menschen zu einem werdenden Menschen, und zwar um seiner selbst willen, dass er zu seinem Leben und zu seiner Form komme" (Nohl 1933/1988, zit. n. Krüger 2006, 32). Hier wird ein spezifisches Verhältnis grundgelegt, als *„Struktur einer Beziehung zwischen Erzieher, ‚Zögling‘/ Zu_Erziehendem und Sache"* (Matthes 2011, 49). Gefordert wird also ein besonderes Engagement. Basis ist das Reifegefälle zwischen Erzieher und zu Erziehendem. Dabei sind Liebe und Autorität des Erwachsenen an Liebe und Gehorsam des Heranwachsenden gebunden. Autorität meint hier allerdings keine gewaltförmige, sondern eine auf Vertrauen des Heranwachsenden basierende (ebd., 50). Dem Erzieher muss es daher gelingen, als Person zu überzeugen. Der Bezug ist von Freiwilligkeit bestimmt, und er hat Durchgangscharakter, muss also das Ziel haben, sich selbst überflüssig zu machen. „Das Spannungsverhältnis zwischen dem Drang nach Bindung und nach Selbstständigkeit richtig zu gestalten, gehört zu den schwierigen, einen ‚pädagogischen Takt‘ erfordernden Aufgaben des Erziehers" (Krüger 2006, 33). Die Erziehertätigkeit habe einen schöpferischen Charakter, insbesondere, was die Vermittlungsaufgabe zwischen dem Eigenrecht der Zu-Erziehenden einerseits und den Erwartungen und Ansprüchen von Kultur und Gesellschaft andererseits betreffe; im Vordergrund steht allerdings die Verantwortlichkeit des Erziehers für das Subjekt. Dabei geht es zwar um die potenzielle Zukunft der zu erziehenden Person, aber nicht so sehr um direkte Zielbestimmungen als vielmehr um ein „Handeln im Vollzug" (Thiersch 1995, 96), im Sinne einer starken Orientierung des Erziehers in seiner Arbeit am Gegenwärtigen. Gelingt ein Bezug nicht, so soll der Erzieher sich zurückziehen und versuchen, einen Bezug des Zu-Erziehenden zu anderen Menschen zu stiften – „das pädagogische Mittel des Milieuwechsels, als Wechsel der Bezugsperson, wird für die Sozialpädagogik mit ihren oft so schwierigen Kindern von hier aus in seiner ganzen Tragweite deutlich" (ebd., 92). Nohl entwirft im Gesamtbild ein Ideal des erzieherischen Verhältnisses; Flitner und Litt haben diesen Ansatz ergänzt (Matthes 2011, 51f).

Zugleich muss dem Erzieher bewusst sein, dass er Repräsentant der Kultur ist. „Nur wenn Erzieher leben, was sie lehren, können Heranwachsende lernen" (Thiersch 1995, 93). Dies erfordert Authentizität sowie Erkennbarkeit – in den eigenen Werthaltungen und Entscheidungen, aber auch in den eigenen Zweifeln und Fehlern. Hier entstand auch der Gedanke des Exemplarischen und Typischen, der bewussten Auswahl von bildenden kulturellen Inhalten – ohne dabei die kulturellen und historischen Bezüge zu vernachlässigen. Dieser Gedanke findet sich vor allem in Wolfgang Klafkis bildungstheoretischer Didaktik wieder (vgl. Klafki 1985; 1995). Zugleich entstand damit aber auch die Gefahr der Manipulation durch autoritär verordnete Auswahl dessen, was exemplarische und typische kulturelle Inhalte sind und vor allem: was nicht. Im Hinblick auf Unterricht führte eine derart starke Orientierung an der Sache und nicht am Schüler zu didaktischen ‚Gegenbewegungen‘ wie beispielsweise der lerntheoretischen Didaktik sowie einer Weiterentwicklung Klafkis hin zu einer kritisch-konstruktiven Didaktik.

Pädagogisches Handeln will geplant und gezielt sein, kann dies jedoch nicht immer in Anspruch nehmen. „Hinter dieser Frage steht die Erfahrung, daß Bildung auf Grund ihrer Unverfügbarkeit es uns verwehrt, sie durch unmittelbare Maßnahmen zu verwirklichen. Sollte sich aber herausstellen, daß Erziehung und Schule ohne Planung nicht zurechtkommen, dann stellt sich die weitere Frage: Inwieweit ist es überhaupt möglich und erforderlich, Bildung durch Erziehung und Unterricht zu planen" (Kühn 1999, 99)? Von Bedeutung sind Spranger zufolge auch die notwendige, nicht geplante Selbstverständlichkeit im pädagogischen Bezug sowie ‚unbeabsichtigte‘ Nebenwirkungen in der Erziehung. Bewusste Erziehung müsse zwei Maximen folgen: Wenn Ziel das mündige und entscheidungsfähige Subjekt sei, dürfe erstens das Lernen nicht unpersönlich, unverständlich, fremd und abstrakt erscheinen – und das pädagogische Handeln müsse zweitens auf die Situation des Lernenden, seine Schwierigkeiten, Möglichkeiten und Probleme bezogen sein. Organ der notwendigen Strukturierung von Aufgaben in und für Situationen ist der ‚pädagogische Takt‘ nach Schleiermacher oder Herbart. Dies erfordert ein Gespür für die Erfordernisse der Situation im Bezug zum Lernenden bzw. zum Zu-Erziehenden. Dass dieser Bezug durch den Charakter der Erziehung als solcher massiv gefährdet sein kann, stellt Bollnow (1959) mit seinen Ausführungen zum Wagnis und zum Scheitern in der Erziehung heraus – ein Aspekt, der für die Heil- und Sonderpädagogik von großer Bedeutung ist.

Ein weiteres zentrales Moment von Erziehung aus geisteswissenschaftlicher Sicht ist die „Erziehung durch das Leben" (Thiersch 1995, 90). Das Leben selbst bilde und erziehe – über Eltern, Arbeit oder auch Öffentlichkeit. Wenn es nötig werde, erzieherische Aufgaben zu professionalisieren, müsse immer wieder bewusst gemacht werden, dass auch im Alltag Erziehung stattfinde, und es müsse eine Bezogenheit der professionellen Erziehung auf die alltägliche angestrebt werden.

Autonomie. Kron (1996, 276f) arbeitet ein Autonomiepostulat als Verdienst der Geisteswissenschaftlichen Pädagogik heraus, welches er auf drei Ebenen bezieht, die hier teilweise schon zur Sprache kamen: Erstens meint er die Entwicklung einer autonomen Pädagogik selbst als Hochschuldisziplin, zunehmend emanzipiert von der Philosophie und auch von normativen Positionen. Zweitens bezieht sich Autonomie auf diejenige der Kinder und Heranwachsenden im Sinne eines Eigenrechts des Kindes auf Entwicklung, Selbstverantwortung und Selbstbestimmung im Erziehungsprozess. „Autonomie bedeutet also eine ideale Setzung, in der die Autonomie des Kindes in Bezug auf seine Entwicklungschance pädagogisch reklamiert wird" (Kron 1999, 277). Und drittens resultiert aus der Forderung nach Autonomie des Kindes die gesellschaftspolitische Forderung des Rechts auf Selbstentfaltung der Persönlichkeit aller Menschen – „ein Recht, das erst seit 1919 in Deutschland gesetzmäßig verankert ist" (Kron 1999, 277). „Ausgang jeder Erziehung sind Kind und Heranwachsender in ihrem Anspruch auf ihr eigenes Leben, ihre eigene Vergangenheit, ihre eigene Gegenwart und eigene Zukunft, in ihrem Anspruch auf die Einheit der Person, also ihre individuellen Möglichkeiten, Interessen und Schwierigkeiten. Die Tragweite dieses Ansatzes konkretisiert Nohl, wenn er verlangt, daß der Verwahrloste nicht unter Verwaltungs- oder Rechtsinteressen, sondern unter pädagogischem Aspekt gesehen werden müsse als Subjekt seiner selbst, also als einer, der Probleme hat, nicht aber als einer, der Probleme macht" (Thiersch 1995, 91).

Thiersch (1995) fasst die zentralen Auffassungen Geisteswissenschaftlicher Pädagogik im Hinblick auf das „Konstrukt pädagogischen Handelns" (ebd., 95) in vier Polaritäten oder Dialektiken:

1. Das Wissen um das Eingebettetsein des Menschen „in Lebens- und Kulturvollzüge und die daraus stammende Relativierung des geplanten Handelns stehen gegen die Unersetzlichkeit des unmittelbaren, direkten, verantwortlichen Engagements" (ebd.).

2. „Notwendiges personales Engagement steht gegen die Pflicht zur Repräsentation von Lebensformen und -inhalten" (ebd.).

3. „Die Verantwortlichkeit als allgemeine Kompetenz, als Offenheit des Taktes in den Anforderungen der Situation steht gegen die Notwendigkeit eines geplanten, bedachten strukturierten Handelns" (ebd.).

4. „Das Wissen von politisch weltanschaulichen Gegensätzen steht gegen die Erfahrung einer Pragmatik im pädagogischen Handeln; Anspruch und Realität sind aufeinander bezogen, aber dürfen doch nicht einfach ineinander aufgehend gedacht werden" (ebd.).

5.5 Heutige Situation und Kritik

„Selbst die sozialwissenschaftliche und empirisch begründete Fragestellung haben die Theorien des pädagogischen Bezugs und der Bildung nicht erschüttern können. Aber die Auseinandersetzung mit diesen ,resistenten' Theorien hat zur Präzisierung der eigenen Fragestellung geführt" (Kron 1999, 278). Eine bedeutsame Rolle hat in diesem Diskurs und der Weiterentwicklung der Bildungstheorie Wolfgang Klafki gespielt. Thiersch (1995, 84) weist darauf hin, dass die Vertreter Geisteswissenschaftlicher Pädagogik zu Beginn, sich wissenschaftlich emanzipierend, unter

schwierigen und schlechten Bedingungen arbeitend, dann in den Sog der bildungs-
politischen Schwierigkeiten der Weimarer Republik gerieten, im Nationalsozialismus ins Abseits geschoben wurden oder dessen Ansichten teilweise übernahmen,
sich dann, nach dem Zweiten Weltkrieg, nur kurz konsolidieren konnten, um dann
in neue Konflikte zu geraten und zurückgedrängt zu werden. Die Biographie Herman Nohls steht dafür exemplarisch. Denn seit den 1960er Jahren entstanden erhebliche Konflikte zwischen der Position Geisteswissenschaftlicher Pädagogik und
den aufkommenden Positionen der Empirischen und der Kritischen Erziehungswissenschaft.
Diese Konflikte finden sich auch sehr deutlich in der Sonderpädagogik und sie
sind keineswegs verschwunden. Dem Begriffssystem der Geisteswissenschaftlichen Pädagogik wurden Unschärfe und ein spekulativer Charakter vorgeworfen.
Auch wurde kritisiert, sie habe keine Theorie der Gesellschaft entwickelt, die eine
kritische Analyse der Funktionen von Erziehung ermögliche. „Und mit dem un-
politischen Modell des pädagogischen Bezuges, dem jede soziologische Analysedi-
mension fehle, habe sie sich relativ autonom in einer reformpädagogischen Idylle
isoliert" (Krüger 2006, 34). Als ebenso unpolitisch, idealisierend und volkstümelnd
wurde Sprangers Eigenwelt-Konzept kritisiert (Thiersch 1995, 87), welcher der gesamten Geisteswissenschaftlichen Pädagogik vorwirft, dass sie die ‚harten Fragen'
nach struktureller Gewalt in der Gesellschaft, nach institutionellen Zwängen zur
Anpassung und nach (von der Psychoanalyse aufgedeckten) unbewussten Prozessen und geheimen Motiven, etwa der Ausbeutung nicht gestellt habe (ebd., 96f).
Eine idealisierte pädagogische Institutionalisierung könne auch zur Schädigung der
gegebenen Kultur- und Lebenswirklichkeit beitragen, also ‚pädagogisieren', was
nicht pädagogisiert werden müsste oder gar sollte. Die Methoden des Einfühlens
und Verstehens wurden als inexakt, spekulativ und bildungsbürgerlich angegriffen.
Grundsätzlich wurde der Geisteswissenschaftlichen Pädagogik auch eine mangelnde Forschungsorientierung vorgeworfen. Im Gesamtbild attestiert Thiersch (1995,
99) der Geisteswissenschaftlichen Pädagogik ein dreifaches Defizit „an gesellschaftlichen, theoretischen und empirischen Arbeiten".
Nichtsdestotrotz weist Krüger (2006, 34) auf die Verdienste der Geisteswissenschaftlichen Pädagogik hin: die Etablierung eines eigenständigen Konzepts der
Pädagogik mit eigener Begrifflichkeit; die Etablierung der Pädagogik als eigenständiger Disziplin an den Hochschulen, die Legitimation der Ausdifferenzierung des
Faches in Subdisziplinen und Entwicklung der theoretischen Basis für ein umfassendes Bildungs- und Erziehungssystem – und dies alles in und seit den 1920er
Jahren. Hinzuzufügen ist die Herausarbeitung eines Konzepts des Verstehens, das
auch heute noch dem analytischen Konzept der Erklärung entgegengestellt werden
kann und eigene Zugänge zum Menschen und auch zu sonderpädagogischer Forschung eröffnet. Auch heute hat die Geisteswissenschaftliche Pädagogik noch ihren
Platz in der Diskussion, mit ihren spezifischen theoretischen Orientierungen, aber

auch Methoden wie der Lebensweltorientierung oder der hermeneutischen Methode. Teilweise steht sie als wissenschaftstheoretische Position, auch versteckt, hinter
Konzepten wie beispielsweise der Psychoanalytischen Pädagogik.

5.6 Methoden

„Wissenschaft ist in der geisteswissenschaftlichen Pädagogik verstanden als herme-
neutisch-pragmatische. Analog zur Dialektik von Gegebenem und dessen Aufklärung, wie es sich in der Analyse des Alltags ebenso wie in der des pädagogischen
Handelns erwiesen hat, kommt es der Wissenschaft darauf an, die in der Wirklichkeit gegebenen (primären) handlungs- und erkenntnisleitenden Interessen und die
die Bewältigung der Alltagsaufgaben strukturierenden (sekundären) Erfahrungs-
regeln ebenso als wirklich und gegeben zu sehen wie als unzulänglich, gleichsam
sich ihrer wahren Intention nicht bewusst ... Sie müssen transparent, also in ihrer
historischen und systematischen Struktur aufgedeckt werden" (Thiersch 1995, 98).
Die zentrale geisteswissenschaftliche Methode, von Dilthey ausgearbeitet, ist die
Hermeneutik. Der Begriff entstammt dem griechischen ‚hermeneuein' und bedeutet auslegen oder interpretieren (Hügli & Lübcke 1997, 279); das Substantiv
‚hermeneia' steht für Auslegung (Krüger 2006, 180). Es handelt sich um eine Aus-
legungskunst oder Verstehenslehre, die um 1500 zur Auslegung theologischer sowie
klassisch-humanistischer Texte entwickelt wurde. Schleiermacher weitete dies auf
alle Texte und auch Geistesprodukte aus. „Mit dieser Erweiterung verliert die H.
ihre traditionelle Beziehung zu Texten als Wahrheitsvermittler. Stattdessen werden
diese als Ausdruck der Psyche, des Lebens und der geschichtlichen Epoche des Ver-
fassers aufgefaßt, und das Verstehen wird gleichgesetzt mit einem Wiedererleben
und Einleben in das Bewußtsein, das Leben und die geschichtliche Epoche, der die
Texte entstammen" (Hügle & Lübcke 1997, 279).
Zentrales Element der Hermeneutik ist der hermeneutische Zirkel: „Jedes Verstehen ist ... mit dem Problem konfrontiert, dass es auf der einen Seite eine Kenntnis
der betreffenden Ganzheit voraussetzt, auf der anderen Seite das Gesamtverständnis
vom Wissen über das Einzelne abhängig ist" (Krüger 2006, 24). Dieses Verständnis
des hermeneutischen Zirkels findet sich schon in der klassischen Hermeneutik von
1500-1800 (Hügli & Lübcke 1997, 280). Originär (Krüger 2006, 180) geht der
Begriff aber auf Schleiermacher zurück. Bei diesem (und Dilthey) wird das eben
angesprochene Verhältnis auf dasjenige „zwischen einem Teil des Bewußtseins- und
Handlungslebens einer Person und der Ganzheit ihres Lebens, des sozialen Milieus
oder der historischen Epoche" bezogen (Hügli & Lübcke 1997, 280). Heidegger
und Gadamer gehen noch weiter und verstehen Philosophie selbst als Hermeneutik – und entsprechend den hermeneutischen Zirkel: „Um ein bestimmtes Etwas
zu verstehen, muß ich schon ein Vorverständnis des Zusammenhangs, in dem sich

dieses Etwas befindet, mitbringen. Um von dem Zusammenhang ein Vorverständnis zu haben, muß ich einzelne seiner Teile (Momente) schon verstanden haben" (Hügli & Lübcke 1997, 280f).

Denkt man also an das eingangs formulierte Beispiel eines Schulversuchs zu Inklusion, so würde ein hermeneutisch begleitender Umgang mit dem Schulversuch nach sich ziehen, dass ein Verstehen der Situationen von Kindern und Lehrkräften nur möglich ist, wenn Wissenschaftler ein entsprechendes Vorverständnis mitbringen, welches es ihnen erst ermöglicht, einzelne Aspekte sowie den Schulversuch im Ganzen zu verstehen – eine Voraussetzung, die von der Empirischen Erziehungswissenschaft völlig abgelehnt und zu vermeiden versucht wird.

Im Kern sollen hier im Folgenden die Auffassungen von Schleiermacher und Dilthey stehen. Schleiermacher unterscheidet zwischen grammatischem und psychologischem Verstehen. „Ziel der hermeneutischen Interpretation ist es …, den Text ebensogut, nach Möglichkeit besser als ihre Produzenten zu verstehen. Dies gelingt nach Auffassung von Schleiermacher dadurch, dass die Situation des Autors durch eine grammatische und psychologische Rekonstruktion wiederhergestellt wird" (Krüger 2006, 180).

Was aber meint hier Verstehen? „Wir nennen den Vorgang, in welchem wir aus Zeichen, die von außen sinnlich gegeben sind, ein Inneres erkennen, Verstehen" (Dilthey 1961, zit. n. Krüger 2006, 181). Dilthey rückte später von einem psychologischen Verstehen ab, hin zu einem Sinn-Verstehen. Während elementares Verstehen Alltagsverstehen ist, bezeichnet höheres Verstehen die bewusste Anstrengung eines methodisch geschulten hermeneutischen Denkens und die Einordnung in größere allgemeinmenschliche Lebenszusammenhänge. Das Anstreben von Objektivität ist dabei von einem Prozess der ständigen intersubjektiven Selbstkontrolle und Selbstkorrektur abhängig.

Der hermeneutische Zirkel meint eine kreisförmige Bewegung, die zwei Aspekte umfasst (siehe auch Abb. 4):

- zum einen die Frage des Vorverständnisses und sein Erkennen, auch in dessen Geschichtlichkeit, sowie das damit in Verbindung stehende Verstehen des Textes, welches mit dem Vorverständnis in zirkulärer Beziehung steht – also eine Art ‚Hin- und Herpendeln‘ zwischen Textverständnis und Vor- sowie erweitertem Verständnis;
- zum anderen den Tatbestand, dass sich die Einzelelemente eines Textes nur aus dem ganzen Text erschließen lassen und umgekehrt auch das Ganze des Textes nur auf Grundlage der einzelnen Elemente verstanden werden kann – also eine Art ‚Hin- und Herpendeln‘ zwischen Einzelelementen und Textgesamtem (Matthes 2011, 32f.; Krüger 2006, 182; Kron 1999, 217; Danner 2006).

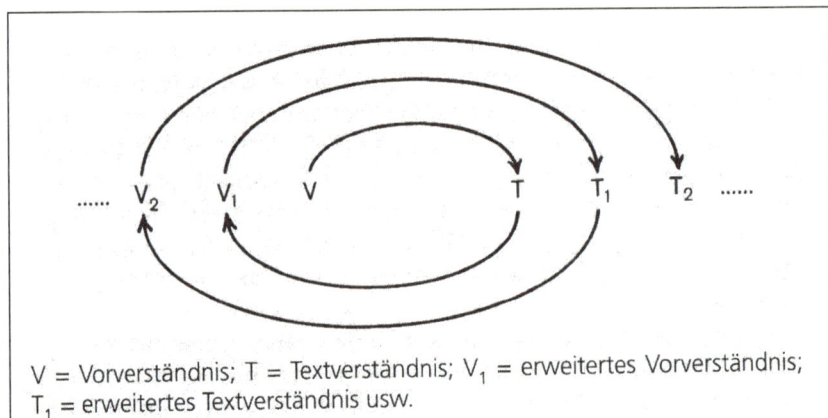

V = Vorverständnis; T = Textverständnis; V_1 = erweitertes Vorverständnis; T_1 = erweitertes Textverständnis usw.

Abb. 4: Hermeneutischer Zirkel I (Danner 2006, 62/65)

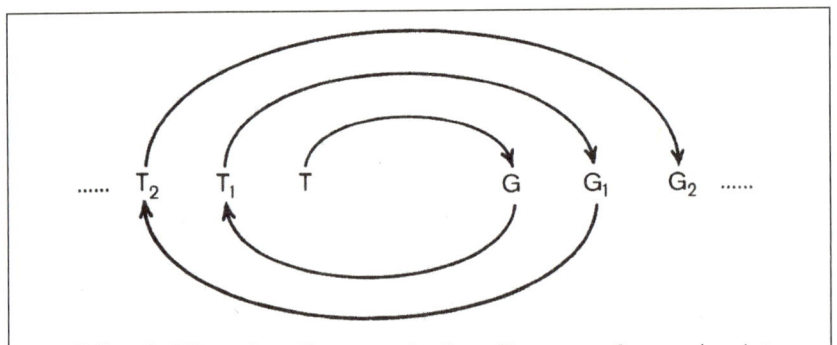

T = Teil, z.B. Wort; G = Ganzes, z.B. Satz; T_1 = vom Ganzen her interpretierter Teil; G_1 = vom Teil her interpretiertes Ganzes usw.

Abb. 5: Hermeneutischer Zirkel II (Danner 2006, 62/65)

Die Differenz zwischen beiden Aspekten wird zunehmend reduziert; allerdings ist eine absolute Übereinstimmung zwischen Verstehendem und Textproduzenten nicht erreichbar. Hermeneutisches Verstehen ist nie ganz abgeschlossen; es hat keinen Produkt-, sondern Prozesscharakter. Es besteht zwar keine geschlossene Regellehre, aber die Hermeneutik bietet Orientierungshilfen zur Textinterpretation: Bevor an eine Interpretation zu denken ist, muss sichergestellt werden, dass der Text auch tatsächlich authentisch ist. Gleichzeitig muss der so arbeitende Wissenschaftler sein Vorwissen und seine je eigenen Fragestellungen reflektieren und dadurch bewusst machen. Schließlich ist der Sinn des Textes ganz allgemein von ihm zu erörtern, damit er, davon ausgehend, Einzelaspekte erschließen kann. „In der Phase der textimmanenten Interpretation stehen semantische und syntaktische

Untersuchungen, die auf Wortbedeutungen und grammatische Zusammenhänge eingehen sowie logische Analysen im Zentrum, die versuchen, den Textsinn als Ganzes herauszuarbeiten. In der Phase der koordinierenden Interpretation können auch andere Werke des Autors herangezogen und auch die Stellung des interpretierten Textes im biographischen Werdegang des Autors berücksichtigt werden. Ebenso sollte versucht werden, die bewussten und unbewussten Voraussetzungen des Autors aufzudecken" (Krüger 2006, 183).

Klafki (1971, zit. n. Krüger 2006, 184f) entwickelte elf Regeln der verstehenden Textauslegung:

• Bewusstmachung des Vorverständnisses und Präzisierung der eigenen Fragestellung an den Text
• Fragestellung und Vorverständnis müssen am Text selbst immer wieder überprüft und ggf. modifiziert werden
• Heranziehung von Quellen- und Textkritik („kritischen Ausgaben')
• semantische Analyse als Frage nach der Bedeutung einzelner Worte oder Formen eines Textes
• Mitberücksichtigung der Entstehungssituation eines Textes
• Heranziehung ergänzender Quellen, z.b. sozialgeschichtlicher Befunde
• Mitberücksichtigung der syntaktischen Mittel (etwa des Einsatzes von Worten wie ‚aber')
• systematische Herausarbeitung der gedanklichen Textgliederung, der Hauptthesen, Begründungen und beispielhaften Erläuterungen auf Ebene des gesamten Textes
• kritische Überprüfung der Herleitungen bzw. gedanklichen Schlussfolgerungen des Autors
• ständige Bewegung der Interpretation im hermeneutischen Zirkel
• kontinuierliche Einordnung der Aussagen des Autors in den gesellschaftlichen und kulturellen Kontext der jeweiligen Epoche

Ein stärker konkretisiertes Kompendium methodischer Regeln zur Interpretation von Texten findet sich bei Kron (1996, 218ff).

Der Hermeneutik ist Verschiedenes vorgeworfen worden: Das Verstehen sei subjektiv und spekulativ sowie empirisch nicht nachprüfbar; die Analyse habe sich zu sehr auf Texte und zu wenig auf die Erziehungswirklichkeit bezogen – und der starke Bezug auf historische Überlieferungszusammenhänge führe zu konservativen und traditionalistischen Implikationen. Für die Heil- und Sonderpädagogik mag im besonderen Maße gelten, darauf Acht zu geben, sich – aus welchen Motiven auch immer – nicht zu einem ‚zu schnellen' Verstehen verführen zu lassen, um ihren Gegenstandsbereich einerseits nicht zu entmündigen – und andererseits, um zu würdigen, dass die Lebenssituationen und Behinderungen, mit denen sie es zu tun haben will, meist nicht Gegenstand der eigenen Erfahrung und damit immer nur durch eine Außenperspektive zugänglich sind. Danner (2006, 122) weist darauf hin, dass

Hermeneutik immer auf Vorgegebenes angewiesen sei und helfen könne, dieses zu klären – sie jedoch letztlich nicht produktiv werden könne. Daher bedürfe sie der Ergänzung, etwa durch produktive Ansätze wie die Dialektik (siehe Kap. 7). Krüger (2006, 185) vertritt allerdings die Auffassung, dass die wesentlichen Kritikpunkte durch die zwischenzeitlichen Weiterentwicklungen größtenteils gegenstandslos geworden seien. Er arbeitet bedenkenswerte Bezüge zur Empirischen Erziehungswissenschaft und auch zu quantitativen Untersuchungen heraus, indem „weder die Formulierung von forschungsleitenden Hypothesen noch die Auswertung statistischer Tabellen ohne hermeneutische Analysen möglich sind" (ebd., 186).

Ein Beispiel für solche Weiterentwicklungen ist die Objektive Hermeneutik von Oevermann (Wernet 2010; Kron 1999, 220ff. sowie Koch & Ellinger 2015). Bei ihr handelt es sich um ein modernes Verfahren der Textanalyse. Sie entstand aus Kritik am quantitativen Forschungsparadigma und basiert auf folgenden Grundannahmen:

• Jeder menschlichen Lebensäußerung liegt ein Sinn bzw. eine Bedeutung zugrunde.
• Menschliches Verhalten wird als soziales Handeln und als symbolische Interaktion verstanden.
• Im Sinne qualitativer Sozialforschung wird das Interesse verfolgt, über quantitative Aussagen hinaus den substanziellen Kern von Untersuchungsgegenständen zu erforschen.
• Unter Bezug auf die Sprachtheorie von Chomsky zielt die Textanalyse auf die Rekonstruktion der Bedeutungsstruktur ab, die im formalen Sprachsystem ihren Grund hat.
• „Der Rekonstruktionsprozeß objektiver Sinnstrukturen spiegelt in seiner Struktur auch den Erkenntnisprozeß wider, den die Forschenden zu leisten haben" (Kron 1999, 221).

Ziel der Objektiven Hermeneutik ist die Entwicklung eines sozialwissenschaftlichen Forschungsprogramms, welches qualitative und quantitative Verfahren umfasst und das von der gesellschaftlichen Konstruktion sozialer Wirklichkeit ausgeht. Von zentraler Bedeutung ist der Strukturbegriff. „Mit dem Begriff wird von Oevermann grundsätzlich die latente Sinnstruktur bzw. die synonym gebrauchte objektive Bedeutungsstruktur belegt" (ebd., 222). Diese latente wird von einer manifesten Sinnstruktur unterschieden. Zur Analyse latenter Strukturen muss der Interpret in Distanz zu den alltagsweltlichen Deutungen gehen und auch Dissonanzen zu eigenen Gewissheiten aushalten können; das Einverständnis der Akteure zu seinen Erkenntnissen steht oft nicht zur Verfügung, oder er muss, bei Aufdeckung unbewusster, auch unbeliebter Sinnstrukturen sogar mit Abwehrreaktionen der Akteure rechnen (Wernet 2010, 281). Dabei baut sich eine Sinnstruktur aus Elementen und Relationen auf einer Zeitachse auf. Universale Strukturen haben einen höheren

Grad an Stabilität als situative Strukturen. Die Reproduktions- und Transformationsprozesse sind selbst als Strukturen zu verstehen. ‚Ausdrucksgestalten' im Sinne von zu bearbeitenden Materialien müssen als schriftliche Texte fixiert werden, etwa durch Transkriptionen (von Tonaufzeichnungen oder Videomaterial). Somit entsteht ein ‚Protokoll'. Zur Analyse haben sich im Wesentlichen vier Strategien entwickelt: die Feinanalyse, die Sequenzanalyse, die Analyse von Sozialdaten sowie die Klarheit von Begriffen. „Nach dem Grundpostulat der objektiven Hermeneutik handeln alle Individuen auf der Grundlage objektiver Bedeutungsstrukturen. Aufgrund der objektiven Hermeneutik als Methode sind sie aber in der Lage, ihre latenten Sinnstrukturen aufzudecken, also zu materialisieren, und die Erkenntnisse reflexiv zu ihrem Handeln, also zu den Ausdrucksformen zu machen" (Kron 1999, 224).

Wernet (2010, 282f) arbeitet drei zentrale Interpretationsregeln der objektiven Hermeneutik heraus:

• *Wörtlichkeit:* Das Protokoll wird so genommen wie es ist; es wird nichts weggelassen oder hinzugefügt. Dabei sind beispielsweise auch Fehler von potenzieller Bedeutung, da sie Hinweise auf latente Sinnstrukturen geben könnten.
• *Kontextfreiheit:* Sequenzstränge werden zunächst unabhängig vom tatsächlichen Äußerungskontext interpretiert. „Die Grundoperation der Bedeutungsexplikation besteht darin, bezüglich eines Sequenzstrangs … gedankenexperimentell Kontexte zu entwerfen" (ebd., 282). Diese Interpretationen werden in der Folge den tatsächlichen Kontexten gegenübergestellt. Bei der Interpretation wird in einem ersten Schritt der Kontext, in dem eine Interaktion stattgefunden hat oder in dem ein Text steht bewusst außer Acht gelassen und erst in einem zweiten Schritt berücksichtigt und als eigenes Wirklichkeitsgebilde interpretiert.
• *Sequenzialität:* Das Protokoll erscheint als eine Sequenz, entlang derer die Interpretation erfolgt. Dieses Nacheinander gibt Hinweise auf die ‚Historizität' sozialer Phänomene. „Die Rekonstruktion einer Fallstruktur ist eine Rekonstruktion dieses Prozesses der Bildung und Transformation" (ebd., 283). Wichtig ist das Verständnis, zwar jeweils Ausschnitte zu behandeln, diese jedoch als Sequenz zu sehen und entsprechend im Auge zu behalten. „Die Interpretation schreitet dann aber sequenziell soweit voran, bis sie eine fallstrukturelle Sättigung erreicht hat" (ebd.). Kriterien für den Abbruch kommen also nicht von außen oder bestehen von vornherein, sondern werden aus der Sequenzanalyse sinnstruktureller Einheiten selbst heraus gewonnen.

Gerade für die Kasuistik kommt der Objektiven Hermeneutik einige Bedeutung zu, wenn es um das Verstehen und Interpretieren einer Anzahl an Fällen, Beobachtungen und Versuchen aus der Praxis geht; Objektive Hermeneutik hat daher und aus anderen Gründen für die Sonderpädagogik Bedeutung (Koch & Ellinger 2015).

Am eingangs grundgelegten Beispiel der Erprobung schulischer Inklusion verdeutlicht hieße dies, anhand von Beobachtungsprotokollen, Unterrichtstran-
skriptionen und verschiedenen Dokumenten wie beispielsweise Hefteinträgen
und Tests beziehungsweise Überprüfungsarbeiten von Schülern die Logik der
Lehrer-Schüler-Interaktionen in der inklusiven und der nicht-inklusiven Klasse
zu rekonstruieren und zu vergleichen.

5.7 Ergänzung: Phänomenologie

Der Begriff der Phänomenologie entstammt dem griechischen ‚phainomenon‘, was
das Erscheinende bedeutet, sowie dem logos, der Lehre. Es handelt sich also um
die Lehre von dem Erscheinenden, von dem, was sich einem Bewusstsein zeigt –
oder um eine Theorie der Erscheinungen. In die Wissenschaftstheorie wurde der
Begriff Phänomenologie von Johann Heinrich Lambert 1764 eingeführt. „So hat
die Phänomenologie zu untersuchen, aus welchen Kräften der menschliche Schein,
der eine Zwischenstellung zwischen dem Wahren und dem Falschen einnimmt, ge-
nährt wird und in welchen Formen er sich kundtut" (Métraux 2010, 229). Dieser
Schein könne psychisch, aber auch durch die Natur der Dinge bedingt sein.

5.7.1 Grundlegung durch Husserl

Ganz unabhängig davon hat im 20. Jahrhundert Edmund Husserl (1859-1938)
dem Begriff Phänomenologie eine besondere Prägung gegeben; die Phänomenologie zählt zu den einflussreichsten philosophischen Richtungen des 20. Jahrhunderts.
„Das Phänomen ist, wie sich der Gegenstand unmittelbar zeigt, wie er *scheinbar*
ist" (Zahavi 2007, 13). Husserls „Ruf ‚zu den Sachen selbst‘ ging vom intentionalen Erleben aus, in dem Subjekt und Objekt eins sind. … Hierdurch erhält die
Pädagogik die Gelegenheit, vom intentionalen Erlebnis auszugehen und aus ihm
die Strukturen der darin gegebenen Gegenständlichkeit zu erfassen und herauszustellen. Dies erweitert den W. Diltheyschen Ansatz vom Erleben, Ausdruck und
Verstehen durch die Intentionalanalyse des Bewußtseinsakts" (Tschamler 1996,
176; Namen im Original in Großbuchstaben). Jedes Bewusstsein sei durch Intentionalität (Gegenstandsgerichtetheit) gekennzeichnet. Daher sei Bewusstsein immer
außerhalb des Individuums und nicht Teil seiner selbst, als Bewusstsein von etwas.
Aufgabe der Phänomenologie sei eine Beschreibung dessen, wie unterschiedlichste
Gegenstände mit bestimmten Arten von Bewusstseinsakten verknüpft seien. Dabei
habe man sich aller vorschnellen Weltdeutung zu enthalten „und sich vorurteilsfrei
an die Analyse dessen zu halten, was dem Bewußtsein erscheint" (Kunzmann u.a.
1994, 193). Gegenstände könnten in Bewusstseinsakten direkt oder indirekt ge-

geben sein. Werden Gegenstände direkt in anschaulicher Anwesenheit gewonnen, so liegen sie als Phänomene vor. Über die Deskription singulärer Gegenstände hinaus soll dabei allerdings auch das allgemeine Wesen, die Idee eines Gegenstandes herausgearbeitet werden. Hintergrund der Argumentation ist die Abgrenzung der Philosophie von anderen Wissenschaften. „Die traditionelle Unterscheidung stellt Mathematik und empirische Einzelwissenschaften auf die eine Seite und apriorische Philosophie auf die andere. Eine Idee war diejenige, Philosophie als Reflexion auf die Einzelwissenschaften zu betrachten" (Hügli & Lübcke 1997, 693).

Grundlegend ist der Begriff der Intentionalität, der in Anlehnung an Franz Brentano (1838-1917) als „die Eigenart psych. Phänomene, im Unterschied zu physischen, auf etwas gerichtet zu sein, d.h. immer Bewußtsein *von etwas* zu sein" (Kunzmann u.a. 1994, 193). Bei Husserl wird dies ausgebaut. Die Intentionalität des Bewusstseins verweise „auf die durchgängige *Korrelation* zwischen den Vollzügen des Bewußtseins (z.B. wahrnehmen, erinnern, lieben), die sich auf einen Gegenstand beziehen (Akte des Vermeinens; Noësis, Pl. Noësen) und dem Gegenstand, wie er in diesen Vollzügen erscheint (das Vermeinte Noëma, Pl. Noëmata)" (ebd., 193). Insofern strebt die Phänomenologie an, eine Subjekt-Objekt-Dichotomisierung zu überwinden und gerade die Zusammenhänge zwischen Welt und Subjektivität in den Blick zu nehmen (Zahavi 2007, 19).

Grundzug der Intentionalität ist Evidenz als eine „zweifellose Selbstgegebenheit eines intentional Vermeinten für ein originär erfassendes Bewußtsein" (Kunzmann u.a. 1994, 193) – wobei hier Evidenz zu unterscheiden ist von dem, was die empirische Forschung unter Evidenz und Evidenzbasierung versteht. Die phänomenologische Methodik erfolgt in drei Schritten:

• Husserl setzt der natürlichen Einstellung zur Welt, bei der ständig Urteile über das Sein der Gegenstände an sich gefällt werden, eine phänomenologische Reduktion entgegen – als einer Einstellung, die sich jeglichen Urteils über Sein oder Nichtsein von Gegenständen, also aller vorgefassten Meinungen, enthält und auf diese Weise eine vorurteilsfreie Betrachtung des reinen Bewusstseins ermöglicht. Hierfür wählt Husserl einen Begriff aus der griechischen Skepsis: Epoché (Enthaltung).

• Ein weiterer Schritt ist die eidetische Reduktion, wobei eidetisch dem griechischen ‚eidos', Wesen, entstammt. Phänomenologie ist eine Wesensschau, indem sie nicht Einzelfälle intentionalen Erlebens als Gegenstand betrachtet, sondern versucht, die wesensmäßigen Grundgesetze der Erlebnisse zu erkennen. „Mit Hilfe der Reduktion ist es nun möglich zu klären, aufgrund welcher Leistungen sich das Bewußtsein selbst und wie sich Gegenständlichkeit, und damit Welt, im Bewußtsein konstituiert. Als Hintergrund der Konstitution zeigt sich die Identität des reinen *Ich*, in dessen Selbstbewußtsein der Zusammenhang der Erlebnisse gründet" (ebd.).

• In einer abschließenden transzendentalen Reduktion wird geklärt, „wie das Erkenntnisvermögen von Subjekten überhaupt beschaffen sein muss, damit der
Mensch sich seiner selbst und der Welt bewusst werden kann" (Burkard & Weiß
2008, 167).
Dieser Ansatz wird als strukturwissenschaftlich bezeichnet: aus dem Phänomen
heraus soll aufgrund einer Reduktion das Wesen einer Sache herausgearbeitet werden, mithin ihre Struktur (Tschamler 1996, 178). „Soweit Strukturen aufgewiesen
werden, ergeben sie einen Ordnungszusammenhang, der als System wissenschaftliche Aussagen miteinander verbindet. Der Prozeß der Erkenntnis geht immer vom
Besonderen zum Allgemeinen" (ebd.). Die zentralen Prinzipien bestehen darin, das
Wesen einer Sache herauszustellen, sie sowohl interesselos als auch voraussetzungs-
frei (theoriefrei) zu beschreiben und sich dabei auf Erlebnisse auszurichten.
Neben Raum und Kausalität besteht eine weitere konstitutive Leistung des Bewusstseins in der Intersubjektivität (Zahavi 2007, 67ff). „Das Bewußtsein der Existenz eines anderen Ich ergibt sich aus der eigenen *Leib*erfahrung. Aufgrund dieser
nehme ich wahr, daß die Erscheinungsweise best. Körper nur so zu erklären ist, daß
sich in ihnen der Leib eines anderen Ich manifestiert" (Kunzmann u.a. 1994, 195).
In seinem Spätwerk, 1936, entwickelt Husserl einen Neuansatz auf Basis des Konzepts der „Lebenswelt" (Zahavi 2007, 31ff.; Krüger 2006, 118). Lebenswelt ist „die
Gesamtheit des mögl. Erfahrungshorizonts, innerhalb dessen ein wahrnehmend-
erfahrendes Ich auf Gegenständlichkeit gerichtet ist" (Kunzmann u.a. 1994, 195).
Die Kristallisationen menschlicher Kultur auf Basis von Geschichte bezeichnet
Husserl als „Urstiftungen"; hier findet sich das Bewusstsein einer Kulturgemein-
schaft in neuer Gegenständlichkeit. Ein Beispiel sei die neuzeitliche mathematisie-
rende Naturwissenschaft und die Haltung des Objektivismus. Hier werde die Welt
abstrakter mathematischer Gegenstände als allein wahre Welt betrachtet. Diese
Welt habe aber keinen Bezug zur subjektiven anschaulichen Lebenswelt mehr, wodurch die Wissenschaft an Lebensbedeutsamkeit verliere und in eine Sinnkrise der
Moderne führe. Dabei habe die objektive Wissenschaft ihren Ursprung und auch
Sinnbezug in der Lebenswelt, der sie angehöre – es gerate in Vergessenheit, dass
die objektiven Wissenschaften selbst ein subjektives Erzeugnis aus lebensweltlicher
Praxis heraus seien, „also einer konstitutiven Leistung des Subjekts entspringen"
(ebd.). Die Phänomenologie wird hier zu einer neuen Variante von Transzenden-
talphilosophie – sie untersucht „die Bedingungen der Möglichkeit der Erfahrung
und Erkenntnis als solcher" (Zahavi 2007, 17). „Transzendental nennt Husserl sie
deshalb, weil sie die Frage zu beantworten sucht, welche Bedingungen zwischen
dem Ich und seiner Lebenswelt bestehen müssen, damit der Mensch sich der Welt
und seiner selbst in der Welt bewusst werden kann" (Krüger 2006, 118). Aus der
Sinnkrise heraus könne die Phänomenologie Lösungen anbieten, indem sie aufzei-
ge, „wie sich die Lebenswelt aus den Leistungen der transzendentalen Subjektivität
aufbaut" (ebd.).

In der Zeit vor dem Ersten Weltkrieg ist ausgehend von Husserl eine Art Phäno-menologischer Bewegung entstanden, die von Deutschland ausgehend dann auch nach Frankreich hinüberreichte. Bekannte Vertreter sind Scheler, Hartmann, Hei-degger, Jaspers, Sartre, Merleau-Ponty (vgl. etwa Zahavi 2007, 36ff) und auch der wegen seiner ethischen Überlegungen gerade für die Heil- und Sonderpädagogik nicht unwichtige Lévinas (1989).

Krüger (2006, 117) weist darauf hin, dass man die phänomenologische Maxime ‚zurück zu den Sachen‘ heute in drei methodisch unterschiedlichen Ausprägungs-formen findet:

- empirisch orientiert (im Sinne des ‚Erscheinens‘ empirischer Fakten und Gegen-stände);
- bewusstseinspsychologisch (im Sinne der subjektiv erlebten Wirklichkeit) – oder auch
- philosophisch-spekulativ (im Sinne des In-Erscheinung-Tretens eines ‚Wesens‘ der Fakten in der Weltbegegnung des Menschen).

5.7.2 Maurice Merleau-Ponty und sein Beitrag

Im Vordergrund steht hier ein Bemühen um die Neubestimmung des Verhältnis-ses zwischen Natur und menschlichem Bewusstsein. Jenseits von naturalistischer Sichtweise (menschliche Phänomene werden von außen kausal erklärt) und kri-tizistischer Perspektive (alles soll von innen durch das reine Bewusstsein begrif-fen werden) deutet Merleau-Ponty auf eine dritte Dimension, die den lebendigen Bezug von Natur und Bewusstsein offen legt. Durch Struktur und Gestalt werde die Wirklichkeit übergreifend organisiert. Struktur sei die unlösliche Verbindung zwischen einer Idee und einer Existenz, ein kontingentes Arrangement, wodurch Materialien aus menschlicher Wahrnehmung heraus einen Sinn gewönnen. Welt werde durch Wahrnehmung erfasst, die vorgängig aller wissenschaftlichen Objek-tivierung sei. „So nimmt das Bewußtsein keinen unbeteiligten Beobachterstand-punkt ein, sondern ist immer *engagiertes* Bewußtsein, weil es auf den Kontakt zur Welt angewiesen bleibt" (Kunzmann u.a. 1994, 195). Die Verknüpfung zwischen Bewusstsein und Körper ist unlösbar – die Erfahrung des Leibes sei also unaufheb-bar doppeldeutig, indem er weder reines Ding noch reines Bewusstsein sei. „Wir müssen die Alternative, nichts vom Subjekt, oder aber nichts vom Objekt verstehen zu können, zu durchbrechen suchen. Wir müssen den Ursprungsort des Gegen-standes im Innersten unserer Erfahrung selbst aufsuchen, das Erscheinen des Seins zu beschreiben und das Paradox zu verstehen suchen, wie *für uns etwas an sich* zu sein vermag" (Merleau-Ponty 1966, 96).

In seinem Spätwerk strebt Merleau-Ponty eine neue Ontologie an. Er geht von einem „Leib der Welt" aus; der Mensch stehe der Welt nicht gegenüber, sondern sei Teil ihres Leibes. Die Wahrnehmung des Seins entziehe sich völliger Transparenz. Im Unsichtbaren stecke prinzipielle Verborgenheit, die im Sehen selbst begründet sei. Ein Gegenstand sei gegeben vor dem Hintergrund dessen, was man von ihm nicht sehe: „zu einem Bild gehört, was der Maler ausgespart hat; ein Satz wird verständlich auf dem Hintergrund dessen, was schon gesagt ist, und dessen, wovon er schweigt" (Kunzmann u.a. 1994, 195). Dieses unendliche Sein hinter uns nennt Merleau-Ponty das rohe oder auch das wilde Sein – es entziehe sich jedem ordnenden Zugriff. Merleau-Pontys Auseinandersetzung mit dem Leib, vor allem in seinem Werk „Phänomenologie der Wahrnehmung", wurde insbesondere im Bereich der Geistig- und Körperbehindertenpädagogik aufgegriffen (z.B. Thalhammer, Bleidick & Speck 1986; Stinkes 1993). Einerseits sollte damit versucht werden, das Positionsverhältnis von Sonderpädagogen und behindertem Menschen besser zu bestimmen und eine scheinbar selbstverständliche Legitimierung der sonderpädagogischen Fachlichkeit von daher zu hinterfragen. Andererseits sollte es auch dazu verhelfen, existenziell relevante Phänomene herauszustellen, wie beispielsweise Warten, Träumen, Einsamkeit, Trauer und Tod. Fischer (1992, 279) bemühte sich zudem um die Etablierung einer „leiblich-sinnlichen Kultur" als Bildungsmoment jenseits von Kognition und Sprache.

5.7.3 Max Scheler und sein Beitrag

Durch Scheler, der zunächst durch Husserl und später durch andere Phänomenologen stark in seinem Denken geprägt wurde, wird das Feld der Phänomenologie erweitert auf die Gebiete der Ethik, der Kulturphilosophie und der Religionsphilosophie.

„An erster Stelle ist Phänomenologie … der Name für eine Einstellung des geistigen Schauens, in der man etwas zu er-schauen oder zu er-leben bekommt, was ohne sie verborgen bleibt: nämlich ein Reich von ‚Tatsachen' eigentüml. Art … Das Er-lebte und Er-schaute ist ‚gegeben' nur in dem er-lebenden und er-schauenden Akt selbst, in seinem Vollzug: es erscheint in ihm, und nur in ihm" (Scheler, zit. n. Kunzmann u.a. 1994, 197).

Ausgangspunkt seines Denkens wird im Gegensatz zur Ontologie Husserls die ‚Erfahrung der Sachen' sowie die in ihnen enthaltenen Gesetzmäßigkeiten. Da diese für Scheler nicht an und für sich bestehen, sondern immer nur in Verbindung mit ihrer Erfahrung, stellt er besonders die für ihn stets emotional gefärbten Werte in diesem Zusammenhang heraus.

Scheler übt Kritik an der formalen Ethik Kants und entwickelt eine eigene Wertlehre. Werte seien dem Menschen in Akten des Fühlens a priori und ideal gegeben. Sie seien als ein wesensnotwendiges emotionales apriori an die Person gebunden – und nicht, in Abgrenzung zu Kant, in einer Art „Wertehimmel" (ebd.). Werte seien also zum einen inhaltsbestimmt und an die Person gebunden; zum anderen gebe es aber eine apriorische Ordnung der Werte in Form einer übergeschichtlichen Rangordnung. Werte stellten sich an Dingen bzw. Gütern dar, seien in ihrer Wertqualität aber nicht von ihnen abhängig. Das Wesen des Menschen liege nicht primär in seinem Denken oder Wollen, sondern in seiner Liebe; er sei ein ens amans, ein liebendes Wesen. Ein Mensch sei bestimmt durch eine Rangordnung der Werte und wertnehmende Handlungen, einen ordo armoris. Wer diesen begreife, begreife den Menschen. Personen seien dabei Einheiten aus verschiedenen Akten: Fühlen, Denken, Wollen, Lieben. Die Person sei einmalig. Davon zu unterscheiden sei das Ich, das durch seine psychophysiologischen Funktionen, etwa die Sinnesfunktionen, bestimmt sei. Nationen oder Kirche versteht Scheler als Gesamtpersonen, denen ein eigenes Bewusstsein zukomme: der Zusammenhang gemeinsamer Akte (ebd., 197). Der höchste Wert sei die Gottesidee, die höchste Form der Liebe die Gottesliebe – und auf die göttliche Person strebe die menschliche Person hin. Scheler wendet sich demnach gegen eine Funktionalisierung des Menschen bzw. ein Menschenbild, das ihm zu funktional geprägt erscheint: „Wer nur diese uns von der Naturwissenschaft allein als unwiderleglich nahegelegte Auffassung vom Wesen des Menschen hat, wer das, was die traditionelle Sprache Europas seit den Griechen ‚Geist‘, ‚Vernunft‘ nennt, nur als ein kompliziertes Nebenergebnis des doppelseitigen Lebensprozesses ansieht – der sei auch so konsequent und entsage der Idee und dem Werte der ‚Bildung‘. Denn dieser Ausdruck will einen Selbstwert setzen" (Scheler 1925, 95).

In seinem späteren Werk arbeitet Scheler an einer philosophischen Anthropologie. Er entwickelt einen Stufenbau des Psychischen mit folgenden, sich mehr und mehr ausdifferenzierenden Stufen:

- Gefühlsdrang
- Instinkt
- assoziatives Gedächtnis
- praktische Intelligenz (Wahl und Antizipation)
- Geist (nur beim Menschen).

„Durch ihn ist der Mensch von der Beschränkung auf das Organische entbunden. Zugleich tritt der Geist aber mit dem Prinzip alles Lebendigen, dem Drang, in Widerstreit. Im Drang gründet alles Wirklichkeitserleben aufgrund der Widerstandserfahrung, die das Reale dem Drang entgegenstellt" (Kunzmann u.a. 1994, 197). Das erfahrene Sein ist Dasein. Der Geist ermöglicht die Erfahrung des Soseins. Geist und Drang wirken für Kultur und Gesellschaft zusammen in Form von Ideal- und Realfaktoren. Geist selbst hat keine Kraft, um seine Erkenntnis in Wirklichkeit umzusetzen; wenn Ideen mit Realfaktoren wie Trieben, Selbsterhaltung, Interesse, gesellschaftlichen Tendenzen zusammenkommen, wird der Einfluss auf Wirklichkeit möglich. Schelers Bedeutung für die Heil- und Sonderpädagogik liegt darin, das Menschsein nicht allein an Vernunft und Intelligenz zu binden. Selbst, wenn diese als beeinträchtigt oder geschädigt anzusehen sind, bleibt der Mensch immer gleichwertig Mensch unter anderen Menschen. Scheler bewahrt den Menschen damit vor einem utilitaristischen, Rangfolgen herstellenden Zugriff. Gleichzeitig stellt er aber das Selbstbewusstsein des Menschen heraus, welches „die Möglichkeit des Geist-Wesens [ist], sich selbst zum Gegenstande zu machen" (Haeberlin 2005, 165) und dem er infolge die Fähigkeit zuschreibt, dadurch die eigenen Triebstruktur kontrollieren zu können – eine alles in allem dann doch wiederum an Intelligenz gebundene Leistung des Menschen. Haeberlin (2005) bewertet Schelers Denken mit Blick auf die Heil- und Sonderpädagogik daher zweifach: „*Positiv* für solidarisierendes Sehen und Denken ist die Ablehnung einer biologistischen und damit tendenziell stets selektionistischen Sicht des Menschseins, die eine Solidarisierung mit schwer geistigbehinderten Menschen zum vornherein verneinen müsste. Ins *Negative*, d.h. zugunsten einer Entsolidarisierung gegenüber Geistigbehinderten, könnte sich aber die intellektualistische Sicht des Geist-Wesens Mensch dennoch wenden" (2005, 166).

5.7.4 Phänomenologische Pädagogik

Der Einbezug der Phänomenologie in die Pädagogik wird oft als bisher unvollständig oder ansatzhaft beschrieben. Namhafte Vertreter sind Fischer und Lochner, die zugleich eine Nähe zur Empirischen Pädagogik aufweisen. Krüger (2006, 118) teilt die Geschichte der pädagogischen Rezeption der Phänomenologie in Deutschland in drei grobe Phasen:
1. In den ersten Jahrzehnten des 20. Jahrhunderts entsteht eine deskriptive Gegenstandslehre der Pädagogik, etwa in Form der „Deskriptiven Pädagogik" von Aloys Fischer. Weitere Vertreter sind Lochner und Copei. Auch von hier erfolgten wichtige Impulse für die Reformpädagogik.
2. Nach dem Zweiten Weltkrieg erlebte die pädagogische Rezeption der Phänomenologie eine erste Blütezeit. Hier unterscheidet Krüger vier Hauptlinien; namhafte Vertreter sind in dieser Phase Ballauff, Schaller sowie Scheler, aber auch Rombach. Gegenstände des Interesses sind Lernen und Erfahrung, aber auch Wertphilosophie.
3. Die dritte Phase bezeichnet Krüger als eine „anthropologische Wende" (Krüger 2006, 119), in deren Zentrum die Arbeiten von Bollnow und seiner Schüler, insbesondere Loch, stehen. „In einer Vielzahl auch pädagogisch akzentuierter Arbeiten hat Bollnow … in Anlehnung an phänomenologische, sprachphilosophische und anthropologische Konzeptionen versucht, vor und außerwissenschaftliche Phänomene des menschlichen Selbst- und Weltverhältnisses, wie Stimmungen, das Atmosphärische, Formen der Anschauung zu erhellen und auf pädagogische Phänomene zu übertragen" (ebd.). Lochs Leistungen liegen in Reflexionen zur Neubestimmung eines pädagogischen Lernbegriffs sowie in einer autobiographischen Lebenslaufforschung, die das Subjekt der Erziehung ins Zentrum rückt. Recht parallel liegen die Arbeiten des Niederländers Langeveld.

Während Fischer wertfreie Beschreibungen fordert, schränkt Lochner den Begriff der Deskription ein: er unterscheidet die Deskription als „beobachtendes Beschreiben" und trennt von ihr ein „erklärendes Beschreiben". Ergänzt werden diese beiden Methoden durch das Verstehen, das auf den Sinn gerichtet sei. Da der Sinn Deutung und Nacherleben erfordere, sei diese Methode aus wissenschaftlicher Perspektive weniger sicher; sie müsse sich jedoch auch der Forderung nach Nachprüfbarkeit stellen. Fischer hingegen fasst das Verstehen auch unter die Deskription, betrachtet diese also als weiter gefasst (Tschamler 1996, 175).

Zur Veranschaulichung der in der phänomenologischen Arbeit typischen Intentionalanalyse des Bewußtseinsakts beschreibt und kommentiert Tschamler (1996, 176f) ein Beispiel von Kanning (1953):

„Einer Klassengruppe von fünfzehnjährigen Jugendlichen wurde die Aufgabe gestellt, das Wesen des religiösen mittelalterlichen Menschen an Hand mittelalterlicher Dome zu erfassen. Die enge Verbindung von Erlebnis und Wesensschau sollte hier nachvollzogen werden. Als erster Schritt erfolgte die phänomenologische Reduktion, indem versucht wurde, die Unmittelbarkeit des Erlebnisses in seiner Konkretheit zu fixieren: ‚Wie nämlich das intentionale Bewußtseinserlebnis des Bauwerkes als ein sinnliches Wahrnehmungserlebnis zugleich einen bestimmten nicht anschaulichen Sinn in sich faßt'... Als zweiter Schritt vollzieht sich die Intentionalanalyse des Bewußtseins. Diese führt zur Erhebung der expliziten Ausfaltung der Struktur, indem die Distanz zum Erlebniszusammenhang hergestellt wird, der implizit bereits diese Strukturen enthält. Das Ziel der Intentionalanalyse wird durch die Umformung des Erlebnisses in die Vorstellung erreicht, und dies geschieht durch die Distanz. ‚Diese grundlegende Gewinnung des betreffenden Gesamterlebens als Vorstellung ..., das sich nun in der Form der Sprache oder der theoretischen Erkenntnis oder auch der ästhetisch-künstlerischen Darstellung vollziehen kann' ... Den dritten Schritt bildet dann die eidetische Reduktion. War in der Vorstellung das Bauwerk des Domes sprachlich erfaßt, geht es bei dieser letzten Stufe um die Einklammerung der Raum-Zeit-Bedingungen der Einzelheit, um zur Wesensschau, zum Allgemeinen zu kommen. Der Ausgang vom Erlebnis zur Vorstellung führt jetzt zur Einklammerung des Erlebnisses und des in ihm gegebenen besonderen Gegenstandes. Den Abschluß bildet ein ‚übergreifendes Schema', ein ‚zusammenschließendes Symbol'. ‚Am Ende des Prozesses stand die Herauslösung der Wesenserkenntnis des Domes aus der Verflechtung mit der konkreten und individuell bestimmten Wirklichkeit der einzelnen Dome. Dabei ist aber das Eigenartige dieser Wesensschau, daß ihre Vorstellung sich zu dem Gegenstande ‚wirklicher Einzeldom' nicht etwa wie ein verallgemeinertes Abbild zu seinen konkreten Urbildern oder wie ein Bewirktes zum Bewirkenden verhält. Sondern der sinnlich sichtbare Bau faßte zugleich diesen über seine sinnliche Sichtbarkeit weisenden Sinn in sich und stellte ihn insofern unmittelbar für das Bewußtsein dar".

Seit den späten 1970er Jahren hat das Interesse an der Phänomenologie, auch angesichts eines Booms qualitativer Methoden, deutlich zugenommen (Krüger 2006, 119). Prägend wirkte hier Wilfried Lippitz. Er hat eine hermeneutisch-phänomenologische Pädagogik entwickelt und in diesem Rahmen auch verschiedene kleinere Studien außerschulischer Erfahrungswelt durchgeführt. Einer der Schwerpunkte liegt in der Bedeutung haptischer Erfahrungen für einen lebensweltorientierten Lernbegriff, auch in der Raumerfahrung von Kindern sowie in der Genealogie kindlicher Moralität. Eine weitere bedeutsame Vertreterin ist, auch gemeinsam mit Lippitz, Käte Meyer-Drawe. „In ihrer Habilitationsschrift ‚Leiblichkeit und Sozialität. Phänomenologische Beiträge zu einer pädagogischen Theorie der Inter-Subjektivität' (1984) hat sie in kritischer Auseinandersetzung mit Husserl und Heidegger und in Anlehnung an die Arbeiten von Merleau-Ponty und Waldenfels sowie unter Bezug auf psychoanalytische Arbeiten über die kindliche Entwicklung, die Genese der Strukturen von Leiblichkeit und Sozialität im kindlichen Sprach- und Ausdrucksverhalten herausgearbeitet. Vor diesem Hintergrund werden dann die Möglichkeiten und Grenzen einer Pädagogik der Kommunikation diskutiert" (Krüger 2006, 120).

Das Spektrum jüngerer Arbeiten umfasst verschiedene Themen und reicht etwa mit den Namen Pfeffer, Fornefeld und Stinkes auch in die Geistigbehindertenpädagogik hinein. Krüger (ebd., 121) beurteilt die pädagogischen Phänomenologen dennoch als eine kleine Außenseitergruppe; bedeutsamer seien sie in den Niederlanden.

Bei Lippitz steht im Rahmen seiner in den 1980er und 1990er Jahren erschienenen Arbeiten insbesondere die Stärkung der Bedeutung vor- und außerwissenschaftlicher Erfahrung in der Pädagogik im Zentrum, mithin also die pädagogische Handlungspraxis als eigenständiger Erfahrungs- und Konstitutionszusammenhang. Sie habe auch eine wichtige Fundierungsfunktion für wissenschaftliche Theorie. Vor einer objektiven, begrifflich eindeutigen Erfahrung von Welt steht dabei die leiblich-sinnliche Kommunikation mit dieser. Sie wird als Fundament aller weiteren kognitiven Leistungen gesehen. Methodisch wird die Erfassung der Binnenperspektive des Kindes im Vordergrund positioniert. Diese soll systematisch erforscht werden, um das gewonnene Material erst im Nachhinein reflexiv und systematisch zu bearbeiten; die darin steckende Lebendigkeit und Ursprünglichkeit solle bewahrt werden. Das Kind ist der Auftraggeber und ‚Lehrmeister'; es gibt in diesem Sinne, Lévinas folgend, eine Verantwortung des Pädagogen und des Forschers gegenüber dem Anderen.

Dies hat Konsequenzen für die Konstituierung schulischen und außerschulischen Lernens. Zu allererst muss das Bemühen immer wieder dahin gehen, das Lernen von Kindern und Jugendlichen an tatsächlich erfahrbare Wirklichkeit zu binden und erst dann, in einem nachgeordneten Schritt, sie in Berührung zu bringen mit verschiedenen wissenschaftlichen Zugängen zu dieser Wirklichkeit. „Lernen bedeutet vor diesem Hintergrund in einem phänomenologischen Verständnis an den Brüchen in den Lerngeschichten der Heranwachsenden anzusetzen und sie dann mit Fremdem, Neuem (z.B. fremden Sprachen, Kulturen) zu konfrontieren. Dabei wird das Lernen selbst als kommunikative prozesshafte Struktur gefasst, als offenes kommunikatives Geschehen" (Krüger 2006, 122). Aus heil- und sonderpädagogischer Sicht ist anzumerken, dass nicht alle Kinder in der Lage sind, in dem Maße Wirklichkeit zu erfahren und ihr zu begegnen, wie dies nicht-behinderten Kindern möglich sein könnte. Zudem stellt für viele Kinder und Jugendliche mit Behinderungen gerade ein offenes, kommunikatives Geschehen aus vielen Gründen einen bisweilen nicht einlösbaren Anspruch dar, insbesondere weil es stark sprachlich-kognitiv gefärbt ist.

5.7.5 Methodik Phänomenologischer Pädagogik

Das methodische Vorgehen der phänomenologischen Pädagogik erfolgt in zwei grundsätzlichen Schritten: In einem ersten Schritt geht es darum, eine möglichst vorurteilsfreie Einstellung dem Untersuchungsgegenstand gegenüber zu erreichen. Hierbei stehen vor allem die Wesenserfassung im Vordergrund und die Frage, wie das Bewusstsein auf einen Gegenstand gerichtet ist. In Anlehnung an Danner (2006, 147) lässt sich folgendes Vorgehen skizzieren:

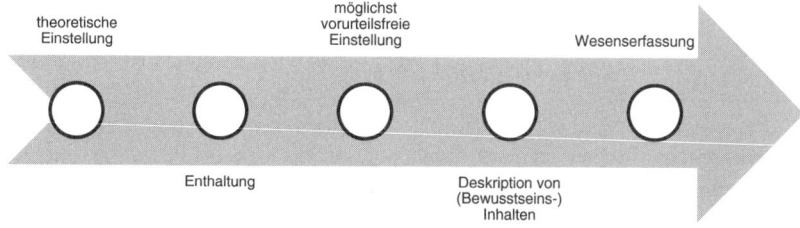

Abb. 6: Methodische Schritte der pädagogischen Phänomenologie

Dies soll hier beispielhaft etwas stärker konkretisiert werden. Unter Bezug auf Kron (1999, 204) könnte man ein solches Vorgehen mit Bezug auf das Beispiel ‚Schulversuch' und die Beobachtung eines Schülers mit sonderpädagogischem Förderbedarf folgendermaßen anwenden:

Tab. 1: Phänomenologische Analyse am Beispiel ‚Schulversuch' – Beobachtung eines Schülers mit ADHS

Alltägliche, vortheoretische Einstellung	Beobachtung des Schülers durch die Lehrerin Innere Wahrnehmungen der Lehrerin Erste Begriffsbildung: Hyperaktivität = Bezug zur sozialen Situation des Kindes in der Klasse Sprachliche Darstellung der Wahrnehmung
Theoretische Einstellung	Erster Rückgriff auf Erfahrungen mit dem Schüler mit ADHS in den vergangenen Wochen: innere Wahrnehmung und Vergleich mit dem ersten Begriff
Enthaltung oder Reduktion I	Zweite Begriffsbildung: Impulsivität = Bezug zur körperlichen Situation des Schülers

Beschreibung von Bewusstseinsinhalten	Zweiter Rückgriff auf Erfahrungen mit dem Schüler mit ADHS in Bezug auf seine Körperlichkeit: innere Wahrnehmung und Vergleich mit den ersten beiden Begriffen
Enthaltung oder Reduktion II	Dritte Begriffsbildung: Aufmerksamkeitsprobleme = Bezug zu den Leistungsanforderungen der Schule und Gesellschaft
Beschreibung von Bewusstseinsinhalten	Dritter Rückgriff auf Erfahrungen mit dem Schüler mit ADHS in Bezug auf seine Leistungsfähigkeit: innere Wahrnehmung und Vergleich mit den drei vorgenannten Begriffen
Enthaltung oder Reduktion III	Vierte Begriffsbildung: leicht reizbar = Bezug zur psychischen Situation des Schülers
Beschreibung von Bewusstseinsinhalten	Vergleich der vier auf Begriffe gebrachten Phänomene: Hyperaktivität, Impulsivität, Aufmerksamkeitsprobleme, Reizbarkeit. Herausarbeitung eines fünften Phänomens
Wesenserfassung	Fünfte Begriffsbildung: ADHS = innere Wahrnehmung des Schülers durch die Lehrerin in der Gesamtheit seiner persönlichen und situativen Befindlichkeit

In einem zweiten Schritt geht es durch phänomenologische Reduktion um das Phänomen und seine Selbstdarstellung – anders als bei Husserl, dem es um die Intentionalität ging; also: wie sich das Bewusstsein auf einen Gegenstand richtet und welche Absichten (Intentionalität) es dabei verfolgt. Anliegen der pädagogischen Phänomenologie in ihrer methodischen Arbeit ist demnach der Inhalt und nicht die Intentionalität. Banki und Rothe (1979, 31ff) formulierten sechs Schritte, mit denen eine phänomenologische Reduktion gelingen soll:

„Erster Schritt: Fragen nach der Etymologie des Schlüsselbegriffs, mit dem ein Phänomen bezeichnet wird.
Zweiter Schritt: Versuche das Phänomen zu beschreiben. ...
Dritter Schritt: Abgrenzung des zu untersuchenden Phänomens gegen ähnliche Phänomene ...
Vierter Schritt: Vergleich des zu untersuchenden Phänomens mit anderen Phänomenen. ...
Fünfter Schritt: Erfassung historischer und psychologischer Zusammenhänge eines Phänomens. ...
Sechster Schritt: Bedenken von Ursachen, Zusammenhängen und Folgen einer Erscheinung."

Kron (1999, 206ff) entwickelte, ausgehend von dieser Schrittabfolge, sieben methodische Grundregeln zur Erarbeitung einer phänomenologischen Studie:
• Formuliere dein erkenntnisleitendes Interesse.
• Erkunde die Etymologie des Begriffs, mit dem das Phänomen bezeichnet wird.
• Beschreibe das Phänomen so genau du kannst.
• Unterscheide das Phänomen von anderen Phänomenen.

- Arbeite die Bedeutung der Interaktionen und deren Grundstrukturen für die Akteure heraus.
- Eruiere die gesellschaftlichen Bedingungszusammenhänge des Phänomens.
- Rekonstruiere die geschichtlichen Zusammenhänge des Phänomens.

Diese Schritte weisen Parallelen zur hermeneutischen Methode auf, machen aber zugleich auch die Unterschiede des Vorgehens deutlich, wenn man sie mit den Regeln nach Klafki unter 5.5 vergleicht.

5.7.6 Kritik an der Phänomenologischen Pädagogik

Die Phänomenologie hat sich immer wieder selbst in Frage gestellt. Kritik entstand vor allem, seitens der Nachfolger, an der Husserl'schen Bewusstseinsphilosophie: Sie habe unüberwindbare Schwierigkeiten, Phänomene als Leistungen des Ichbewusstseins anzuerkennen. „Dazu gehören die Naturhaftigkeit und Leiblichkeit des Menschen, die Sozialität und damit verbunden die Sprachlichkeit des Menschen sowie das Problem der Zeitlichkeit und Geschichtlichkeit. Hinzu kommt die gegenwärtig sich abzeichnende Pluralität der Vernünfte und die Vielfalt der Subjektentwürfe, die die Vision eines einheitsstiftenden Bewusstseins und eines in sich konsistenten Vernunftobjekts in Frage stellen" (Krüger 2006, 122f).

Die Theorieansätze beziehen sich Krüger (ebd.) zufolge vor allem auf die Mikroebene pädagogischen Handelns, auf Interaktion und Subjektivität; gesamtgesellschaftliche Bedingungen, Macht und Ungleichheit werden kaum berücksichtigt. Die Darstellungen sind oft eher impressionistisch auf alltägliche pädagogische Ereignisse bezogen; die Methoden werden zu wenig expliziert. Ohnedies gilt die Grundkritik, welche aus der Empirischen Erziehungswissenschaft an die Geisteswissenschaftliche Pädagogik gerichtet wird, teilweise auch hier: Offenheit und Vagheit des qualitativen Vorgehens, Offenheit und mangelnde Operationalisierbarkeit zentraler Konzepte und Begriffe, Gefahren einer unscharfen Deutung der Dinge. – Stärken des Ansatzes liegen allerdings andererseits gerade in der angesprochenen Orientierung auf den Alltag hin sowie in der Belebung qualitativer Forschung in der Erziehungswissenschaft.

5.8 Kontrollfragen zu Geisteswissenschaftlicher Pädagogik

- Können Sie erläutern, was mit Lebensphilosophie gemeint ist?
- Können Sie zentrale Aspekte eines Verständnisses von ‚Geist' skizzieren?
- Können Sie verschiedene Ausprägungsformen von ‚Geist' nach Hegel unterscheiden?
- Können Sie erklären, was mit ‚pädagogischem Bezug' gemeint ist und diesen kritisch reflektieren?

- Können Sie die beiden zentralen ‚Pendelbewegungen' beschreiben, die das hermeneutische Vorgehen kennzeichnen?
- Können Sie Vor- und Nachteile der Hermeneutik mit Blick auf die Heil- und Sonderpädagogik erläutern?
- Können Sie verdeutlichen, inwieweit sich die Phänomenologie als besonders strenger, wissenschaftlicher Ansatz versteht?

6 Empirische Erziehungswissenschaft

Das ‚Programm‘ Empirischer Erziehungswissenschaft tritt nicht als ein so einheitlicher Theorietyp zutage, wie es für die Geisteswissenschaftliche Pädagogik gilt. „Gemeinsam ist diesen Ansätzen jedoch der Versuch, empirische Denkweisen zum zentralen Bestandteil der Erziehungswissenschaft zu machen" (Krüger 2006, 38). Der Begriff ‚Empirie‘ entstammt dem griechischen ‚empeiria‘ „und bedeutet im ursprünglichen Wortverständnis Erfahrung durch die Sinne. Erkenntnis gründet demgemäß auf Erfahrung" (Kron 1999, 164). Dies hat auch Konsequenzen für die Ansprüche an Theorien: Empirische Theorien sind entweder solche, die durch Sinneserfahrungen zustande gekommen sind – oder sie sollen so gestaltet sein, dass sie über Sinneserfahrungen verifiziert werden können (Hügli & Lübcke 1997, 168). Im erstgenannten Sinne handelt es sich um a-posteriori-Theorien, also solche, die ‚nach‘ der Erfahrung liegen.

Krumm (1995, 140) weist darauf hin, dass von der Pädagogik als Wissenschaft sowohl Erkenntnisse über das Erziehungsgeschehen als auch Aussagen über praktische Erziehungsprobleme erwartet werden. Aus Sicht der Empirischen Erziehungswissenschaft sei es problematisch, diese Antworten innerhalb eines einzigen Aussagesystems zu geben, was häufig der Fall sei, gerade auch aus anderen wissenschaftstheoretischen Positionen heraus. Empirische Erziehungswissenschaft unterscheide „zwischen

- metasprachlichen und objektsprachlichen Aussagen: Aussagen über Aussagen und Aussagen über (Forschungs-) Objekte,
- wissenschaftlichen und normativen (präskriptiven) Aussagen: Aussagen, die über Realität informieren, und Aussagen, die Stellungnahmen oder Gebote und Verbote darstellen,
- analytischen und synthetischen Aussagen: Aussagen, über deren Wahrheit allein mit Hilfe der Logik entschieden werden kann, und Aussagen, deren Wahrheit oder Wahrheitsnähe nur mit Hilfe empirischer Information beurteilt werden kann" (ebd.).

Insofern zielt Empirische Erziehungswissenschaft auf objektsprachliche, wissenschaftliche und synthetische Aussagen ab. Damit grenzt sie sich zum einen von einer normativen Pädagogik ab, zum anderen jedoch auch von einer Metatheorie oder Metaethik.

6.1 Historische Entwicklung

„Die Vorgeschichte der empirisch orientierten Pädagogik beginnt bereits im Zeitalter der Aufklärung" (Krüger 2006, 38). John Locke forderte eine vernunftgemäße Erziehung auf der Basis von Erfahrung. Als weitere wichtige Theoretiker auf dem Weg der Entwicklung empirischer Wissenschaft sind James Stuart Mill, Auguste Comte und Herbert Spencer zu nennen. Der Hallenser Pädagoge Ernst Christian Trapp erarbeitete eine Theorie der Erziehung, deren Basis die geplante Beobachtung der Entwicklung von Kindern sein sollte. In der Renaissance wurde das Verhältnis von Mensch und Welt neu interpretiert: „Die Welt wird als Natur bestimmt, die eigenen Gesetzmäßigkeiten folgt. Dem Menschen werden Kräfte zugesprochen, die ihn befähigen, einerseits durch Erfahrung die Gesetzmäßigkeiten der Natur aufzudecken und andererseits durch Denken die Gesetzmäßigkeiten der Natur darzustellen" (Kron 1999, 165).

Grundlegende Erkenntniswege, welche heute seitens der Empirischen Erziehungswissenschaft genutzt werden, wurden seitdem nach und nach entdeckt: das Experiment, die Beobachtung und der Vergleich – als Methoden, die über das Prinzip der Induktion Erkenntnisgewinn ermöglichen sollten. Induktion bedingt Messverfahren. Krüger (2006, 44ff) unterscheidet im Gesamtbild fünf Konzeptionen empirischer Erziehungswissenschaft:

* experimentelle Pädagogik
* pädagogische Tatsachenforschung
* deskriptive Pädagogik
* Erziehungswissenschaft als Integrationswissenschaft
* kritisch-rationale Erziehungswissenschaft

Erste Ansätze empirischer pädagogischer Forschung entwickelten sich deutlich später, im ersten Quartal des 20. Jahrhunderts, durch Ernst Meumann sowie Wilhelm August Lay, die zugleich Vertreter des wissenschaftlichen Flügels der Reformpädagogik waren (Krüger 2006, 38). Sie begründeten insbesondere eine experimentelle Pädagogik, auch in Abgrenzung zu Psychologie und Soziologie. „Die große Bedeutung, die der experimentellen Pädagogik um die Wende vom 19. zum 20. Jahrhundert zugeschrieben wurde, war ein Resultat des durch die Reformpädagogik bedingten Interesses an der Entwicklung des Kindes/Jugendlichen und der von der experimentellen Pädagogik ausgehenden Verlockung von deren *objektiver Erforschung*" (Matthes 2011, 34) – so sieht dies eine geisteswissenschaftliche Pädagogin. Sozialwissenschaftliche und soziologische Vorläufer dieses Empirismus waren um die Wende vom 18. zum 19. Jahrhundert Emile Durkheim und Max Weber.

In Jena erarbeitete Peter Petersen mit seiner Universitätsschule seit 1923 eine pädagogische Tatsachenforschung. Die Schule wurde 1950 durch die DDR-Regierung aus politischen Gründen geschlossen. Quellen waren die Reformpädagogik sowie die Empirische Pädagogik nach Meumann und Lay. Petersen zielte auf die Klärung praktischer Fragen ab, versuchte zu diesem Zweck jedoch eine eigene Methodologie empirischer pädagogischer Forschung herauszuarbeiten. Im Fokus stand die Beobachtung und Protokollierung pädagogischer Situationen, bestimmt und gesehen als eine „sehr komplexe, problemhaltige, offene und prozessorientierte Erziehungssituation" (Krüger 2006, 46). Durch solche Beobachtungen im Rahmen einer pädagogischen Tatsachenforschung sollte auch die Sensibilität der praktisch tätigen Pädagogen erhöht werden. Petersen verfolgte dabei im Wesentlichen vier Untersuchungsstränge (Kron 1999, 172): Führungsformen des Lehrers, Verhaltensweisen von Lehrern oder Schülern, Interaktionen in pädagogischen Situationen (z.b. in Gruppen) sowie Leistung. Der Komplexität der pädagogischen Situationen sollte ein mehrdimensionales Beobachtungsverfahren gerecht werden: Einzelaufnahmen im Sinne von Einzelstudien des Kindes, Lehreraufnahmen (Betrachtung des Lehrers) sowie die Gesamtaufnahme der Lerngruppe. In mehreren Schritten versucht man in der Auswertung von der reinen Beschreibung in die Tiefe zu gehen. Letztlich wurde hier angestrebt, empirische, phänomenologische und hermeneutische Verfahren zu verbinden. Petersens Schüler Friedrich Winnefeld versuchte Mitte der 1950er Jahre, die Feldtheorie Kurt Lewins mit einzubeziehen und damit zu einer noch komplexeren Betrachtung „pädagogischer Felder" zu kommen (Krüger 2006, 46).

Aloys Fischer begründete eine Deskriptive Pädagogik des Phänomens Erziehung – ein Ansatz, der von Rudolf Lochner weitergeführt wurde. Ihnen ging es zunächst um eine völlig sachliche, theorielose bzw. ‚vortheoretische' Beschreibung. Auch bei Lochner findet sich in den etwas späteren Arbeiten (nicht jedoch in den recht frühen) der Versuch einer Trennung zwischen empirischen und normativen Aspekten der Pädagogik und Beschränkung der Wissenschaftlichkeit auf die erstgenannten. Empirische Pädagogik führte vor dem Krieg ein Außenseiterdasein. Dies gilt auch noch für die ersten beiden Jahrzehnte nach dem Krieg, in denen die Geisteswissenschaftliche Pädagogik das Feld dominierte. Letztlich musste die Tradition Empirischer Erziehungswissenschaft über den angloamerikanischen Raum reimportiert werden – ein Prozess, der, auch für die Sonderpädagogik, bis heute anhält.

Erst seit den späten 1960er und frühen 1970er Jahren wurde empirische pädagogische Forschung ‚salonfähig' und ernst genommen. Eine wichtige Rolle hierbei spielte Heinrich Roth, Professor für Pädagogik an der Universität Göttingen, mit seiner Forderung einer „realistischen Wendung in der pädagogischen Forschung" (Roth 1963). Er verstand Erziehungswissenschaft als Integrationswissenschaft und setzte sich für die Weiterentwicklung der empirischen pädagogischen Forschung ein. Im Unterschied zu Lochner geht es Roth um eine *Ergänzung* der bisherigen pädagogisch-philosophischen Fragenbearbeitung durch empirische Forschung (Krüger 2006, 48). Er kritisierte das Stehenbleiben bei der recht intuitiven Hermeneutik der Erziehungswirklichkeit. Integration meint bei Roth dreierlei: die Einheit der Erziehungswissenschaft zu erhalten, Theorie und Empirie zu verbinden sowie das pädagogische Handlungsinteresse empirischer Forschung im Auge zu halten. „Methodologisch plädierten Roth … und sein Schüler Hans Thiersch … für eine Kooperation zwischen hermeneutischen und empirischen Verfahren der Erziehungswissenschaft. So sollte die Hermeneutik zur Gewinnung von Fragestellungen und zur Interpretation der empirisch gewonnenen Ergebnisse beitragen. Der Empirie obliegt hingegen die Aufgabe, genauere Kenntnisse über die Erziehungswirklichkeit zu gewinnen" (Krüger 2006, 48f).

Entscheidend beeinflusst wurde diese Entwicklung durch die Rezeption des Kritischen Rationalismus von Popper in der empirischen Erziehungswissenschaft seit Anfang der 1970er Jahre. Im Vordergrund standen hier die Arbeiten von Wolfgang Brezinka, vor allem seine Arbeiten „Von der Pädagogik zur Erziehungswissenschaft" (1971) sowie „Metatheorie der Erziehung" (1978). Burkard & Weiß (2008, 174) verdeutlichen die Differenzierungen von Brezinka sehr anschaulich (siehe Abb. 7).

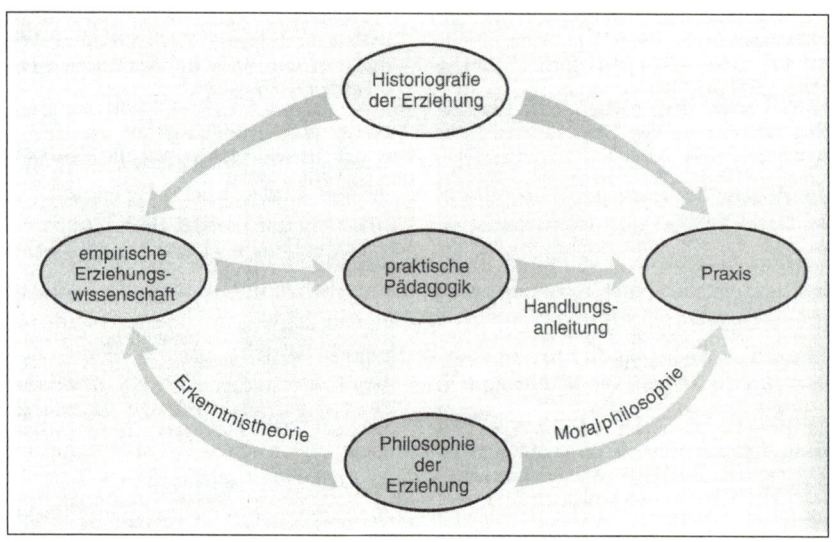

Abb. 7: Wissenschaftsprogramm von Brezinka (Burkard & Weiß 2008, 174)

Brezinka unterscheidet drei Typen von pädagogischen Theorien: Erziehungswissenschaft, Philosophie der Erziehung und praktische Pädagogik. „Zur Erziehungswissenschaft im engeren und eigentlichen Sinne rechnet er die Theoretische Erziehungswissenschaft und die Historiographie der Erziehung" (Krüger 2006, 50). Auch die Historiographie soll sich allerdings bei ihrer Rekonstruktion auf Tatsachen sowie deren Deutung und Erklärung beschränken. Insofern geht es ihr nicht um den geschichtlichen Gehalt, sondern um den informativen bzw. theoretischen aus historischen Daten (Tschamler 1996, 189). Ähnlich ist auch die Philosophie der Erziehung zweigeteilt in die Erkenntnistheorie pädagogischer Aussagen (erkenntnistheoretische Kritik, logische Analyse, Methodologie) sowie eine Moralphilosophie der Erziehung. Auch für diese wird jedoch der Anspruch aufgestellt, sie solle präzise Beschreibungen liefern; zudem müssten Normen nachvollziehbar hergeleitet werden (ebd., 191). Die Praktische Pädagogik soll das Erziehen anleiten; sie wird als Kunst- und Meisterlehre verstanden. Sie ist durchaus notwendig und kann auch nicht durch eine Technologie der Erziehung überflüssig gemacht werden. Die Aussagen der Praktischen Pädagogik sollten sich allerdings an den gewonnenen empirischen Erkenntnissen orientieren.

Über seine Dreiteilung versucht Brezinka eine saubere Trennung zwischen sachlicher Deskription und wertorientierter Präskription zu erreichen. Nur eine dieser drei Theorien, die der Erziehungswissenschaft, bezeichnet für ihn wirklich Wissenschaft. Damit nimmt er eine deutlich radikalere, an der Tradition empirischer Pädagogik orientierte Position ein als etwa Roth und Thiersch. Krüger (2006, 51) merkt kritisch an, dass die Weiterentwicklungen des Kritischen Rationalismus hier nicht berücksichtigt wurden, in denen vor allem eine Historisierung des wissenschaftstheoretischen Prozesses mit in den Blick kam, im Sinne eines, teilweise auch diskontinuierlichen, Voranschreitens der Theorienbildung.

Seit Mitte der 1960er Jahre gab es eine erhebliche Aufwertung empirischer pädagogischer Forschung: die Zahl außeruniversitär forschender Institute nahm deutlich zu, die finanzielle Basis desgleichen – und es entstand eine pädagogisch fokussierte methodische Literatur. Seit Beginn der 1970er Jahre begann sich dies auch auf die Lehrstühle auszuwirken (Krüger 2006, 41). „Dennoch fühlen sich auch gegenwärtig nur knapp ein Fünftel der HochschullehrerInnen im Fach Erziehungswissenschaft einer empirischen Orientierung verpflichtet" (ebd.) – zehn Jahre später dürfte sich diese Rate allerdings deutlich erhöht haben; die Einrichtung von Lehrstühlen für empirische Erziehungswissenschaft und empirische Bildungsforschung wurde zu einem starken Trend.

Kron (1999, 279) nennt in einer Art Zusammenfassung der erheblichen Heterogenität der Wurzeln vier Argumentations- und Entwicklungsstränge des sozialwissenschaftlichen Paradigmas, die zugleich vier innerhalb dessen zu unterscheidende historische ‚Stränge' bezeichnen:

1. Die Diskussion der erkenntnistheoretischen Bedeutung der Erfahrung „vom naiven über den klassischen bis hin zum ersten Ansatz eines kritischen Empirismus durch Mill" (ebd.);

2. die Diskussion um die rationalistische Position der Erkenntnis von Kant zur Position der kritischen Funktion des Vernunftgebrauchs bzw. des rationalen Denkens;

3. ausgehend von Comte eine Übertragung der zunächst philosophischen Diskussion auf die Gegebenheiten der sozialen Welt und damit Beginn der Sozialwissenschaften;

4. relativ unabhängig von den drei vorgenannten Diskussionssträngen entwickelte
   sich die Grundüberzeugung des Pragmatismus, dass Wissenschaft angewandte
   Praxis sei, mit gewissen Entsprechungen ihrer Erkenntnisprozesse zu denjenigen
   der Alltagserkenntnis.

6.2 Grundannahmen

Krumm (1995, 141ff) sowie Krüger (2006, 42ff) unterscheiden innerhalb der Empirischen Erziehungswissenschaft zwei erkenntnistheoretische Programme: ein fundamentalistisches Erkenntnisprogramm – sowie ein kritisch-rationales.
Am Anfang steht die Entwicklung eines „naiven Empirismus" (Kron 1999, 166f), ausgehend von John Locke: Die Grundlage der Erkenntnis sei die Erfahrung. Dies wird auch für die wissenschaftliche Arbeit als Grundauffassung des „Positivismus" gesetzt: Nur die Erfahrungswissenschaften können dezidierte Erkenntnisse generieren. Dabei unterscheidet Locke Sinneserfahrung (sensation) sowie Selbsterfahrung (reflection) – wobei reflection sensation voraussetze. Einen Schritt weiter geht James Stuart Mill, der Wahrnehmung zur Grundlage des Denkprozesses erklärt, allerdings zwischen dieser Wahrnehmung und der Wirklichkeit deutlich unterscheidet. Empirie, beruhend auf systematischer Wahrnehmung, bildet die Grundlage aller Erkenntnis. „Daher entwickelt Mill eine induktive Logik, in der er Gedanken in methodisch geordneten Schritten darlegt, mit deren Hilfe die einzelnen Beobachtungen bzw. Fakten oder Daten geordnet, d.h. klassifiziert und begrifflich gefaßt werden können" (Kron 1999, 167). Mill erarbeitete eine Erkenntnistheorie und eine Wissenschaftslehre. Auguste Comte entwickelte diesen klassischen Empirismus weiter; Herbert Spencer begründete den amerikanischen Pragmatismus.
„Im Widerspruch zur klassisch-rationalistischen Erkenntnislehre – ‚Quelle der Erkenntnis ist die Vernunft' – lautet die Grundannahme des *klassischen Empirismus* (Bacon, Locke, Hume, Condillac, Mill) beziehungsweise des Positivismus (Comte, Mill, Spencer, Mach, Avenarius): Die Quelle der Erkenntnis ist allein die Erfahrung, ihr Fundament sind das ‚im Erleben Gegebene' oder ‚die Tatsachen'" (Krumm 1995, 142). Umstritten innerhalb des Empirismus ist allerdings die Frage der Erkenntnisgewinnung. Während der eben angesprochene klassische Empirismus Erkenntnis so versteht, dass sie sich direkt aus dem Wahrnehmungsakt ergebe, sieht dies der analytische oder logische Empirismus oder Neopositivismus kritisch: Das Wahrgenommene oder Erlebte müsse zunächst protokolliert werden. Erst danach und anhand dieser Protokolle könnten durch Induktion allgemeine, theorieorientierte Aussagen abgeleitet oder auch theoretische Annahmen verifiziert werden (ebd.). Alltagserfahrungen bzw. Alltagssätze werden also in Protokollsätze umgewandelt; Ziel ist dann die Verifikation dieser mit Hilfe empirischer Methoden.

Neben die allgemein verständliche Sprache tritt dabei eine theoretische Sprache, die zum einen der Zuordnung zur Beobachtungssprache bedarf („Hinweisdefinitionen"), zum anderen der Definition ihrer Begriffe und konzeptionellen Zusammenhänge („Korrespondenzregeln") (ebd., 143). Damit wird allerdings auch ein subjektives Moment in die Betrachtung hineingenommen: Forscher beobachten die Welt (Krüger 2006, 42).

Der Kritische Rationalismus (Popper, Albert) widerspricht auch dieser Sicht grundlegend: Die Beobachtungssprache sei nicht theoriefrei und könne damit nicht als zuverlässiger Erfahrungsgrund herangezogen werden. Induktion sei nicht möglich, und allgemeine Sätze könnten nicht positiv bewiesen werden. Begründungsversuche gerieten in einen unendlichen Regress und in logische Zirkelschlüsse. Zudem erlaube die Idee einer ‚sicheren Wahrheit' kein Denken in Alternativen. Eine solche Kritik an der Bedeutung von Erfahrungen trifft allerdings auch die Phänomenologie und die Hermeneutik.

Nicht Verifikation, das Belegen, sondern Falsifikation, die Widerlegung oder das Widerlegen wissenschaftlicher Aussagen müsse daher das Ziel sein (Popper 1973). Dieses Postulat hat Popper 1934 in seiner Studie „Logik der Forschung" grundgelegt. Theorien und davon abgeleitete Hypothesen sollten möglichst vielen Widerlegungsversuchen ausgesetzt werden und diesen standhalten. „Als vorläufig wahr kann gelten, was bisherigen Widerlegungsversuchen standgehalten hat" (Krüger 2006, 43). Das Konzept des Kritischen Rationalismus wurde von Hans Albert konsequent weiterentwickelt (Engler 2010, 215).

Aus der Grundannahme heraus, menschliches Denken sei fehlerbehaftet, muss die Hoffnung auf eine sichere Wahrheit letztlich aufgegeben werden. Allerdings lassen sich Kriterien für eine relative Wahrheitsnähe finden. Dem entsprechend versteht Popper (1973; 1979; zit. n. Krumm 1995, 144) den Forschungsprozess als kognitiven Problemlöseprozess, der über vier Phasen hinweg erfolgt:
1. Problemsituation
2. vorläufige Theorie (Problemlösungsvorschlag)
3. Prüfung der Theorie auf Fehler und Fehlerausmerzung
4. Problemsituation
In diesem Verständnis Poppers (1979, zit. n. Krüger 2006, 43) geht Wissenschaft von offenen Problemen aus und endet mit offenen Problemen. Das edelste Bestreben eines Wissenschaftlers müsste darin bestehen, seine eigenen oder die von ihm genutzten Theorien zu widerlegen (Popper 1973).

Entscheidend für den Wert einer Theorie ist aus Sicht der Vertreter des Kritischen Rationalismus ihr empirischer Gehalt. „Unter dem empirischen Gehalt einer wissenschaftlichen Theorie verstehen sie die Anzahl ihrer empirisch überprüfbaren Aussagen. Dabei gilt, dass die Wahrscheinlichkeit einer wissenschaftlichen Theorie mit der Zunahme ihres empirischen Gehalts abnimmt. Je höher der Grad der empirischen Überprüfbarkeit einer wissenschaftlichen Theorie ist, umso besser lässt sich diese durch experimentelle Beobachtungen falsifizieren" (Engler 2010, 216). Damit ergibt sich fast paradoxerweise, dass möglichst weitreichend empirisch über- prüfbare Theorien angestrebt werden, die dadurch natürlich im Sinne des Falsifi- kationsprinzips umso stärker angreifbar werden. Zugleich nähern sich Theorien, die solche Bedingungen erfüllen, der Wahrheit. Ein Erreichen dieser wird nicht möglich sein, nur die Optimierung der Annäherung. Dies bezeichnet den anzustre- benden wissenschaftlichen Fortschritt.

Auch das Falsifikationsprinzip des Kritischen Rationalismus muss sich der Kritik aussetzen; und in der Folge entstand ein „raffinierter Falsifikationismus" (Chal- mers 2007, 63ff). Zentrale Probleme des Falsifikationismus bestehen dahingehend, ob Theorien im Zuge der Falsifizierung zu Unrecht verworfen werden, indem sie durch empirische Erkenntnisse zu Fall gebracht werden, die sich später als falsch erweisen (ebd., 73ff). Auf der anderen Seite könnte es zu einer immer weiterge- henden Anpassung und Verfeinerung der Theorien kommen, um sie angesichts widersprechender empirischer Befunde dennoch zu ‚halten‘, etwa durch die Auf- nahme von spezifizierenden Bedingungen – was aber zugleich potenziell die Theo- rien überkomplex und undurchschaubar macht. Popper selbst klagt einen gewissen Dogmatismus ein: „Würde man allzu schnell der Kritik den Platz überlassen, dann würde man nie ausfindig machen können, worin die reale Kraft unserer Theorien liegt" (Popper 1974, 55, zit. n. Chalmers 2007, 85). Chalmers (ebd., 85f) stellt jedoch zu recht fest, dass dann unklar bleibe, wann denn das Verwerfen einer The- orie angesichts negativer Befunde oder aber deren dogmatische Aufrechterhaltung angeraten sei: „Es wäre pure Ironie, wenn die hoch elaborierte Version des Falsifi- kationismus so geschwächt würde, dass sie nichts mehr ausschließen könnte und dabei mit genau den Gedanken in Widerspruch stünde, die Popper veranlassten, sie zu formulieren" (ebd., 86).

Im Hinblick auf die bereits dargestellte Unterscheidung der drei für die Pädagogik relevanten Typen von Theorien bei Brezinka ist die Auseinandersetzung mit der Wertfreiheit in der Pädagogik bei Hans Albert (1965; zit. n. Krüger 2006, 43) interessant. Albert unterscheidet zwischen „Werturteil", „Wertbasis" und „Wertun- gen". Der Kritische Rationalismus lehnt lediglich Werturteile – im Sinne normati- ver Aussagen auf der Ebene der Objektsprache – ab – so beispielsweise das Postulat ‚Inklusion ist erstrebenswert‘. Die davon unterschiedene Wertbasis der Wissen- schaften im Sinne metatheoretischer Normen zur Festlegung von Auswahlkriterien, Prüfverfahren usw. wird als essenziell und unverzichtbar betrachtet. Wertungen im Objektbereich meinen empirische Aussagen über normative Sätze („17 Prozent der Kirchensteuerzahler befolgen die Norm, man soll sonntags in die Kirche gehen"; ebd.); diese werden als deskriptiv und nicht normativ und von daher mit einer wertfreien Wissenschaft als vereinbar betrachtet.

6.3 Zentrale Leistungen

Als ganz grundlegende Leistung Empirischer Erziehungswissenschaft kann gelten, dass im Zuge dieser wissenschaftstheoretischen Position und ihrer Niederschläge in Forschungsarbeiten gerade über die letzten Jahrzehnte pädagogische Erkenntnisse empirisch grundgelegt wurden, indem hierzu Daten gesammelt, analysiert und interpretiert werden konnten. Pädagogik als Wissenschaft muss ihr Gegenstandsfeld konstituieren; dies muss über theoretische Überlegungen hinausreichen (Kron 1999, 283ff).

Zu den Leistungen Empirischer Erziehungswissenschaft gehört sicher auch die gerade in den letzten Jahren in die Sonderpädagogik Einzug haltende ,Evidenzbasierung' von Programmen, Konzepten und auch (pädagogischen) Trainings. ,Evidens' im Lateinischen bedeutet so viel wie ,herausscheinend', ,einleuchtend', ,klar', ,offenbar' oder auch ,augenscheinlich werdend' (Kron 1999, 284). Im Zuge der Evidenzbasierung werden Programme im Hinblick auf bestimmte Kriterien evaluiert. Auf diesem Wege soll die Wirkung der Programme und ihrer Teilkomponenten messbar gemacht werden, um Informationen zur tatsächlichen Effektivität der Programme zu erhalten – Informationen, die über theoretische oder auch nur programmatische Erwägungen zur Nützlichkeit, zur Indikation und zum Erfolg hinausgehen. Das in der Empirischen Erziehungswissenschaft verwendete Verständnis von Evidenz ist also nicht vergleichbar mit dem in der Phänomenologie verwendeten Auffassung.

Im Hinblick auf die Theoriebildung besteht, bei aller im Folgenden dargestellten Kritik, eine besondere Leistung insbesondere der kritisch-rationalen Tradition Empirischer Erziehungswissenschaft darin, zur Stärkung und Weiterentwicklung operationalisierter Theoriebildung beizutragen – also solchen Theorien, die auch empirisch überprüfbar sind und somit die Schwelle zwischen Theorie und empirischer ,Wirklichkeit' überbrücken.

6.4 Heutige Situation und Kritik

Sehr deutliche Kritik an den Realitäten der Forschung im Programm der Empirischen Erziehungswissenschaft übte, auch wenn er selbst ein Vertreter des Kritischen Rationalismus ist, in den 1980er Jahren Krumm (1995, 147ff). Viele der hier geäußerten Kritikpunkte gelten auch noch heute. Krumm attestiert den meisten Untersuchungen einen stark deskriptiven Charakter, der zwar eben der Beschreibung diene, aber für einen wirklichen Erkenntnisfortschritt im Hinblick auf die Lösung pädagogischer Probleme sehr wenig beitrage. Eine wirklich hypothesenprüfende Forschung sei im Vergleich mit anderen Wissenschaften noch zu schwach ausgeprägt. Die Problemstellungen seien eher praxis- denn theorieorientiert, die Hypothesen häufig aus der Praxis gewonnen und nicht wirklich theoriegeleitet. „Dem Erkenntnisfortschritt und der Annäherung an interessante und tiefe Wahrheit steht diese theorieblinde Praxis entgegen" (Krumm 1995, 148). Stattdessen sei oft die Datenerhebung im Verhältnis zur Theorie- und Hypothesenbildung unangemessen hochdifferenziert und aufwändig; Methodik und Auswertung wirkten häufig „rituell perfektioniert" (ebd.). „Die Orientierung am naiven Falsifikationismus spiegelt sich auch in der letzten Forschungsphase: An die Stelle der falsifizierten Hypothesen tritt ad hoc eine neue, und so breitet sich eine Flut von meist belanglosen, nicht in tiefere Schichten der Realität eindringenden empirischen Untersuchungen aus. Ihr wissenschaftlicher Ertrag ist gering, und der praktische steht in der Regel in keinem Verhältnis zum Aufwand" (Krumm 1995, 148).

Hypothesen würden nach Nichtbestätigung häufig komplex angepasst, um sie vor dem Scheitern zu retten – letztlich eine Art ‚Immunisierung' der Hypothesen und der hinter ihnen stehenden theoretischen Modelle. Im Gesamtbild bliebe die Forschung aus den Reihen der Empirischen Erziehungswissenschaft noch häufig weit hinter den eigenen Ansprüchen zurück.

Ein verbreiteter Vorwurf gegenüber der Empirischen Erziehungswissenschaft ist ihr ‚Technizismus', indem sie wertfrei pädagogisches Arbeiten, auch pädagogische Methoden untersuchen will und damit auch zur Technisierung der Pädagogik beitrage. Eine um diesen Vorwurf kreisende kritische Diskussion hat sich in der Heil- und Sonderpädagogik gerade im Hinblick auf das Ziel der „Evidenzbasierung" von Trainings und Förderprogrammen entwickelt (z.B. Hillenbrand 2015; Schad 2015; Stein 2015, 243ff).

Der damit verbundenen Kritik der Manipulation von Menschen entgegnet Krumm (1995, 151): „Ob eine Theorie zur Lösung praktischer Probleme herangezogen wird oder den – hoffentlich wahren – *Inhalt* einer Aufklärung darstellt, ob sie zur Erziehung oder zur Manipulation, zur Erhaltung eines Systems oder zu dessen Überwindung und radikalen Veränderung benutzt wird, ist eine Frage ihrer unterschiedlichen Anwendung im Lichte unterschiedlicher Ziele und tangiert nicht ihre logische Struktur und Wahrheitsnähe".

Allerdings weist Krüger (2006, 51ff) darauf hin, dass im Zuge der Weiterentwicklungen des sozialwissenschaftlichen Paradigmas empirischer Erziehungswissenschaft teilweise auch die ‚Grenze' zur Hermeneutik wieder geöffnet wurde. Zudem sei die Frage des Verwendungszusammenhanges empirischer Ergebnisse neu gestellt worden und damit auch die starre Grenze zwischen ‚Erziehungswissenschaft' im Verständnis von Brezinka und Erziehungspraxis flexibler geworden.

Zugleich soll abschließend auf wichtige Verdienste der Empirischen Erziehungswissenschaft hingewiesen werden:
• die Unterscheidung verschiedener Wissensformen (Grundlagenreflexion, Forschungswissen, praxisbezogenes Wissen),

- die Differenzierung zwischen deskriptiven und normativ-präskriptiven Aspekten von Wissenschaft sowie
- das erhebliche Vorantreiben empirischer erziehungswissenschaftlicher Forschung und auch der dazu notwendigen Forschungsmethodik.

Dabei hat sich auch die Infrastruktur deutlich weiterentwickelt sowie das Feld der Forschungsthemen eine Professionalisierung und Ausdifferenzierung erfahren. Der Empirischen Erziehungswissenschaft kommt sicher heute alles andere als ein Außenseiterstatus zu.

6.5 Methoden

Im Hinblick auf Forschungsprojekte und -orientierungen insgesamt, aber auch bezogen auf konkrete Forschungsmethoden können zwei grundsätzliche Ausrichtungen unterschieden werden: zum einen ein quantitatives, zum anderen ein qualitatives Vorgehen. Beide Vorgehensweisen finden sich im Rahmen Empirischer Erziehungswissenschaft:

- Quantitativ-empirisch ausgerichtete Forschungsprojekte agieren mit Systemen von Hypothesen, denen Variablen (im Sinne veränderlicher Größen) zugeordnet werden, um dann solche Instrumente der Datenerhebung auszuwählen und einzusetzen, mit denen die Ausprägung eines oder mehrerer zu untersuchender Merkmale nach Möglichkeit quantitativ bzw. numerisch festgestellt werden kann (Kron 1999, 177; Koch 2015). Dabei sollen die Beschreibungen zum einen genau sein – und zum anderen ermöglichen, hinter den Einzeldaten liegende Strukturen zu identifizieren (Nußbeck 2006, 193). Erkenntnisse an konkreten Stichproben sollen also generalisierbar sein, um allgemeine Gesetzmäßigkeiten zu bestimmen. „Nicht die Einzelperson wird betrachtet, sondern Zusammenhänge und Erklärungsmöglichkeiten von Merkmalen auf einer abstrakteren Ebene (ebd., 194). Es wird angezielt, die Beobachtungseinheiten quantifizierbar und statistisch auswertbar zu machen.
  Hier ist die Arbeit also theorie- und hypothesenorientiert; insofern gestaltet sich das grundlegende Vorgehen deduktiv – und es werden systematisch quantifizierte Daten erhoben sowie interpretiert. Was das anbelangt, werden damit auch induktiv aus spezifischen Befunden allgemeinere Gesetzmäßigkeiten generiert. Konzeptionelle Basis ist in der Regel der Kritische Rationalismus.
- Qualitativ-empirisch orientierte Forschungsprojekte zielen darauf ab, soziale Bezüge in natürlichen Kontexten, das innere Erleben und seine Aspekte (Werte, Meinungen, Motive, Sinnerleben, Weltsicht), deren Bedingungen und Zusammenhänge zu erfassen und zu verstehen (Ellinger 2015, 229; Nußbeck 2006, 193). „Es geht also um Interpretationsmuster für individuelle Bedingungszusammenhänge" (ebd.). Ziele dieses Vorgehens sind die Lebensnähe der gewonnen

Erkenntnisse sowie deren Anschaulichkeit. Dabei wird ein möglichst unvorein-
genommener, unmittelbarer Zugang zu dem jeweiligen sozialen Feld angestrebt
– um von den ermittelten Erkenntnissen ausgehend diese zu beschreiben, zu rekonstruieren und auch nach generalisierenden Strukturen zu suchen (Kron 1999,
177; Nußbeck 1999, 193). Insofern ist das qualitative Paradigma insbesondere
induktiv ausgerichtet.

Dieser Zugang arbeitet deutend und sinnverstehend. Angestrebt wird ein möglichst detailliertes und vollständiges Bild von Wirklichkeitsausschnitten – zunächst ohne Einschränkung. Auch die Interaktion des Forschers mit seinen Gegenständen wird hier stärker mit einbezogen.

Für das Beispiel eines Schulversuchs, der inklusive und nicht-inklusive Unterrichtung verfolgt, ergäben sich damit völlig unterschiedliche Herangehensweisen.
Gehen die Wissenschaftler der begleitenden Universität quantitativ-empirisch
heran, so könnten sie beispielsweise Hypothesen darüber aufstellen, wie sich die
schulischen Leistungen in Mathematik und Deutsch in der einen und in der anderen Klasse entwickeln werden. Durch entsprechende Messungen, z.B. in Form
von Leistungsüberprüfungen, die vorab standardisiert wurden, ließe sich dann
nach einem oder zwei Jahren eine entsprechende Aussage treffen. Dies würde sich
dann aber allgemein auf die Klassen beziehen und keine Aussagen über spezielle
Schüler beinhalten.

Im Falle eines qualitativ-empirischen Vorgehens könnte die je individuelle Erfahrung mit Schulleistungen von Kindern mit und ohne sonderpädagogischen
Förderbedarf Ausgangspunkt für Interviews mit einzelnen Kindern zu diesem
Sachverhalt sein. Hier würde nun nicht nur erfasst, wie sich eine Leistung entwickelt hat, sondern es ließen sich gegebenenfalls auch Aussagen über das Zustandekommen dieser treffen.

„In der modernen pädagogischen Forschung stehen die beiden Methoden in
fruchtbarer Konkurrenz und Ergänzung. Sie sind auf einem Kontinuum zu sehen"
(Kron 1999, 177). Dabei gilt es zu betonen, dass häufig nur das quantitative Vorgehen im engeren Sinne der Arbeit von Vertretern Empirischer Erziehungswissenschaft entspricht und dass qualitatives Vorgehen von vielen eher als interpretativ
und ungenau abgelehnt wird. Allerdings gewinnen auch qualitative Verfahrenswei-
sen zunehmend an Anerkennung und Akzeptanz. Zudem ist in der Tat das von
Kron angesprochene Kontinuum zu bedenken, indem es keine absolute Abgrenzung zwischen beiden Ansätzen gibt. Das qualitative Paradigma und entsprechende
Vorgehensweisen spielen – im Sinne des Verstehens und nicht (nur) Erklärens –
traditionell eine stärkere Rolle im Rahmen Geisteswissenschaftlicher und Phäno-
menologischer Pädagogik – sowie auch der nachfolgend dargestellten Kritischen
Theorie (Kap. 7). Während im Rahmen der letztgenannten Position neben qualita-

tivem auch quantitativ-empirisches Forschen seinen Platz hat, sperrt sich das qualitative Paradigma nicht grundsätzlich dem Wissenschaftsverständnis Empirischer Erziehungswissenschaft.

Einen genaueren Überblick qualitativ und quantitativ orientierter Methoden und Vorgehensweisen bietet Kapitel 10.4.

6.6 Kontrollfragen zu Empirischer Erziehungswissenschaft

- Können Sie erläutern, was aus Sicht des Kritischen Rationalismus eine Theorie mit hohem empirischem Gehalt ist?
- Können Sie die Bedeutung von ‚Protokollen' und ‚wissenschaftlicher Sprache' in der Empirischen Erziehungswissenschaft und für ihre historische Entwicklung erklären?
- Können Sie ‚Deskription' und ‚Präskription' unterscheiden?
- Können Sie zentrale Unterschiede zwischen einem quantitativen und einem qualitativen Forschungsparadigma bestimmen?

7 Kritische Theorie und Kritische Erziehungswissenschaft

7.1 Historische Entwicklung

Die Kritische Theorie entwickelte sich seit Ende der 1920er Jahre als ein interdisziplinäres Forschungsprogramm des Frankfurter Instituts für Sozialforschung unter Leitung von Max Horkheimer; gegründet wurde das Institut 1923. Eingebunden in dieses Programm wurden Sozialpsychologie (Fromm), Kulturtheorie (Adorno, Löwenthal, Benjamin), Philosophie (Horkheimer, Marcuse), Wissenschaftstheorie (Pollock) sowie politische Theorie (Neumann) (Schweppenhäuser 2010, 219). Das Konzept wurde nach Machtergreifung der Nationalsozialisten ab 1933 im Exil weitergeführt.

Zunächst ging es der Kritischen Theorie in ihrer ersten Entwicklungsphase darum, dass es auf Basis der Entfaltung technisch-wissenschaftlicher Produktivkräfte im 20. Jahrhundert möglich würde, „Entwürfe einer gerechten, freien und selbstbestimmten Organisation der gesellschaftlichen Beziehungen zu verwirklichen, welche zuvor lediglich utopische Gegen-Phantasien gewesen waren" (ebd.). In dieser Phase bewegte man sich stark im Theorieparadigma des klassischen Marxismus. Allerdings wurden sukzessive neben ökonomischen auch weitere gesellschaftlich-kulturelle und psychologische Aspekte mit hineingenommen. Verbunden war diese Theorieerweiterung mit der Frage nach dem Widerspruch des psychischen Apparats des Menschen zwischen dem Versprechen von Autonomie und Freiheit für alle zum einen – und auf der anderen Seite der Neigung, auf sozialen Druck mit Identifikation und Konformismus zu reagieren. Dieser ergebe sich dadurch, dass das Gesetz der Mehrwertschöpfung universelle Herrschaft erlange. Das hier anklingende Denken in Antinomien und Gegensätzen sollte zum Programm werden. Der Begriff „Kritische Theorie" wurde dann von Max Horkheimer 1936 offiziell eingeführt, um das Theoriemodell der ‚Frankfurter Schule' klar von marxistischer Orthodoxie abzugrenzen. Die Abgrenzung vom Sowjetmarxismus ergab sich inhaltlich durch die Ergänzung der Kritik politischer Ökonomie mit Psychologie und Kulturtheorie, strategisch jedoch möglicherweise auch aus dem Versuch, wissenschaftspolitische Schwierigkeiten in einer Phase der westlichen Orientierung und des sich anbahnenden US-amerikanischen Exils zu vermeiden.

Kritische Theorie ist auch kritische Wissenschaftstheorie: „Sie grenzte sich sowohl von affirmativer Metaphysik ab, welche die Welt durch transhistorische oder quasi-natürliche Wesenheiten erklären wolle, als auch vom Neo-Positivismus, dessen naturwissenschaftlich fixiertes Weltbild keine sozialhistorischen Strukturen und Gesetzmäßigkeiten begreifen könne, sondern auf die Beschreibung quantifizierbarer Fakten fixiert sei" (Schweppenhäuser 2010, 220). Damit erfolgt eine klare Abgrenzung sowohl gegenüber Geisteswissenschaftlicher Pädagogik als auch gegenüber Empirischer Erziehungswissenschaft. Kritische Theorie will eben nicht nur beschreiben, was ist, sondern dahin schauen, was sein könnte. Insofern versteht sie sich immer auch normativ und betrachtet Gesellschaft als einen strukturellen Zusammenhang, der Widersprüche in sich birgt.

Schon in der Zeit der Emigration wurde die Parallelität einer radikal skeptischen Theorie zum einen, empirischer, auch anwendungsorientierter pädagogischer Sozialforschung zum anderen entwickelt und weiter vorangetrieben. In einer zweiten Phase nach dem Zweiten Weltkrieg wandte man sich dem problematischen Selbstverhältnis der Menschen als Naturwesen zu. Schlüsselwerk ist hier die Studie „Dialektik der Aufklärung" von Horkheimer und Adorno aus dem Jahr 1944 bzw. 1947 (Horkheimer & Adorno 1988) – „eine umfassende, an die Wurzel gehende Kritik der abendländischen Vernunfttradition, von deren frühgeschichtlichen Anfängen bis hin zur Gegenwart einer totalitär aufgespreizten formalen Rationalität. Geschichte wird hier als Verfallsgeschichte gesehen, wobei die Machtsteigerung der instrumentellen Vernunft die negative Konstante im Geschichtsprozess ist" (Krüger 2006, 61). Die Menschen würden im Zuge fortschreitender Aufklärung in der Neuzeit zum einen grundsätzlich immer selbstbestimmter gegenüber den Naturbedingungen ihrer Reproduktion. Zugleich müsse sich zum anderen das Selbst beherrschen, da der Mensch zur Gewalt gegen sich selbst fähig sei (Horkheimer & Adorno 1988). „Freiheit durch Naturbeherrschung manifestiert sich als gesellschaftliche Unfreiheit" (Schweppenhäuser 2010, 220). Die freie Entfaltung werde eingeschränkt, auch völlig verhindert durch die Eigenlogiken von Herrschaft, Tauschwertökonomie und den „Verallgemeinerungszwang naturwissenschaftlicher Methoden" (ebd., 221). Gesellschaftliche Macht-, Eigentums- und Konkurrenzverhältnisse führten zu Fremdbestimmtheit; es entstehe eine ‚bürgerliche Kälte'. Der Massenmord an den europäischen Juden wird als ein konkreter Auswuchs einer solchen Gesellschaft gesehen, in der autonome, kritische Subjektivität verhindert würde. Aus diesem gesamten Prozess gebe es kein Entrinnen. Krüger (2006, 61) spricht diesbezüglich von einem zunehmend „tiefen Pessimismus" der gesellschaftlichen Analysen seitens der Kritischen Theorie. Keckeisen (1995, 119) bezeichnet sie in dieser Hinsicht als eine „negative Revolutionstheorie", indem sie die Blockierung sowie Unmöglichkeit einer revolutionären Praxis bei fortbestehender Klassenherrschaft beschreibt.

Allerdings wendet sich die Kritische Theorie dennoch gegen Kulturpessimismus und plädiert für nüchternes Erkennen der Probleme und eine durch diese Erkenntnis realisierbar werdende behutsame Erweiterung von Freiheitsspielräumen sowie die Ermöglichung eines nonkonformistischen Handelns. So hat sie sich selbst auch, bei aller theoretischen Skepsis, nach dem Zweiten Weltkrieg in Deutschland in beeindruckender Weise gesellschaftlich eingebracht.

Eine besondere Rolle wird den audiovisuellen Massenmedien mit ihrer sich zunehmend entwickelnden universalen Verbreitung und Reichweite zugeschrieben. „Massenkultur ist für die Kritische Theorie keine Kultur der Massen mehr, sondern systematisch organisierte, manipulative Herrschaftstechnik" (Schweppenhäuser 2010, 221). Die Kulturindustrie repräsentiere „Aufklärung als Massenbetrug" (Horkheimer & Adorno 1988, 128) – ein für die heutige Zeit umso inspirierenderer Gedanke.

Pädagogisch bedeutsame Ziele des Programms der Kritischen Theorie waren und sind Demokratiefähigkeit, Autonomie und Mündigkeit. Nach dem Zweiten Weltkrieg hatte sie erheblichen Einfluss beim Versuch der gesellschaftlichen Demokratisierung, insbesondere auch bezogen auf Bildung und Erziehung. „Das Ende der 1940er Jahre wieder in Frankfurt errichtete Institut setzte sich für die stärkere Gewichtung des politischen Schulunterrichts und für die historische Bewusstseinsbildung ein" (Schweppenhäuser 2010, 222).

In der Folge hatte die Kritische Theorie allerdings auch einen maßgeblichen theoretischen Einfluss auf die Entstehung der ‚Studentenrevolte' um 1968 und danach – sowie auf die „Kritische Erziehungswissenschaft" der 1970er Jahre (Lempert, Mollenhauer, Klafki, Blankertz). Dieses Jahrzehnt war zugleich ihre Hochphase, in der sie sehr erhebliche Impulse in die Diskussion und auch die Weiterentwicklung pädagogischer Praxis einbrachte.

Jürgen Habermas unternahm in den späten 1960er und in den 1970er Jahren den Versuch, die Kritische Theorie zeitgenössisch weiter zu entwickeln. Seine Grundkonzepte sind Arbeit, Interaktion (sowie Herrschaft) und Sprache. Er entwickelte eine „Diskursethik" und versteht Kritische Theorie als „Theorie des kommunikativen Handelns", mithin eine Verständigungsorientierung zwischen Menschen und Menschengruppen im Sinne eines eigenaktiven, wechselseitigen Emanzipationsbestrebens (Habermas 1995a; 1995b). Das Verständnis von Habermas bewegt sich zwischen einem ‚Fortschritts'- und einem ‚Verfalls'-Rahmen. „Habermas hat zudem die kritische Theorie der Gesellschaft von der Marx'schen Politischen Ökonomie weggeführt und für andere soziologische Theorieansätze ... geöffnet" (Krüger 2006, 62): insbesondere für handlungstheoretische Konzepte (Weber, Mead), systemtheoretische Ansätze sowie die sozialisations- und entwicklungstheoretischen Arbeiten von Piaget und Kohlberg.

In diese Zeit fällt auch der ‚Positivismusstreit' zwischen der Kritischen Theorie zum einen und dem wissenschaftstheoretischen Paradigma des Kritischen Rationalismus zum anderen. Die Positivismuskritik beinhaltete aus Sicht der Kritischen Theorie im Wesentlichen folgende Einwände (Keckeisen 1995, 125f):

- Die Wissenschaft reflektiert sich nicht selbst als ein zugleich bestimmendes und bestimmtes Moment. Das Kriterium technischer Effizienz von Forschung führe sie leicht in eine gesellschaftlich folgenreiche Parteinahme.
- Wirklichkeit wird allein im Rahmen einer teleologisch-kausalanalytischen Struktur betrachtet; dieses Wissenschaftsverständnis sei dogmatisch, indem es voraussetze, dass Wirklichkeit allein unter dieser Form erscheine.
- Pädagogisches Handeln wird so, technologisch, festgelegt auf den Versuch, andere Menschen zu beeinflussen, wie auch die Definition Brezinkas von Erziehung deutlich mache, in welcher er festlegt, dass Erziehung als zielgerichtete Aktivität von Personen zu verstehen ist, die durch soziale Handlungen die Persönlichkeit des Kindes in fördernder Intention zu verbessern und schädliche Aspekte zu verhindern versuchen (Brezinka 1990).
- Bildung werde nicht als zukunftsoffener Prozess verstanden; stattdessen stehe eine Art zwanghafter Fixierung auf das Machbare und das Bewährte. Rationale Praxis könne nur als Wiederholung verstanden werden (wie es sich tlw. im Gedanken der therapeutischen und pädagogischen Trainings widerspiegelt). Utopien würden unmöglich oder diskreditiert.
- Aus der Emanzipation vom Naturzwang durch Naturbeherrschung wird die Beherrschung menschlicher Natur in Form von sozialer Herrschaft und Selbstbeherrschung abgeleitet und zum Prinzip im Rahmen des Zivilisationsprozesses erhoben. Befreiende Ermächtigung des Menschen schlage damit um in den Zwang sozial-technischer Apparate und in die Ausbeutung und Vernichtung von Natur. Die instrumentelle Vernunft sei dazu Mittel und Ideologie zugleich.

Dies ist die kritische Position gegenüber dem Positivismus und damit der Empirischen Erziehungswissenschaft. Die Sichtweisen letzterer von wissenschaftlicher Erkenntnis, die eine Antwort und Verteidigung gegenüber dieser Kritik wären, wurden in Kap. 6 dargestellt.

7.2 Grundannahmen

Wesentliche Grundannahmen der Kritischen Theorie wurden im historischen Überblick schon angesprochen. Die normative Basis dieses Ansatzes konstituieren erstens das Ziel des Hervorbringens von Vernunft im Spannungsverhältnis herrschender Verhältnisse einerseits und utopischer Ideen andererseits – und zweitens das Anvisieren kollektiver Emanzipation. In ihrer frühen Form orientiert sich die Kritische Theorie an der Kritik Politischer Ökonomie von Marx und damit am Marxismus. Erweitert wird dieses Instrumentarium allerdings schon recht bald durch die Psychoanalyse. Allerdings spielt diese bei Habermas keine allzu zentrale Rolle mehr; hier kommen hingegen stärker andere Konzepte mit herein.

Die Kritische Theorie grenzt Horkheimer grundsätzlich von einer traditionellen Theorie ab. Dialektik steht hier gegen Logik, Deduktion und Induktion in der traditionellen Theorie; Emanzipation und eine vernünftige Gesellschaft stehen gegen die Reproduktion der Verhältnisse. An die Stelle verschiedener Dualismen wie ‚Denken – Handeln‘, ‚Denken – Sein‘ oder ‚Theorie – Praxis‘ tritt deren jeweilige dialektische Vermittlung. Damit ist Dialektik die zentrale Denkfigur.

7.2.1 Grundbegriff: Dialektik

Der Begriff Dialektik wird häufig verwendet, erschließt sich keineswegs leicht und ist zudem umstritten. Dies ist wohl vor allem dadurch begründet, dass er über die Zeit hinweg, aber durchaus auch parallel, mit ganz unterschiedlichen Bedeutungen belegt wurde und wird.

Danner (2006, 194ff) diskutiert Adornos These, Dialektik sei nicht definierbar; sie zeige sich und rechtfertige sich selbst. Er versucht eine Bestimmung und geht aus von der Wortbedeutung aus dem Griechischen ‚techne dialektikè‘ – Kunst der Gesprächsführung – im Engeren: die Kunst, ein Streitgespräch zu führen. Durch Rede und Gegenrede solle eine ‚tiefere Wahrheit‘ sichtbar werden, welche die Gegensätze aufhebe.

Danner (2006, 195) definiert einen allgemeinsten Begriff einer Dialektik wie folgt: „Sie ist *das Streitgespräch, bei dem Widersprüche festgestellt werden und bei dem auf Versöhnbarkeit gesetzt wird*“.

Das Konzept der Dialektik, wie es damit skizziert wird, findet sich bereits in der klassischen griechischen Philosophie: Platon sieht Dialektik gebunden an das Gespräch, den Dialog – als Kunst der Gesprächsführung im Dienste der Sache. Dialektik „ist für Platon eine Methode, Positionen zu problematisieren und schließlich durch die Bewegung des Gesprächs zwischen den Teilnehmern (Frage – Antwort) den Widerstreit der Meinungen zu überwinden; sie ist der Weg zur Erkenntnis der Wirklichkeit“ (Hügli & Lübcke 1998, 147).

Aristoteles definiert Dialektik als Abwägung des Für und Wider bei Fragen, zu denen kontroverse Meinungen vorliegen. Durch Einbeziehen allgemeiner Gesichtspunkte (topoi) sollen die Fragen geklärt werden. Insofern ist Dialektik als besonderer Teil der Logik zu sehen.

Kant greift die Unterscheidung zwischen Analytik und Dialektik wieder auf (1781). Im Gegensatz zu Aristoteles betrachtet er Dialektik als „Logik des Scheins“, also als Blendwerk. „Thema der Dialektik sind erklärbare, aber nicht auflösbare Widersprüche“ (Hügli & Lübcke 1997, 147). Man könne sowohl die Thesis beweisen, dass die Welt in Raum und Zeit einen Anfang hat, als auch die Antithesis, dass dies nicht so ist. Menschliche Vernunft neigt dazu, sich über Gewissheiten zu täuschen, um eine Art Einheit des Weltsehens zu erreichen; Aufgabe der Dialektik sei es, solche Täuschungen aufzudecken. Die Möglichkeit einer Versöhnung (Synthesis) gibt es nach Kant für solche Fälle nicht. Insofern fokussiert Dialektik die Auseinandersetzung mit Widersprüchen, muss aber nicht auf Versöhnbarkeit setzen, da es Unauflösbares gibt.

Fichte strebt ein „synthetisches" Verfahren der Vereinigung der Gegensätze zu einem Dritten an. Bei Schelling wird dies weiterentwickelt. „Er behauptet, daß diese Dreiheit der Entwicklung in Natur und Geschichte entspricht" (ebd., 147f): *These – Antithese – Synthese* – einer These wird eine Antithese entgegengesetzt; aus der Auseinandersetzung ergibt sich eine Synthese.

Hegel wiederum lehnt diese Triade ab (1807). Er versucht einen neuen Begriff von Dialektik zu entwickeln. Er bezieht sich auf Platon und geht davon aus, dass sich die von Kant betrachteten Vernunftwidersprüche doch lösen ließen – in der spekulativen Dialektik: „So ist die Dialektik als spekulativ, nicht mit einem negativen Resultat endigend; sondern sie zeigt die Vereinigung der Gegensätze auf, die sich vernichtet haben" (Hegel 1986, 65). Notwendig sei allerdings dazu ein konsequenter Gebrauch von Vernunft, der ‚hinter' die Bereiche der (Sinnes-) Erfahrungen gehe und die widersprüchlichen Momente in größeren Zusammenhängen sehe, in denen sie aufgehoben (vermittelt) würden. Für Hegel ist Dialektik nicht nur eine Methode. „Durch den Gebrauch der Vernunft suchen wir die notwendigen Strukturen der Wirklichkeit zu begreifen; und die spekulative D. läßt uns erkennen, daß unsere ersten, vorläufigen Begriffe von der Wirklichkeit zu deren widerspruchsfreien Begreifen keineswegs ausreichen. Dadurch werden wir zur Einsicht in neue und umfassendere Unterschiede und Zusammenhänge gebracht" (Hügli & Lübcke 1998, 148). Insofern ist die Synthese auch immer etwas, das über die ursprüngliche Denkfigur von These und Antithese qualitativ hinausführt, zu einem neuen Niveau der Erkenntnis im Hinblick auf den Gegenstand.

Schleiermacher sieht in den 1820er Jahren Dialektik als eine Art Kommunikationstheorie – mit dem Ziel der Überwindung widerstreitender Meinungen bei den Diskussionsteilnehmern. Auch nachfolgende Dialektik-Konzepte gehen zumeist von Hegel aus, betrachten Dialektik jedoch jeweils anders.

„Der Logiker bleibt eindimensional an den Aussagen hängen und nimmt sie für bare Münze. Der Dialektiker setzt auf die Zweideutigkeit der Aussagen und auf ihre innewohnende Dynamik, um zu weiteren Erkenntnissen zu gelangen" (Danner 2006, 198). Dialektik in diesem Sinne kann weitergeführt werden bis zu einer Grundeinstellung, wie sie bei Kierkegaard erscheint: Existenz als Widerspruch – existieren heißt dialektisch im Widerspruch leben (Heiss, zit. n. Danner 2006, 201). In diesem Sinne ist Dialektik ein Erkenntnisprozess, der über das Vorliegende hinausstrebt. Dazu gehört allerdings ein zweifacher Optimismus: man werde zu einer Einigung kommen – und das Neue werde das Bessere sein (ebd., 211f). Dialektik wird verstanden als Reziprozität zwischen Mensch und Gesellschaft, zwischen System und Einzelheit. Analyse soll zugleich in jedem Augenblick als Teil des analysierten gesellschaftlichen Prozesses verstanden werden, im Sinne eines möglichst kritischen Selbstbewusstseins. Sie ist die höchste Stufe der Erkenntnis und markiert den Fortschritt (Tschamler 1996, 82f). „Die Auffassung der Dialektik als negative Dialektik ... wendet sich gegen jede voreilige Identifizierung von Begriff und Sache. Sie verweist auf den Widerspruch zwischen Begriff und Sache, der sich aus der Reflexion ergibt. Die dialektische Bewegung entsteht aus dem Prinzip der Negation und ist durch die Gesellschaft (materielle Basis) vermittelt. Jegliches harmonisierendes Denken über die Wirklichkeit ist eine Ideologie, weil sie die Macht der Negativität verleugnet" (ebd., 83).

„Negative Dialektik" ist der Titel eines 1966 erschienenen Werks von Adorno. Er gebraucht den Begriff gleichbedeutend mit dem Begriff „Kritische Theorie" und will damit die Grundzüge seiner Philosophie charakterisieren. Er selbst beschrieb seine Gedanken dazu, die sich in Ansätzen bereits in der Minima Moralia (Adorno 1951; 2007) finden, folgendermaßen: „Es handelt sich um den Entwurf einer Philosophie, die nicht den Begriff der Identität von Sein und Denken voraussetzt und nicht in ihm terminiert, sondern die gerade das Gegenteil, also das Auseinanderweisen von Begriff und Sache, von Subjekt und Objekt, und ihre Unversöhntheit, artikulieren will" (Adorno 2007, 15f). Zentral ist vor allem Adornos Hinweis auf das Auseinanderweisen von Begriff und Sache. Die Identifikation einer Sache mit einem Begriff beruht seiner Meinung nach darauf, dass verschiedene Aspekte, die verschiedene Dinge gemeinsam haben, als ihr Wesen verstanden werden. Durch diese Form der Identifikation werde aber der Sache selbst etwas von ihrer Identität genommen.

Wann immer also Forscher in Untersuchungen etwas in Form von Begriffen abstrahieren oder verallgemeinern, üben sie einen Zwang auf die Sache, den Untersuchungsgegenstand aus, der dadurch zustande kommt, dass die Sache selbst und ihr Begriff davon eben nicht identisch sind. Für die Heil- und Sonderpädagogik ist interessant, dass Adorno seine Methode, die sich genau um die Erhellung dieser Differenz von Sache und Begriff bemüht, auch als sozialkritische Methode verstand, da er davon ausging, dass jeder Begriff (auch) auf gesellschaftlichen Maßstäben und Determinierungen begründet ist.

In Bezug auf Hegel und dessen Dialektik kritisiert Adorno, dass man nicht durch Verneinung der Verneinung eine Affirmation, also eine Bestätigung dessen erhalten könne, was das Nichtidentische ist. Denn: auch das Nichtidentische ist seinerseits ein Begriff. Somit besteht ein unauflösbarer Widerspruch zwischen dem, was das Nichtidentische in Adornos negativer Dialektik bezeichnet und dem, was es als Sache selbst ist, von der man sich ‚nur' einen Begriff machen kann.

Ein im Rahmen der Erörterungen zu Dialektik nur knapp anzusprechendes, aber zentrales Konzept ist die Diskursethik, entwickelt von Apel und Habermas. Diese basiert auf einer Diskurstheorie, „wonach der Diskurs eine Infragestellung von Gültigkeitskriterien darstellt mit dem Ziel, einen Konsens unter den Diskursteilnehmern zu erlangen" (Hügli & Lübcke 1997, 153). Das bedeutet, dass die ideale Sprechsituation eine ist, in der Herrschaftsfreiheit zwischen allen Teilnehmern gegeben ist. „Als Metakommunikation über die Kommunikation normiert der Diskurs (als kontrafaktisches Ideal) jede Kommunikation, indem er geltende Ansichten als eingespielte Kommunikationsmuster durch Selbstreflexion auf die Lebensgeschichte der Diskursteilnehmer in Frage stellt" (Tschamler 1996, 223). Im Zuge dieses Prozesses sollen abgespaltene Symbole und verborgene, implizite grammatische Beziehungen erkannt und offen gelegt werden. Vernunft im Bereich des Handelns ist „weder durch ein Handlungsfolgekalkül noch über eine bloß ‚monologische' Überprüfung der Verallgemeinerungsfähigkeit von Maximen zu realisieren; vielmehr verweise der an Handlungen zu stellende Vernunftanspruch auf eine intersubjektive Verständigungsprozedur" (ebd.). Als zentrales Kriterium ‚normativer Richtigkeit' ergibt sich dann der Maßstab, ob alle Betroffenen mit Gründen zustimmen können. Damit der Konsens jedoch auch als real gelten kann, sollen sich die Bedingungen an eine „ideale Sprechsituation" oder auch „ideale Kommunikationsgemeinschaft" annähern. Dem liegt eine Konsensustheorie von Wahrheit zugrunde, der zufolge die Wahrheit aus der Übereinstimmung der an einem Diskurs beteiligten Subjekte entsteht. „Der Diskurs umfaßt ... nur solche Gesprächssituationen, in denen über grundlegende Normen und Werte ein Konsensus herbeigeführt werden soll" (Tschamler 1996, 222). „In gemeinsamer Besinnung und diskursiver Verständigung über die implizit geteilten Vorannahmen über die Bedingungen geglückter Verständigung könnten sich potenziell alle Kommunikationsteilnehmer ihrer gemeinsamen Interessen versichern" (Schweppenhäuser 2010, 222).

„In der Diskursethik verankert Habermas ... das normative Fundament von kommunikativer Rationalität und sprachlicher Verständigung, in der über die Geltungsansprüche von Sachaussagen und Normen vernünftig befunden werden kann, in der regulativen Idee der herrschaftsfreien Kommunikation" (Krüger 2006, 63).

7.2.2 Praxis Kritischer Theorie

Von grundlegender Bedeutung ist das Theorie-Praxis-Verhältnis, welches schon in der frühen Kritischen Theorie als ein Dreifaches gesehen wird (Krüger 2006, 65f):

- das Eingebunden-Sein in ein geschichtlich konstituiertes Klasseninteresse mit dem allgemeinen Interesse an der Herstellung vernünftiger gesellschaftlicher Zustände;
- die Analyse der dynamischen Struktur gesellschaftlicher Verhältnisse in ihrer historischen Entwicklung und ihren Veränderungsmöglichkeiten;
- die eigene Perspektive als Aufklärungsinstrument eines organisierten politischen Handelns im Rahmen von sozialen Bewegungen.

„Ihrem Selbstverständnis nach ist kritische Theorie also genetisch, analytisch und funktionell auf gesellschaftliche Praxis bezogen – als *widerständiger*, subversiver Teil des Ganzen, aus dem sie hervorgeht und das sie zum Gegenstand hat" (Keckeisen

1995, 122). In diesem Sinne strebt Kritische Theorie eine Art konstruktiver Subversion an.

Mit der Erfahrung von Faschismus und Niederlage der Arbeiterbewegung entfernte sich die Arbeit der Kritischen Theorie von Fragen gesellschaftlicher Praxis. Einhergehend mit der Studentenbewegung der 1968er wurden verstärkt wieder Fragen der emanzipatorischen Praxis gestellt.

Auch wenn die Kritische Erziehungswissenschaft unter Bezug auf die Kritische Theorie entstand, weist Keckeisen (1995, 123) darauf hin, dass sie ebenso wenig in deren direkter Tradition steht wie sie an die sozialistische Pädagogik vor dem Nationalsozialismus anknüpfte. Die Kritische Erziehungswissenschaft habe sich zunächst vor allem aus einer Art Selbstkritik der Geisteswissenschaftlichen Pädagogik gespeist. Daher gibt es auch Vertreter, die man beiden ,Lagern' zurechnen könnte. Es sei mehr um eine Revision der Geisteswissenschaftlichen Pädagogik als um eine Konversion im Sinne eines wirklichen Paradigmenwechsels gegangen (ebd., 126). Ein Repräsentant dafür ist sicher Wolfgang Klafki (1995) mit seiner Perspektive einer „kritisch-konstruktiven Erziehungswissenschaft".

Fokussiert man von Kritischer Theorie spezifischer auf die Kritische Erziehungswissenschaft, so sollen hier, Krüger (2006, 66) folgend, vier wissenschaftstheoretische Grundannahmen erörtert werden. Allerdings ist davor zu sagen, dass die Kritische Erziehungswissenschaft durch eine enge Beziehung zur Kritischen Theorie der Frankfurter Schule gekennzeichnet ist, ohne dass sie deswegen sozusagen selbstverständlich deren Programm übernimmt (Keckeisen 1995, 118).

7.2.3 Emanzipationspostulat

Tschamler (1996, 212) weist darauf hin, dass aus Sicht der Kritischen Erziehungswissenschaft die Emanzipation des Menschen zentrales Ziel der Erziehung sein müsse – und fügt hinzu: „was immer darunter verstanden wird". Das Verständnis von Emanzipation scheint nicht recht geklärt, worauf auch Keckeisen (1995) verweist. Mollenhauer (1968, 10) stellt das erziehungswissenschaftliche Prinzip der Mündigkeit des Subjekts als Zweck von Erziehung und Bildung in den Vordergrund (siehe auch Mollenhauer 1972). Dazu korrespondierend ergebe sich als erkenntnisleitendes Interesse dasjenige an Emanzipation. Klafki hat dabei die Unterscheidung zur Position der Geisteswissenschaftlichen Pädagogik, die Mündigkeit durchaus auch ins Zentrum stellt, herausgearbeitet: War sie hier nur auf den Einzelnen bezogen, so orientiert sich das Verständnis von Mündigkeit aus Perspektive der Kritischen Erziehungswissenschaft auf die Gesellschaft als Ganzes. „Das Emanzipationspostulat sollte auf die Diskrepanz zwischen Wirklichkeit und Möglichkeit von Bildungsprozessen, zwischen Faktizität und Ideal von Erziehungsverhältnissen verweisen und hatte seinen geschichtspraktisch-politischen Bezugspunkt zunächst in dem Leitbild einer Gesellschaft, in der freiere, gerechtere und brüderlichere Bedingungen des Zusammenlebens möglich sind" (Krüger 2006, 67). Letztlich werden die Bildungsprozesse vernünftiger Subjekte stets als verschränkt gesehen mit der revolutionären Verwirklichung einer Gesellschaft, „in der die vernunftbeschränkende Gewalt entfremdeter Objektivität sich lösen kann" (Keckeisen 1995, 120). Aufklärung und Emanzipation des Einzelnen gehen also mit dementsprechenden gesellschaftlichen Prozessen einher. In der Folge wird das Emanzipationspostulat zunehmend diskurstheoretisch begründet: Ziele pädagogischen Entscheidens und Handelns sollen im ethischen Diskurs der Menschen ermittelt werden, mit dem Ziel eines vernunftgemäßen Konsenses und der regulativen Idee herrschaftsfreier Kommunikation. Allerdings stellt Keckeisen (1995, 134) all dem skeptisch das Negativitätspostulat der späteren Kritischen Theorie entgegen: Es sei eine Illusion, im Rahmen pädagogischer Handlungsfelder Emanzipation wirklich anstreben und verwirklichen zu können. Damit würden die Möglichkeiten von Erziehung und Erziehungswissenschaft im gesellschaftlichen Rahmen bei weitem überschätzt. Zunächst müsse das selbstkritische Bewusstsein von den Grenzen der Erziehung angezielt werden „und die Erkenntnis der *mißbildenden* Gewalt der gegenwärtigen Verhältnisse" (ebd., 134).

7.2.4 Gegenstandsverständnis

Pädagogisches Handeln soll stets als historisch vermittelte gesellschaftliche Praxis verstanden und betrachtet werden, unter Berücksichtigung der Interdependenz zwischen jeweiligem Erziehungssystem und Gesellschaftsstruktur. Auch dies unterscheidet die Kritische Erziehungswissenschaft von Geisteswissenschaftlicher Pädagogik und Empirischer Erziehungswissenschaft. Dialektisch wird gesehen, dass Erziehung eine Funktion von Gesellschaft ist, aber auch umgekehrt Gesellschaft Funktion der Erziehung: Erziehung vollzieht sich im Rahmen gesellschaftlicher Verhältnisse und spiegelt diese insofern wider, folgt auch entsprechenden gesellschaftlichen Aufträgen – aber andererseits kann Erziehung, zumindest mittel- und langfristig, Gesellschaft und ihre Verhältnisse verändern. Klafki hat diesbezüglich darauf hingewiesen, dass Erziehung und ihrer Institutionen nur in relativer Abhängigkeit zur Gesellschaft stehen und auch ein Möglichkeitspotenzial zur Aufklärung und gesellschaftlichen Veränderung bergen. Auf beide Seiten weist auch Mollenhauer ähnlich hin: pädagogisches Handeln habe Freiräume jenseits ökonomischer und politischer Einflüsse – sei jedoch auch keine völlig außenpolitischer Raum (Krüger 2006, 67f).

7.2.5 Gleichrangigkeit von Theorie und Praxis

Aus dem Verständnis von Handlungsforschung heraus (siehe auch 7.5) ergibt sich bereits ein besonderes Verhältnis von Theorie und Praxis. Im Unterschied zur traditionellen Geisteswissenschaftlichen Pädagogik lehnt Klafki allerdings ein ‚Primat der Praxis' ab; wissenschaftliche Theorie könne nicht ausschließlich im Zusammenhang mit Praxis oder aus ihr heraus entwickelt werden. Denkbar wären etwa auch theoriebasierte Entdeckungen von Praxisthemen und -fragen oder auch programmatische Entwürfe aus der Theorie heraus. Hier findet sich der Gedanke der Utopie wieder, indem Theorie auch (gesellschaftlich entwerfend) vorausdenken darf und soll. Da im Rahmen wissenschaftlicher Auseinandersetzungen keine Seite einen absoluten Wahrheits- oder Gültigkeitsanspruch erheben dürfe, seien Diskurse unabdingbar.

7.3 Zentrale Leistungen

„Ausgehend von den ... wissenschaftstheoretischen Überlegungen haben sich die Vertreter der Kritischen Erziehungswissenschaft in ihren Schriften mit fast allen wichtigen Themenfeldern der Erziehungswissenschaft von der Geschichte der Pädagogik, über Fragen der Schul- und Curriculumtheorie, der Didaktik sowie der Berufspädagogik bis hin zu Problemen der außerschulischen Bildung und der Sozialpädagogik auseinandergesetzt" (Krüger 2006, 70). Einige Bereiche dieser Auseinandersetzung sollen hier skizziert werden:

7.3.1 Bildung

Während die Position von Adorno grundsätzlich skeptisch ist, orientieren sich namhafte Vertreter Kritischer Erziehungswissenschaft an dem Anspruch der Befreiung kritischer Vernunft als Aufgabe von Bildung. Dies zieht sich – „kritisch-konstruktiv" – insbesondere durch das Bildungsverständnis von Klafki (1985; 1995). In seiner späteren Auffassung versteht er Bildung als selbsttätig erarbeiteten und personal verantworteten Zusammenhang der Fähigkeiten zur Selbstbestimmungs-, Mitbestimmungs- und Solidaritätsfähigkeit. Allgemeinbildung sei Bildung für alle (und möglichst lange gemeinsam), sollte im Medium des Allgemeinen erfolgen (als geschichtlich vermitteltes Bewusstsein zentraler Schlüsselprobleme gemeinsamer Gegenwart und voraussehbarer Zukunft) und wird als Entwicklung von Vielseitigkeit verstanden (Kognition, Argumentations- und Kritikfähigkeit, soziale Empathie sowie moralische Entscheidungs- und Handlungsfähigkeit) (Krüger 2006, 71). Das Interesse der Pädagogik als Wissenschaft liegt in der Emanzipation des Menschen und der Herausführung aus Entfremdung. Zweck ist die Mündigkeit des Subjekts (Mollenhauer 1968). Bildung bindet sich eng an Selbstreflexion, die aus dieser individuellen Entfremdung durch Erkenntnis herausführen soll. Sinn konstituiert sich dabei, Habermas (1995a; 1995b) zufolge, durch kommunikatives Handeln und artikuliert sich als lebensgeschichtliche Erfahrung – im Rahmen von Bildungsprozessen (Tschamler 1996, 220).

Keckeisen (1995, 130f) geht noch weiter und weist auf die zwangsläufige Negativität einer konsequenten Kritischen Erziehungswissenschaft im Sinne der späteren Kritischen Theorie hin, die das Ziel von Bildung zumindest zunächst in der

Einsicht in die Irrationalität und Veränderungsbedürftigkeit der Bedingungen gesellschaftlicher Existenz sehen müsse, nicht in der persönlichkeitsstiftenden Aneignung, Durchdringung und Fortbildung des kulturellen Gehalts der Zeit. „So verstandene Bildung ist darum nicht unmittelbar *Mündigkeit*, eher ist sie praktische Gesellschaftskritik – um künftiger Selbstbestimmung willen" (ebd., 131). Das klare Erkennen der Missstände ist insofern essenzielle Grundlage jeglicher möglichen Befreiung aus diesen Verhältnissen heraus.

7.3.2 Erziehung

Erziehung wird als Kommunikation, Interaktion und soziale Reproduktion verstanden. Zentrale erziehungstheoretische Beiträge hierzu hat Mollenhauer (1968; 1972) entwickelt. Erziehung findet in Kommunikationen statt, in denen Faktoren wie Generationenverhältnis, Traditionen, Reproduktion sozialer Ungleichheit sowie Erziehungsnormen wirken. Erziehung und Bildung hat „es immer auch mit der Gesamtkultur, mit der gesellschaftlichen Formation dieser Kultur, mit ihren noch legitimierbaren überlieferten Beständen und deren Zukunftsfähigkeit zu tun" (Mollenhauer 1998, 19). Die Erziehungsnormen selbst müssten im Diskurs ermittelt werden – dabei nimmt Mollenhauer direkten Bezug auf die Diskursethik von Habermas. Erziehung meint kommunikatives Handeln mit dem Ziel der Etablierung solcher Kommunikationsstrukturen, die den Erwerb von Fähigkeiten zum Diskurs ermöglichen (Tschamler 1996, 223). Die Struktur erzieherischer Interaktion wird auf Basis des Symbolischen Interaktionismus betrachtet. Ziel ist die Entwicklung einer autonomen Identität, die sich auch im Diskurs ausdrückt. Es muss jedoch auch gelingen, „die Formen und Inhalte pädagogischer Kommunikation nicht nur in Regeln der Interaktion, sondern im materiellen Reproduktionsprozess der bürgerlichen Gesellschaft zu verankern" (Krüger 2006, 72). Hierzu wählt Mollenhauer (1972, 177ff) die „Tauschabstraktion" als ein Prinzip, welches sowohl gegenüber der konkreten pädagogischen Kommunikation als auch gegenüber den ökonomischen Verhältnissen abstrahiert. Allerdings belässt Mollenhauer es bei diesen Überlegungen, ohne genauer erläutern zu können, wie diese Verankerung gelingen könnte.

7.3.3 Identität

Gerade Krappmanns Identitätskonzept konkretisiert die Konsequenzen Kritischer Erziehungswissenschaft für die pädagogische Praxis, daher soll es hier etwas näher betrachtet werden. Für eine gelingende Verankerung von Rollen in das Selbstkonzept und die Identität sind nach Krappmann (1978) vier wichtige Kompetenzen zur Verarbeitung dieser Rollen im Sinne einer „Identitätsbalance" von Bedeutung (siehe auch Stein 2004, 58ff. für die Rollen von Sonderpädagogen):

• Rollendistanz: Darunter versteht Krappmann (1978) die Fähigkeit, „sich Normen gegenüber reflektierend und interpretierend zu verhalten" (ebd., 133). Dabei ist diese Fähigkeit zur (distanzierenden) Betrachtung und Reflexion auf das Gesamt der übernommenen Rolle zu beziehen. Rollendistanz ist auch abhängig vom Grad der „Hingabe" an eine Rolle – ein Aspekt, der in jüngerer Zeit als „Zentralität" oder „Involvement" bezeichnet und beleuchtet wird (Stein 2004, 66ff). Auch Rollendistanz fasst Krappmann (1978) soziologisch-rollenbezogen: Sie sei möglich „durch den Rückgriff auf andere Rollen beziehungsweise auf das Gesamt der anderen Rollen" (ebd., 136). Zentrale Funktion von Rollendistanz ist es, einer Rolle eine Position in einem (selbstbezogenen) Gesamtbild zuzuweisen, sie hier zu integrieren: „Rollendistanz ist ein Korrelat der Bemühung um Ich-Identität" (ebd., 138). Im Sinne von Kohlbergs Theorie der Moralentwicklung (1995, 126ff) meint dies den Schritt von einer „konventionellen" Übernahme von Normen zu einem „postkonventionellen" Verständnis – dem Verständnis der Hinterfragbarkeit und Hinterfragungsnotwendigkeit von Normen.

- Empathie: Krappmann (1978, 142) versteht darunter das „role-taking" im Sinne des Symbolischen Interaktionismus nach Mead – die kognitive Fähigkeit, Erwartungen anderer zu erkennen und die eigene Rolle im Rahmen eines solchen Interaktionsprozesses zu entwerfen. Dabei sei kognitive Komplexität grundsätzlich hilfreich im Sinne der Fähigkeit zu (differenzierter) Empathie und deren Beförderung (Krappmann 1978, 149) – wobei dies auch und erheblich von weiteren Parametern abhängig sein dürfte (Stein 2004). Mit Krappmann selbst (1978, 143) ist zu bedenken, dass Prozesse der Empathie neben kognitiven Aspekten auch deutlich affektiv und motivational geprägt sind. Ebenso wie Rollendistanz ist Empathie zugleich eine Voraussetzung für sowie ein Korrelat von (gelingender) Ich-Identität (ebd.). Empathie muss prozesshaft verstanden werden, indem immer wieder Erwartungen antizipiert kritisch geprüft und dann je nach Ergebnis der Überprüfung auch revidiert oder neu formuliert werden. Diese Prozesshaftigkeit schließt es Krappmann (ebd., 145) zufolge sogar aus, Identitäts-Balance als ein Persönlichkeitsmerkmal aufzufassen; sie sei nur in Interaktionsprozessen zu beobachten und beschreiben.

- Ambiguitätstoleranz: Dies meint die Fähigkeit, Ambivalenzen zu ertragen. Eine solche Toleranz lässt sich in verschiedener Hinsicht betrachten: Rollenhandeln ist immer auch an die Kompromissbildung zwischen den eigenen Vorstellungen und denjenigen anderer gebunden. Dabei gilt es unterschiedlichste Anforderungen anderer an die eigene Rolle zu berücksichtigen. Zugleich besteht eine weitere Anforderung darin, unterschiedliche eigene Rollen übereinzubringen. Und es müssen auch Diskrepanzen zwischen angestrebten Zielen zum einen und verfügbaren Mitteln zum anderen bewältigt werden (ebd., 151f). Je weniger eng und klar Rollen definiert sind, je weiter also der interpretative Spielraum ist, desto bedeutsamer wird die Fähigkeit zur Ambiguitätstoleranz. Bei mangelnder Ambiguitätstoleranz kann eine Lösung der entstehenden inneren Konflikte darin bestehen, diese zu verdrängen (bei Inkaufnahme von damit verbundenen

Problematiken). Eine andere Lösung wäre die subjektive Reduzierung der tatsächlichen Komplexität von Realität, auch bei Einschränkung eigener empathischer Leistungen – „der Ausweg der autoritären Persönlichkeit" (ebd., 157). Für Krappmann stellt Ambiguitätstoleranz die wichtigste Variable zu gelingender Identitätsbildung und der entsprechenden prozessorientierten Ich-Balance dar: „Die Errichtung einer individuierten Ich-Identität lebt von Konflikten und Ambiguitäten" (ebd., 167).

- Identitätsdarstellung: Auch wenn Rollendistanz gelingt, ausreichende Empathiefähigkeit und auch Ambiguitätstoleranz verfügbar sind und realisiert werden, ist Identität Krappmann (1978) zufolge erst dann wirksam, wenn sie in konkrete soziale Interaktionsprozesse eingebracht werden kann. Dies meint auch, eine solche erarbeitete eigene Identität erfolgreich zu präsentieren (ebd., 168). Dies stellt die positive Seite eines „impression management" dar: einen Eindruck von sich selbst nach außen hin zu vermitteln. Im Sinne dieser Darstellung von Ich-Identität werden zugunsten einer erfolgreichen Einbringung eigener Identität in soziale Interaktionen oft mehr selbstbezogene Informationen nach außen gegeben, als es die Situation direkt und unbedingt erfordert. Diesen Effekt hat in der Sozialpsychologie Mann (1972, 173), einer Typologie von Katz folgend, als „Wertausdrucksfunktion" von Einstellungen bezeichnet: Über die Kommunikation von Einstellungen werden eigene Werte und damit Aspekte der eigenen Identität nach außen gegeben. Eine erfolgreiche Identitätsdarstellung kann dabei sowohl über das (Distanz vermittelnde) „Spielen" mit Rollen geschehen als auch über ein Deutlichmachen, warum und mit welchen Überzeugungen eine Rolle genau rollenadäquat realisiert wird (Krappmann 1978, 170f). Dies kann, im negativen Sinne, aber auch zu einer „Attrappe" von Selbstdarstellung geraten, indem diese mehr oder weniger Selbstzweck ist und letztlich inhaltsleer (Stein 2004, 60).

Krappmann entwickelt hier vier zentrale Kompetenzbereiche, um Rollen erfolgreich in das Selbstkonzept und die personale sowie soziale Identität einzubinden – und ihre Realisierung beschreibt ein mündiges Individuum im gesellschaftlichen, rollenbezogenen Diskurs.

7.3.4 Wissenschaftskritik

Aus der Kritischen Theorie heraus wird auch die Wissenschaft selbst kritisch in den gesellschaftlichen Kontext gesetzt, was für sie wie für alle anderen gesellschaftlichen Tätigkeits- und Produktionsbereiche die Möglichkeit einer ‚entfremdeten' (wissenschaftlichen) Arbeit impliziert. Wissenschaft wird als stets interessengeleitet gesehen, was kritischer Reflexion bedarf. „Jeder Erkenntnis liegt ein Interesse zugrunde, das aus der Lebenswelt der Gesellschaft kommt. Das Erkenntnisinteresse ist die transzendentale Voraussetzung für die Erkenntnis und vermittelt die Gesellschaft und ihre bestehenden Verhältnisse mit ihr" (Tschamler 1996, 89).

Ein recht treffendes Beispiel hierfür liefert Ehrenreich (2010):

„Allerdings sind für die positive Zerrbrille der Berichterstattung über die positive Psychologie nicht ausschließlich übereifrige Journalisten verantwortlich, wie der Fall von Suzanne Segerstrom, Forscherin an der University of Kentucky und Empfängerin des Templeton Foundation Award for Positive Psychology zeigt. Sie erhielt den Preis im Jahr 2002 für ihre Arbeit über das, was man den heiligen Gral der positiven Psychologie nennen könnte – den möglichen Zusammenhang zwischen positiven Gefühlen und dem Immunsystem. Während die Rolle des Immunsystems bei Krebs nicht geklärt ist, steht seine Bedeutung für die Abwehr von Erkältungen und anderen Infektionskrankheiten außer Zweifel. Ob eine Verbindung besteht zwischen positiven Gefühlen und dem Immunsystem, ist jedoch eine andere Frage. Martin Seligman ist von dieser Verbindung überzeugt und schreibt, ‚glückliche Menschen‘ hätten ‚ein intakteres Immunsystem als weniger glückliche‘. 1998 berichtete Segerstrom in einem Artikel, Optimismus korreliere mit größerer Immunkompetenz, die sich am Spiegel der wichtigsten Immunzellen messen lässt. In einer zweiten, drei Jahre später veröffentlichten Studie stellte sie jedoch fest, dass ‚gegenteilige Ergebnisse aufgetaucht sind‘ – unter bestimmten Umständen schneiden optimistische Menschen ‚immunologisch schlechter ab‘ als Pessimisten.

Wenn sie Journalisten von ihrer Arbeit berichtete, ging sie auf die negativen oder bestenfalls ‚ambivalenten‘ Ergebnisse allerdings nicht ein. 2002 erklärte sie in einem Interview mit den New York Daily News, die gesundheitlichen Vorteile des Optimismus seien ‚signifikant‘ und Optimisten seien ‚nicht nur fast immer emotional ausgeglichener‘, sondern zeigten meist auch ‚stärkere Immunreaktionen‘. In einem Telefoninterview insistierte Segerstrom darauf, sie sei nicht von den Medien oder sonst jemandem gedrängt worden, ihre negativen Ergebnisse herunterzuspielen. Doch als die Sprache auf ihre Auszeichnung kam, verriet sie: ‚Den Templeton Award ... bekommt man nicht für ein Null-Ergebnis‘" (ebd., 29).

Dieses Beispiel macht die erhebliche Problematik der Abhängigkeit wissenschaftlicher Forschung von öffentlichen Belobigungen, im Beispiel Preisen, aber im weiteren Sinne auch der zunehmenden ‚Drittmittelfinanzierung‘ deutlich, die mittlerweile als erheblicher Erwartungsdruck der Universitäten an die Professoren besteht. Sie interferiert erheblich mit einer unabhängigen Wissenschaft.

Im Beispiel eines Schulversuchs zu inklusiver Beschulung und seiner wissenschaftlichen Begleitung wäre also denkbar, dass das beauftragende und damit auch den Modellversuch finanzierende Kultusministerium seine Erwartungen an das Projekt, z.B. das wie auch immer geartete Gelingen der inklusiven Klasse, durch die wissenschaftliche Begleitung einer Universität schlicht nur bestätigt sehen möchte und kein wirkliches Interesse an tatsächlichen Befunden hat – schon gar nicht, wenn diese möglicherweise der Erwartungshaltung zuwider liefen. Denkbar – und der Realität nicht immer ganz fern – wäre hier, dass das Kultusministerium versuchen könnte, Einfluss auf den Bericht der universitären Wissenschaftler zu nehmen oder in seiner Darstellung nur spezifische Aspekte herauszugreifen.

7.4 Heutige Situation und Kritik

Weiterentwicklungen der Kritischen Theorie im Rahmen der Erziehungswissenschaft waren vor allem die folgenden (Krüger 2006, 72ff): Kommunikative Pädagogik von Schäfer und Schaller unter engem Bezug auf die Kommunikationstheorie von Watzlawick; Interaktionistische Pädagogik von Mollenhauer, Brumlik, Habermas sowie Krappmann ergänzt durch den „labeling approach"; das Konzept der Entwicklungspädagogik (v.a. Aufenanger), insbesondere unter Bezug auf die Stufenmodelle von Piaget und Kohlberg; die evolutionstheoretisch orientierte Erziehungswissenschaft (v.a. Lenhart) (wobei Evolution hier als gesellschaftliche gedacht wird) – sowie die handlungstheoretisch orientierte Erziehungswissenschaft (Krüger & Lersch; König).

Die Kritische Erziehungswissenschaft befand sich seit den 1970er Jahren in heftigen Auseinandersetzungen, die seitens der Gegenpositionen auch deutliche Kritik implizierten: Repräsentanten des Kritischen Rationalismus bemängelten die unpräzise Begrifflichkeit, vor allem die mangelnde Operationalisierung des Zentralkonzepts Emanzipation. Vertreter konservativer Pädagogik sahen hier nur eine Neuauflage des Marxismus. Marxistische Pädagogen hingegen kritisierten eine „reformistische" Attitüde (Krüger 2006, 78).

Es gab aber auch Kritik innerhalb der Repräsentanten selbst: Mollenhauer wies auf das Verschwinden einheimischer pädagogischer Begriffe und Konzepte zugunsten von sozialwissenschaftlichen (Sozialisation, Lernen) hin. Es wurde gefragt, ob das Diskursmodell überhaupt auf die besonderen pädagogischen Verhältnisse mit altersbedingter Ungleichheit übertragbar sei. Handlungs- oder Aktionsforschung (siehe 7.5) vermische empirische Forschung und Praxisveränderungen in unzulässiger Weise.

Krüger (2006, 79) hebt allerdings auf der anderen Seite einige bedeutende Leistungen der Kritischen Erziehungswissenschaft hervor: die erhebliche Öffnung der pädagogischen Theoriebildung, die Veränderung der Fokussierung von einer ideengeschichtlichen zu einer sozialgeschichtlichen Forschung, die Verbindung empirischer und hermeneutischer Methodik einschließlich konstruktiver Forschung sowie auch die Wiederbelebung qualitativer Forschung (insbesondere über die Bezugnahme zum Symbolischen Interaktionismus).

7.5 Methoden

Grundsätzlich wird im Rahmen des wissenschaftlichen Vorgehens kritischer Erziehungswissenschaft die Einbindung sowohl hermeneutischer als auch empirischer Verfahren angestrebt. Im Zentrum des methodischen Vorgehens als solchem soll dabei die Ideologiekritik stehen. Dies meint die wissenschaftliche Aufdeckung von

Herrschaftsinteressen, Rechtfertigungslehren, falschem Bewusstsein und bestehenden Machtverhältnissen überhaupt. (Herrschafts-) Interessenbasierte Deutungen, Normen und Theorien sollen analysiert und ‚entlarvt' werden.

Mit Klafki werden Empirie und Hermeneutik in den Rahmen eines stetigen, dynamischen Rückkoppelungsprozesses gesetzt: „Die sinnverstehende Auslegung von gesellschaftlichen Bedingungen und Theoremen der Erziehung mündet dann in empirisch zu überprüfende Fragestellungen; empirisch gewonnene Ergebnisse gewinnen ihren Stellenwert wiederum nur im Bedeutungszusammenhang gesamtgesellschaftlicher Verhältnisse" (Krüger 2006, 69). Als Konkretisierung entwickelte sich eine Handlungs- oder Aktionsforschung, „die empirische Forschung als eingreifende Praxis entwirft" (ebd.). Diese Forschung versteht sich als Innovationsforschung, um Reformen im Bildungs- und Erziehungswesen aus der Forschung heraus und parallel mit dieser voranzutreiben.

Kritische Theorie lehnt im Unterschied zum Positivismus die strikte Trennung des wissenschaftlichen Objekts vom betrachtenden Subjekt ab, die auch in der Geisteswissenschaftlichen Pädagogik nicht ausreichend geklärt erscheint. „Dagegen geht die Kritische Theorie davon aus, dass Gegenstände, Methoden und Relevanzstrukturen wissenschaftlicher Arbeit nur im Zusammenhang der Gesellschaft insgesamt zureichend verstanden werden können" (Krüger 2006, 65). Methodologisch wird auf diese komplexe Problemstellung so reagiert, dass versucht wird, empirische Forschung mit sozialphilosophischer Reflexion und gesellschaftskritischer Analyse zu verbinden.

Dabei werden bewusst empirische und auch hermeneutische Forschungsmethoden nicht ausgeschlossen, sondern es wird versucht, sie reflektiert einzubinden, allerdings auf diesen Wegen generiertes Wissen mit Wissenschafts- und Ideologiekritik zu verbinden. So unterscheidet Habermas drei Kategorien von Forschungsprozessen: empirisch-analytische Wissenschaften (Natur- und Sozialwissenschaften), historisch-hermeneutische Wissenschaften (Geistes-, Geschichts- und Sozialwissenschaften) sowie kritisch orientierte Wissenschaften (mit dem Ziel des Abbaus von Herrschaft, etwa durch die Ideologiekritik). Diese haben ein je unterschiedliches Erkenntnisinteresse: Erzeugung nomologischen Wissens, interpretativen Verstehens sinnvoller Konfigurationen sowie Kritik. Hermeneutik wird hier allerdings nicht im geisteswissenschaftlichen Sinne verstanden, sondern als transzendentale Hermeneutik, welche über die immanente und historische Interpretation hinaus planend und hypothetisch entwerfend arbeitet (Tschamler 1996, 215).

Allerdings weist Keckeisen (1995, 126ff) darauf hin, dass sich die Kritische Erziehungswissenschaft durch halbherzige Umsetzung des Programms der Kritischen Theorie um deren zentralen Erkenntnisgewinn zu bringen drohe bzw. auch tatsächlich bringe: Die dualistische Methodologie aus Hermeneutik und Empirik lasse übersehen, dass es nicht genüge, eine dem Menschen ‚äußere' gesellschaftliche Totalität zu beschreiben, denn diese führe kein Eigenleben gegenüber den Menschen, sondern vermittle sich eben durch deren Tätigkeit und Existenz (und, was einen doppelten Boden hat, dann auch in den Forschern selbst). „Anders als die Kritische Theorie hat die Erziehungswissenschaft diese *Abhängigkeit ihrer Selbstbegründung von der jeweiligen historischen Konstellation* bisher kaum reflektiert, sofern die Notwendigkeit solcher Reflexion nicht überhaupt bestritten wird" (Keckeisen 1995, 130).

7.6 Kontrollfragen zu Kritischer Theorie und Kritischer Erziehungswissenschaft

• Können Sie einige wichtige Aspekte sowie auch unterschiedliche Sichtweisen von ‚Dialektik' beschreiben?
• Können Sie Aspekte einer Sicht der Kritischen Theorie auf Erziehung wiedergeben
• Können Sie erläutern, was ‚Subversion' bedeutet?
• Können Sie erklären, was Krappmann unter ‚Ambiguitätstoleranz' versteht?
• Können Sie beschreiben, was Kritische Theorie und Positivismus unterscheidet?
• Können Sie das methodische Vorgehen der Kritischen Theorie mit Blick auf das Beispiel eines Schulversuchs zu inklusiver Beschulung reflektieren und dabei den Aspekt der Ideologiekritik mit bedenken?

8 Systemische Erziehungswissenschaft

8.1 Historische Entwicklung

Es gibt Vorläufer zu Ansätzen, die man heute in engerem Sinne als ‚systemisch' bezeichnen würde: Zum einen sind hier die soziologischen Arbeiten von Parsons zu nennen, zum anderen die kybernetische Pädagogik und Didaktik von von Cube, die insbesondere von einem Regelkreisdenken ausgeht. Krüger (2006, 125) nennt, offenkundig kritisch, hier auch den Ansatz der „um das Anliegen von Ökologie und New Age kreisenden ‚Systemischen Pädagogik'" von Huschke-Rhein (2003). Der Systembegriff ist viel älter als die heutige Systemtheorie. Er findet sich schon bei Hegel, der ideelle und reale Systeme unterschied: etwa – zum einen – ein Begriffs- oder Gedankensystem, zum anderen die Gesellschaft oder das System der Bedürfnisse (Brunkhorst 1995, 200f). Aber auch bei Marx oder Weber findet sich der Gedanke des Systems, ebenso wie bei Dilthey.

Der Regelkreisgedanke erscheint bereits in der Curriculumtheorie der 1970er Jahre (Brunkhorst 1995, 194): Planung wird hier als mehrstufiger Prozess verstanden – von der Planung als solcher zur Implementation, der Plandurchführung und der Evaluationsphase, deren Resultat rückgekoppelt wird zur Planung und dann in weiteren Durchläufen von Bedeutung ist. Ganz analog betrachtet auch die kybernetische Didaktik Lernprozesse. Von Cube (1982; 1995) stellt diese zur Verdeutlichung in einem Regelkreismodell dar.

In der Folge wurde, insbesondere etwa auch von Luhmann, dessen eigener Ansatz weiter unten angesprochen wird, heftig kritisiert, dass diese Modelle nicht komplex genug seien, um der sozialen Wirklichkeit des Lernens und Unterrichtens auch nur annähernd gerecht zu werden. („Beide wissen, daß beide wissen, daß man auch anders handeln kann"; Luhmann & Schorr 1988, 121). Brunkhorst (ebd., 196) weist darauf hin, dass die Theorie der Pragmatik menschlicher Kommunikation von Watzlawick u.a. (1990) solche Schwächen vermeide und bei der Analyse einfacher Sozialsysteme wie etwa Unterricht sehr hilfreich sein könne.

Ein über das Regelkreisdenken hinaus deutlich erweitertes systemisches Denken hat seit den 1960er und 1970er Jahren zunächst starken Einfluss in der Kommunikationstheorie und in der Psychotherapie gehabt. Daher sollen von hier aus einige gedankliche Grundlagen beschrieben werden.

8.2 Grundannahmen

Die systemische Sichtweise stellt die bisher dominanten wissenschaftstheoretischen Perspektiven in Frage. Insbesondere versucht sie an die Stelle einer linearen Kausalität der Sichtweisen eine zirkulare Kausalität oder auch Zirkularität zu setzen. „Die Frage nach dem ‚Wie' wird hierbei bedeutsamer als die nach dem ‚Warum'" (Kriz 1994, 228). Im Vordergrund der Aufmerksamkeit stehen nicht mehr Individuen, sondern Systeme und die wechselseitigen (Beeinflussungs-)Prozesse innerhalb dieser Systeme sowie zwischen Systemen. Eine grundlegende Bestimmung des Systembegriffes, mit der nicht alle Vertreter zufrieden wären, die aber eine zunächst gangbare Basis bieten kann, lautet wie folgt:

Ein „System besteht aus einer Menge von Elementen und einer Menge von Relationen, die über dieser Elementen-Menge definiert sind" (Kriz 1999, 102).

Grundkonstituenten von Systemen sind aus dieser generellen Sicht Elemente und Relationen. Dabei können für Systeme Strukturen beschrieben werden; Systeme sind allerdings wiederum in übergeordnete Strukturen eingebettet. Es sind also Ebenen, aber auch übergeordnete Metaebenen zu berücksichtigen. Systeme existieren zudem innerhalb wechselhafter Umwelten. Ihre Funktion basiert grundsätzlich auf dem Prinzip des Regelkreises, welcher der Selbsterhaltung dient. Zugleich sind sie auf einen Austausch mit der Umwelt angewiesen. Systeme versuchen also, ihren Zustand im Gleichgewicht zu halten oder dieses wieder herzustellen – die darin deutlich werdende Selbstorganisation wird ‚Autopoiese' genannt, ein (immer wieder) ‚Sich-Selber-Machen'. Störeinflüsse können das System veranlassen, die aktuelle Strukturform aufzulösen und sich neu zu organisieren.

Systeme unterscheiden sich nach ihrem Zentralisierungsgrad, also hinsichtlich der Frage, ob bestimmten Elementen eine dominantere oder größere Rolle für das Funktionieren des Ganzen zukommt (Brunkhorst 1995, 203) oder die funktionsbezogene Bedeutung der Elemente eher ausgeglichen ist.

Systeme sind durch Funktionen geprägt: „Dabei sind *Funktionen* solche *Ziele, Aufgaben* oder *Leistungen*, die ein System für andere Systeme oder das Gesellschaftssystem insgesamt übernimmt und die für die Erhaltung seines eigenen Bestands (seinen Zusammenhalt) notwendig sind" (Brunkhorst 1995, 204). Funktionen sind im Unterschied zu Ursachen zielgerichtet; zudem können sie – auch anders als diese – durch andere Funktionen ersetzt werden.

Diese systemische Sicht wird auch im Hinblick auf die Störung eines Patienten eingenommen, der als Teil der Störung seines ‚dahinter' stehenden Familiensystems betrachtet wird. Es ist von „identifiziertem" oder „Index-Patient" die Rede (Vossler 2000), als demjenigen aus der Familie, der (zunächst) die meisten oder stärksten Symptome zeigt – häufig auch stellvertretend für die ganze Familie. Insofern ist diese Person auch der ‚Symptomträger'. Dabei ist die Störung nicht (allein) als Krankheit der Person oder des Familiensystems zu sehen, sondern insbesondere als adaptive Reaktion von Person oder System an eine bestimmte Situation.

Erste Anfänge einer explizit systemisch-therapeutischen Arbeit finden sich seit den 1950er Jahren. Dabei ist allerdings zu bedenken, dass systemische Aspekte und Gedanken in fast allen Therapieansätzen auftauchen (Kriz 1994, 237ff). Aber in den 1950er und 1960er Jahren begann die Arbeit mit schizophrenen Patienten als einer besonders schwierigen Klientel, die von den Psychoanalytikern, so lautete der Vorwurf, über lange Zeit zugunsten neurotischer Patienten ,links liegen' gelassen wurde. 1956 erschien das bahnbrechende Werk „Towards a Theory of Schizophrenia" von Bateson u.a., in dem Schizophrenie im Rahmen der „double-bind"-Theorie auf systemischer Basis als Beziehungsstörung erklärt wurde. Zwischenzeitlich arbeitete Virginia Satir seit 1951 mit Familien. 1959 wurde in Palo Alto das „Mental Research Institute" (MRI) gegründet, dessen Arbeiten für die systemische Familientherapie bahnbrechend sind und das einige namhafte Therapeuten hervorbrachte. Erste Ansätze familientherapeutischer Arbeit finden sich auch in Europa bereits in den 1950er Jahren (Kriz 1994, 236ff).

Ein weiteres frühes bahnbrechendes Werk stammt von Watzlawick u.a. und erschien 1967 (und 1969 im Deutschen; Watzlawick u.a. 1990): „Menschliche Kommunikation". Auch diese Gruppe stammte aus dem Palo-Alto-Institut. Hier wird im Sinne eines weiten Verständnisses alles Verhalten in sozialen Situationen als Kommunikation betrachtet und auch „Metakommunikation" als Kommunikation über Kommunikation untersucht (sowie weitere Metaebenen). In dieser Arbeit werden fünf Axiome formuliert, welche die nachträglich entwickelte kommunikationstheoretische Grundlage der „double-bind"-Theorie bilden:

1. *„Man kann nicht nicht kommunizieren"* (Watzlawick et al. 1996, 53).

2. *„Jede Kommunikation hat einen Inhalts- und einen Beziehungsaspekt, derart, daß letzterer den ersteren bestimmt und daher eine Metakommunikation ist"* (ebd., 56). Diese Ebenen werden häufig konfundiert, wodurch Kommunikationsstörungen entstehen können.

3. *„Die Natur einer Beziehung ist durch die Interpunktionsabläufe seitens der Partner bedingt"* (ebd., 61). Dabei werden auch ,selbsterfüllende Prophezeiungen' betrachtet.

4. *„Menschliche Kommunikation bedient sich digitaler und analoger Modalitäten. Digitale Kommunikationen haben eine komplexe und vielseitige logische Syntax, aber eine auf dem Gebiet der Beziehungen unzulängliche Semantik. Analoge Kommunikationen dagegen besitzen dieses semantische Potential, ermangeln aber die für eindeutige Kommunikationen erforderliche logische Syntax"* (ebd., 68). Digitale Kommunikation meint hier die erlernte Zuordnung von Zeichen zu Inhalten. Analog meint den Fall, dass eine grundsätzliche Ähnlichkeitsbeziehung zwischen Inhalt und Zeichen besteht – etwa „zwischen dem Bild einer Katze und dem Tier Katze" (Kriz 1994, 245).

5. *„Zwischenmenschliche Kommunikationsabläufe sind entweder symmetrisch oder komplementär, je nachdem, ob die Beziehung zwischen den Partnern auf Gleichheit*

oder Unterschiedlichkeit beruht" (Watzlawick et al. 1996, 70). In einer gelingenden Beziehung kommen bei beiden Partnern beide Formen vor, und es kann flexibel zwischen ihnen gewechselt werden.

Im Folgenden werden, wiederum Kriz (1994, 246ff) folgend, einige zentrale Begriffe systemisch betrachteter Kommunikation skizziert, die zugleich Grundkonzepte systemischer Sichtweisen darstellen:

- Systeme funktionieren über Prozesse der Rückkoppelung und Regulierung: Elemente wirken wechselseitig aufeinander ein.
- Es lassen sich geschlossene und offene Systeme unterscheiden: Lebende Systeme sind grundsätzlich offen, indem Beziehungen auch nach außen bestehen.
- Systeme unterliegen Prozessen der Gleichgewichtsbildung und -findung – Konzepte sind Homöostase, Kalibrierung sowie Stufenfunktionen: Systeme weisen sowohl homöostatische (Gleichgewichts-)prozesse als auch evolutionäre Prozesse der Weiterentwicklung auf. „Der Morphostase, der Stabilität in einer sich wandelnden Umwelt, wird die Morphogenese, die strukturelle Veränderung, gegenübergestellt, die bei zu großen Umweltveränderungen notwendig wird" (Kriz 1994, 247). Dazu muss ein System so weit aus dem Gleichgewicht gebracht werden, dass es in einer veränderten Form ein neues Gleichgewicht findet, sich auf einer anderen Stufe „neu einkalibriert" (ebd., 248).

In Kommunikationen kommt es nun zu Paradoxien. Eine typische Paradoxie stellt beispielsweise die Aufforderung ‚Sei spontan!' an eine Person dar. Ein Ausweg aus dieser Situation liegt in einer Metakommunikation, in deren Rahmen auf die logische Unmöglichkeit hingewiesen wird, der Anweisung gerecht zu werden. Wenn die Paradoxie jedoch nicht durchschaut wird oder Metakommunikation nicht erlaubt bzw. vom Partner nicht akzeptiert wird, kommt die betroffene Person in eine ausweglose Situation. Sie kann nun versuchen, einfach nicht zu handeln und nicht zu kommunizieren, was jedoch entsprechend dem oben dargestellten 1. Axiom nicht möglich ist. Es wird dann unter Umständen jedoch ein zumindest ähnlicher Zustand gewählt, „indem man sich irgendwie ‚verrückt' – z.B. ‚schizophren' – verhält" (Kriz 1994, 249). Auf diese Weise wird Schizophrenie als adäquate oder einzig mögliche Reaktion auf unhaltbare, paradoxe Kommunikationssituationen interpretiert.

Eine double-bind-Situation wird insofern durch drei zentrale Merkmale konstituiert: erstens einen Widerspruch zwischen zwei Informationen, die einen wichtigen Bereich oder Aspekt betreffen (etwa ein Widerspruch zwischen analoger und digitaler Kommunikation oder zwischen Vater und Mutter) zweitens eine zwingend erforderliche Reaktion; drittens einer Verdeckung oder Verleugnung des Grundwiderspruches der Botschaften, so dass dieser nicht erkannt oder aber nicht kommuniziert werden kann (Dorsch 1994, 169).

Das Phänomen des ‚double-bind' ist aus familiensystemischer Perspektive im Falle von Schizophrenie häufig bzw. chronisch aufgetreten – und das auf das ‚double-bind' hin erfolgende schizophrene Verhalten hatte und hat selbst wiederum schwerwiegende Rückwirkungen auf die Kommunikationsstrukturen.

8.3 Ökologische Entwicklungspsychologie im Konzept von Bronfenbrenner

Urie Bronfenbrenner emigrierte in Kinderjahren mit seinen Eltern in die USA. Er wurde ein bedeutender Entwicklungspsychologe und vor allem durch seinen ökosystemischen Ansatz der menschlichen Entwicklung bekannt (Bronfenbrenner 1981). Dieses Konzept stellt eine besondere Variante systemischen Denkens dar, die über die Psychologie hinaus auch in erziehungswissenschaftlichen Kontexten bekannt und vielen Arbeiten zugrunde gelegt wurde, gerade auch in der Sonderpädagogik. Daher sollen hier ihre Grundkonzepte skizziert werden.

Ein Ökosystem ist nach Bronfenbrenner die gesamte soziale und materielle Umwelt eines jeden Menschen. Den Begriff der Ökologie in Verbindung mit dem Systembegriff wählte er, um zu verdeutlichen, wie die einzelnen Bestandteile eines Systems zusammenhängen und aufeinander einwirken. In seinem Ansatz unterscheidet er verschiedene Ebenen voneinander:

- Mikrosystem: „Ein Mikrosystem ist ein Muster von Tätigkeiten und Aktivitäten, Rollen und zwischenmenschlichen Beziehungen, die die in Entwicklung begriffene Person in einem gegebenen Lebensbereich mit den ihm eigentümlichen physischen und materiellen Merkmalen erlebt" (ebd., 38).

In dieser Hinsicht ginge es, bezugnehmend auf das Beispiel eines Modellversuchs zu inklusiver Beschulung, darum, wie die Erstklässler mit ihren Familien, ihrer Schule und ihren Klassenkameraden in Beziehung stehen und dabei ihre Entwicklung selbst mitgestalten.

- Mesosystem: „Ein Mesosystem umfaßt die Wechselbeziehungen zwischen den Lebensbereichen, an denen die sich entwickelnde Person aktiv beteiligt ist" (ebd., 41). Es stellt die Summe der Mikrosysteme dar und wie diese miteinander verbunden sind, z.B., ob das Kind von seinem Mikrosystem Familie bei der Einschulung unterstützt wird im für das Kind neuen Mikrosystem Schule und wie sich das Verhältnis dieser beiden Systeme nach und nach entwickelt.
- Exosystem: „Unter Exosystem verstehen wir einen Lebensbereich oder mehrere Lebensbereiche, an denen die sich entwickelnde Person nicht selbst beteiligt ist, in denen aber Ereignisse stattfinden, die beeinflussen, was in ihrem Lebensbereich geschieht, oder die davon beeinflußt werden" (ebd., 42). Damit ist beispielsweise gemeint, dass für die Möglichkeiten der schulischen Unterstützung

und der Wahl einer weiterführenden Schule am Ende der Grundschulzeit möglicherweise auch die Kommunikationsprozesse der Eltern an ihren Arbeitsplätzen,
ihr Austausch mit der Schule oder auch der Bekanntenkreis eine Rolle spielen
– Kommunikationsbezüge, an denen das Kind nicht direkt beteiligt ist, die aber
mittelbar auf es wirken.
* Makrosystem: „Der Begriff des Makrosystems bezieht sich auf die grundsätzliche
formale und inhaltliche Ähnlichkeit der Systeme niedrigerer Ordnung (Mikro-,
Meso- und Exo-), die in der Subkultur oder der ganzen Kultur bestehen oder bestehen könnten, einschließlich der ihnen zugrunde liegenden Weltanschauungen
und Ideologien" (ebd., 42).

Untersuchte man alle Erstklässler des erwähnten Schulversuchsbeispiels im
Hinblick auf das Makrosystem, so ließe sich eine Aussage zu den Wertvorstel-
lungen und Traditionen der Gesellschaft machen, in welcher die Kinder auf-
wachsen und zur Schule gehen.

* Chronosystem: Hier führt Bronfenbrenner (1990) eine zeitliche Ebene in sein
Konzept ein. Er unterscheidet normative Chronosysteme von non-normativen.
Mit normativen Chronosystemen meint er Lebensübergänge, die im Grunde von
allen Mitgliedern einer Gesellschaft vollzogen werden, wie beispielsweise Schulein-
tritt, Eintritt in die Rente etc. Dem gegenüber stehen non-normative Chronosysteme, die sich stärker auf individuelle Lebensübergänge beziehen, z.B. eine
schwere chronische Erkrankung, eine traumatische Erfahrung usw.

Die Einschulung von Erstklässlern in eine ‚nicht-inklusive‘ bzw. eine ‚inklusive‘
Klasse stellt ein normatives Chronosystem dar, während die schwere Erkrankung der Mutter eines der Kinder ein Beispiel für ein non-normatives Chronosystem ist.

Bronfenbrenner ist über seine entwicklungspsychologischen Grundlegungen hinaus für die Heil- und Sonderpädagogik von Bedeutung, da er ein Programm zur
Frühpädagogik entwickelte, in dem sich auch sein ökosystemischer Ansatz nieder-
schlug. Darüber hinaus entwickelte er ein so genanntes „Care Curriculum", das
darauf ausgerichtet war, dem sozialen Verfall von Gesellschaftsstrukturen entgegen-
zuwirken, indem schulische Bildung und Kompetenzen für das gemeinschaftliche
Zusammenleben miteinander verbunden wurden. Vor allem der gegenseitigen Sorge um den jeweils anderen kam dabei eine besondere Rolle zu.
Weitergeführt wurden Bronfenbrenners Gedanken durch Sander (1999) und Speck
(2003) und führten so zu einer Veränderung des Behinderungsbegriffs. Behinderte,
benachteiligte und beeinträchtigte Menschen wurden dadurch weniger als namen-
lose Objekte insgesamt krisenhafter oder schwieriger Lebensbedingungen angese-

hen, sondern das subjektive Erleben von Behinderung in der eigenen Biographie in Bezug auf die Einbindung in verschiedene Systeme. Ausgehend von Bronfenbrenners Überlegungen kommt den ökosystemischen Ansätzen in der Heil- und Sonderpädagogik „das Verdienst zu, die Relativität von Behinderung theoretisch begründet zu haben. Die Entwicklung eines ökosystemisch geprägten Behinderungsverständnisses unterstützte die Reflexion von gesamtgesellschaftlichen und sozialen Aspekten von Behinderung und Benachteiligung" (Moser & Sasse 2008, 86) und eröffnete für die Heil- und Sonderpädagogik somit auch neue wissenschaftliche Perspektiven.

8.4 Systemtheorie von Luhmann

8.4.1 Grundannahmen

Zentrale Impulse für die Begründung einer systemtheoretisch orientierten Erziehungswissenschaft stammen von Niklas Luhmann und Karl-Eberhard Schorr (1986; 1988; 1992; 1996). Sie versuchten, aus der soziologischen Systemtheorie von Luhmann (1996; 2011) heraus Implikationen für die Erziehungswissenschaft zu entwickeln. Krüger (2006, 125) merkt kritisch an, dass noch offen sei, ob es sich bei diesem Ansatz wirklich um ein eigenständiges Paradigma im Rahmen der erziehungswissenschaftlichen Theorienbildung und Diskussion handle. Nichtsdestotrotz kommt der Systemtheorie von Luhmann grundsätzlich große Bedeutung für die heutige gesellschaftswissenschaftliche Diskussion zu, und sie wird auch in der Sonderpädagogik zunehmend berücksichtigt und diskutiert (Huber 2010; Schleiffer 2013). Zudem zeichnet sich die systemische Auffassung von Luhmann gegenüber den bisher beschriebenen Aspekten durch verschiedene Besonderheiten aus, mit denen sie sich an entscheidenden Punkten auch von diesen abgrenzt. Dies betrifft schon die prinzipielle Sicht auf das Verständnis eines Systems.
Luhmann wurde stark durch Talcott Parsons beeinflusst (Luhmann 2011, 17ff), bezeichnet seinen Ansatz jedoch nicht als struktur-funktional, sondern als eine funktional-strukturelle Systemtheorie. Im Unterschied zu Parsons geht Luhmann von den Funktionen aus (Luhmann 1996, 30ff), denen die Strukturen nachgeordnet werden. Im Zentrum steht also, wofür ein System ‚da' ist bzw. wohin es strebt. „Damit werden die jeweiligen Strukturen eines Systems bezüglich der gleichbleibenden, problemlösenden Funktion des Systems variabel und austauschbar" (Krüger 2006, 126).
Auch im Hinblick auf Systeme selbst entwickelt Luhmann einen anderen Fokus, indem er betrachtet, in welchem Verhältnis Systeme zueinander stehen und wie sie funktionieren – und weniger, welche Strukturen sie haben und welche Leistungen zu ihrem Erhalt erforderlich wären. Des Weiteren stellt er den Bezug zur Umwelt in

den Vordergrund, da sich Systeme durch eine entsprechende Differenz kennzeichnen (Luhmann 2011, 64ff). Selbstreferentielle Systeme stellen Beziehungen zu sich selbst her und differenzieren diese Beziehungen gegenüber solchen zu ihrer Umwelt (Huber 2010, 179). Zudem sieht Luhmann Systemdenken immer als bewusstes Konstruieren und Kommunizieren: „Systeme sind ausschließlich gedankliche oder kommunikative Konstrukte" (Krüger 2006, 126).

Will man es überspitzt formulieren, kann man feststellen: Im Unterschied zur traditionellen Sicht auf Systeme, die, wie mit Kriz (1994; 1999) deutlich wurde, die Grundaspekte Elemente und Relationen in den Vordergrund stellt, bestimmt Luhmann Systeme vor allem durch die Aspekte Funktion und Differenz. Luhmann differenziert drei grundsätzliche Typen autopoietischer Systeme (Huber 2010):

- Biologische Systeme operieren auf der Grundlage von Leben.
- Psychologische Systeme operieren auf der Grundlage von Gedanken.
- Soziale Systeme bedienen sich der Kommunikation als Operationsform.

Während die ältere Systemtheorie menschliche Individuen als (kleinste) Bestandteile oder auch Subsysteme sozialer Systeme betrachtet hat, geschieht dies hier nicht. Personen sind eben personale Systeme und als solche nicht schon sozial. Luhmann zählt demzufolge auch nicht Intersubjektivität, also die Beziehungen zwischen Personen, zu den Grundkategorien sozialer Systeme. „Dann aber gehören die *menschlichen Individuen zur Umwelt des sozialen Systems* und sind in diesem Sinne *desozialisiert* wie umgekehrt das soziale System *dehumanisiert* ist, als System auf die Menschen verzichten kann" (Brunkhorst 1995, 205). Personale Systeme kommen also von außen in das soziale System. Die Auflösung sozialer Systeme führe nie auf Personen, sondern dekomponiere an ihnen vorbei. Als elementarste Teile sozialer Systeme werden hier hingegen konkrete Handlungen gesehen, die zugleich als zweck- bzw. sinnvoll gelten. Beziehungen sind dann Beziehungen zwischen Handlungen und ihren Eigenschaften – sinnvermittelte Interaktionen. „Sozialsysteme sind *Handlungs*systeme, die aus konkreten Handlungen ... gebildet sind und sich durch Sinnbeziehungen zwischen diesen Handlungen von einer Umwelt abgrenzen" (Luhmann 1977, 8, zit. n. Brunkhorst 1995, 206). Für Vertreter der Systemtheorie gibt es demnach einen Unterschied zwischen Interaktionen und interpersonellen Beziehungen. Interaktionen bestimmen soziale Systeme, während interpersonelle Beziehungen Teil der Umwelt dieser sozialen Systeme sind.

Systeme reduzieren die Komplexität der Welt, die letztlich unendlich ist, indem sie ganz bestimmte, herausragende, für den Bestand und Zusammenhalt des jeweiligen Systems wesentliche Beziehungen definieren oder zulassen. „Komplexität muß in zwei Richtungen reduziert werden: nach *innen* durch die Struktur des Systems und nach *außen* durch eine selektive Perspektive auf die Umwelt" (Brunkhorst 1995, 207). Die Komplexität der Umwelt ist immer höher als diejenige des Systems. „*Systembildung* ist folglich die ‚Stabilisierung relativ invarianter und auf die Umwelt bezogener Sinnstrukturen, die Komplexität reduzieren oder doch die Reduktion von Komplexität durch konkretes Verhalten erleichtern können' …. Sinn hat die Eigentümlichkeit, Komplexität zu reduzieren und zugleich die Komplexität der Welt als Möglichkeit bewußt zu erhalten, indem er ,über den Zusammenhang, dem er angehört, hinaus verweist: andere Möglichkeiten vorstellbar macht' …" (Brunkhorst 1995, 208). Durch diese Doppelseitigkeit der Reduzierung und der Ermöglichung von Komplexität wirkt Sinn systemkonstituierend.

Soziale Systeme werden bei Luhmann weiter unterdifferenziert, wobei grundsätzlich jedes System zur Ausdifferenzierung weiterer Subsysteme kommen kann. Luhmann (1996, 15ff) unterscheidet für soziale Systeme zwischen den drei folgenden Ebenen:

1. Interaktions-,
2. Organisations- und
3. Gesellschaftssysteme.

Bestreben dieser Systemtheorie ist es, deren Zustandekommen und Funktionieren zu analysieren. Von den drei Systemformen abgegrenzt werden psychische Systeme; von sozialen und psychischen Systemen werden Maschinen-Systeme und Organismen unterschieden.

Zur Konstituierung von Interaktionssystemen reicht die Anwesenheit aus. Anwesende nehmen sich wechselseitig wahr, und damit beginnt die Interaktion. Kommunikation zwischen zwei Personen ist stets durch Unbestimmtheit gekennzeichnet – darüber, was im Gegenüber vorgeht. Luhmann verwendet dafür den Begriff der doppelten Kontingenz. Damit psychische Systeme durch die Kontingenz ihrer Umwelt nicht überfordert werden, entwickeln sie Erwartungen hinsichtlich der Situation bzw. des Handelns des anderen. Rollendifferenzierungen prägen häufig diese Erwartungen, so etwa auch in Erziehungs- oder Schulsituationen.

Organisationen sind Systeme, die aus Entscheidungen bestehen. Eine grundlegende Entscheidung, die in Organisationen realisiert wird, ist diejenige über die Regulierung der Systemgrenzen. Damit wird auch die Zugehörigkeit definiert. Durch Organisationen wird in Gesellschaften die dauerhafte Reproduktion bestimmter Operationen gesichert: Interaktionen, Kommunikationen.

Unter Gesellschaft wird schließlich dasjenige soziale System verstanden, welches alle sozialen Operationen (Kommunikationen) mit einschließt – und alles andere ausschließt. Heute gebe es angesichts der Globalisierung nur noch ein Gesellschaftssystem: die „Weltgesellschaft" (Huber 2010, 181). Die Gesellschaft habe sich im Laufe der Zeit ausdifferenziert und sei funktional-differenziert, indem in ihr z.B. Rechtssystem, politisches System, Wirtschaftssystem, Wissenschaftssystem oder Erziehungssystem unterschieden würden.

Allen drei sozialen Systemformen ist gemeinsam, dass die System-Umwelt-Differenz innerhalb der Gesellschaftssysteme reproduziert wird.

Die Operationen von psychischen und sozialen Systemen unterliegen einem Sinnzwang. „Unter Sinn versteht Luhmann die Differenz von aktual Gegebenem (Aktualität) und Möglichem (Potenzialität) … Da die Umwelt stets komplexer ist als das System, ist das System zu Selektionsprozessen gezwungen" (Huber 2010, 180). Bei dieser Komplexitätsreduktion wirkt Sinn unterstützend, um über Anschlussmöglichkeiten zu entscheiden. Diese Entscheidungen wiederum repräsentieren aber einen Unterschied im Potenzial von psychischen und sozialen Systemen gegenüber biologischen.

In den späteren Arbeiten tritt anstelle der Differenz zur Umwelt die Selbstreferenz oder Autopoiesis in den Vordergrund (Luhmann 2011). Systeme neigen dazu, sich immer weiter auszudifferenzieren, dabei geschlossener zu werden und sich aus sich selbst heraus zu organisieren.

Das Ziel von Luhmann besteht nicht in der Entwicklung einer gesellschaftskritischen Theorie, sondern in der Verbesserung soziologischer Beschreibungen durch Konstituierung eines grundlegenden Modells zur Komplexitätsreduktion und zur Ermöglichung einer Beobachtung zweiter Ordnung, einer „Beobachtung des Beobachtens" (Krüger 2006, 127).

8.4.2 Zentrale Leistungen

Da das Spektrum der systemtheoretischen Sichtweisen komplex ist und gerade die Systemtheorie von Luhmann und seinen Schülern zunehmend auch in den Erziehungswissenschaften diskutierte wurde und wird, soll eine Betrachtung zentraler Leistungen der Systemtheorie insbesondere auf diesen Ansatz fokussieren.

Der Versuch der Übertragung der soziologischen Systemtheorie von Luhmann auf erziehungswissenschaftliche Kontexte, gemeinsam mit Schorr, ist durchaus umstritten und hat einigen Widerstand hervorgerufen, aber auch Anhänger und Folgeforschung auf den Plan gebracht (Krüger 2006, 127f.).

Auch das Erziehungssystem wird als Funktionssystem betrachtet: es bestehe dazu, um Fähigkeiten von Menschen zu entwickeln und diese in ihrer sozialen Anschlussfähigkeit, sprich Kommunikationsfähigkeit zu fördern. Erziehung ist für Luhmann immer absichtsvolle Kommunikation. Sozialisation ist also von der Erziehungsdefinition ausgeschlossen. Im Zuge dieses Prozesses kommt es sowohl zu Erziehung als auch zu Selektion. „Das Erziehungssystem verfolgt also gleichsam eine doppelte Funktion innerhalb des Gesellschaftssystems" (Huber 2010, 182).

Funktionssysteme benötigen Medien zur Operation. So operiert das Wirtschaftssystem mit Geld. „Im Erziehungssystem wird das Medium ‚Lebenslauf' geformt" (Huber 2010, 183). Über vermitteltes Wissen erweitern sich die Perspektiven und Möglichkeiten der Ausgestaltung des eigenen Lebenslaufes. Und schließlich verfügen alle Funktionssysteme über Programme oder Codes, über die Kommunikationen beobachtet und gesteuert werden. So ist im Rechtssystem die Codierung ‚Recht/Unrecht' zentral. Hier sind unter Programmen die Rechtssysteme zu verstehen, welche die Zuordnung zu ‚Recht/Unrecht' näher bestimmen. „Das Programm des Erziehungssystems sind die Lehrpläne" (Huber 2010, 183). Eine zentrale Codierung sei hier ‚vermittelbar/nicht-vermittelbar'. Als einziges System verfüge dieses über eine Doppelcodierung, denn der zweite Code sei ‚gut/schlecht' oder auch ‚besser/schlechter'. Erziehung wird hier demnach auf die Vermittlung von lehrplangesteuertem Wissen in dafür vorgesehenen Systemen reduziert und nicht als ein prozesshaftes, auszuhandelndes Geschehen zwischen Erzieher und Zu-Erziehendem verstanden, an dessen Ende die Autonomie des Zöglings steht. Luhmann & Schorr konstatieren, dass sich seit dem 18. Jahrhundert bis heute das Erziehungssystem als ein autonomes Teilsystem der Gesellschaft konstituiert habe. „Nachdem die Ausdifferenzierung sich durchgesetzt hat und das Eigenrecht einer besonderen Funktionsperspektive Erziehung inzwischen selbstverständlich geworden ist, wird Lernfähigkeit zu der für die Autonomie des Erziehungssystems adäquaten Kontingenzformel, die das traditionelle Konzept von Bildung ablöst" (Krüger 2006, 128). Die hohe Komplexität des Gesellschaftssystems erfordert Umstellungsfähigkeit, erfordert Lernen. Luhmann & Schorr (1988, 363ff) plädieren für die genaue Unterscheidung zwischen Pädagogik und Erziehungswissenschaft. Es könne keine systemtheoretische Pädagogik geben, wohl jedoch eine systemtheoretische Erziehungswissenschaft im Sinne eines sozialwissenschaftlichen Forschungsprogramms, welches kritische Beobachtung ermöglicht (Krüger 2006, 128). Erschwerend wirkt, dass die Struktur von Erziehung und Unterricht durch ein „Technologiedefizit" (ebd., 129; Reichenbach 2011, 20ff) gekennzeichnet sei, indem eine direkte Einflussnahme von Erziehern auf die Intentionen von Zu-Erziehenden nicht möglich sei, denn das menschliche Bewusstsein sei ein autopoietisches System. Auch bestehe immer ein systemisch bedingtes „Verstehensdefizit" beim Erzieher (Luhmann & Schorr 1986). Hinzu komme, dass „Ziele und Mittel pädagogischen Handelns ... nicht eindeutig und kontrolliert relationalisierbar" sind (Krüger 2006, 129). Es kann damit keine Kausalitätsannahmen erzieherischen Wirkens geben. Die Umwelt muss nicht ohne Einfluss auf ein System sein – dies kann indirekt geschehen, denn Systeme gehen strukturelle Koppelungen mit Systemen ihrer Umwelt ein. Insofern wirken Veränderungen derjenigen Umwelt, mit der strukturelle Koppelungen bestehen, als Irritationen auf das System, welches entscheiden muss, ob es sich hiervon bestimmen lässt oder nicht. „Irritationen führen nicht immer zu den gewünschten Veränderungen des irritierten Systems" (Huber 2010, 180).

Huber (2010, 183ff) diskutiert Behinderungen und ihre gesellschaftlichen Folgen aus systemtheoretischer Perspektive. Behinderung erschwere die Koppelung von psychischen Systemen bzw. auch von psychischen und sozialen Systemen. Ursache sei die Erschwerung oder Störung von Kommunikation durch die Behinderung. Es komme zu Exklusion, im Extremfall zu ‚Exkommunikation'. Dies zeige sich besonders deutlich im Wirtschaftssystem, für das Behinderung angesichts des Prinzips der Gewinnmaximierung relevant werde.

Schon aus der Selektionsfunktion des Erziehungssystems ergibt sich, dass es auch hier zu Exklusionstendenzen kommt. Zum einen bezieht sich diese Selektion auf das Kriterium der Leistung sowie des Zukunftspotenzials der Schüler. Selektion findet aber zum anderen auch innerhalb des Erziehungssystems statt. Hier haben sich Subsysteme ausdifferenziert, insbesondere Regel- sowie Sonderschulsystem. „Diese Exklusionstendenzen ziehen zweierlei Folgen nach sich. Zum einen führen sie zur Ausdifferenzierung spezialisierter Systeme, zum anderen entstehen innerhalb der Gesellschaft immer wieder Protestbewegungen ..., welche die Ungleichheiten in der Gesellschaft resp. die Exklusion thematisieren und damit sichtbar machen" (Huber 2010, 184). Solche Protestbewegungen können Systeme durchaus irritieren und möglicherweise Systemänderungen nach sich ziehen. Ein Beispiel ist sicher die Aktivität verschiedener Verbände, auch Elternverbände, angesichts der UN-Konvention über die Rechte von Menschen mit Behinderung. Ohne Wertung kann hier ein oszillierender Prozess festgestellt werden: Ausdifferenzierung führt zu Sondersystemen und -maßnahmen, diese zum quasi in sonderpädagogischer Perspektive ‚systemimmanenten' Protest gegen ‚Verbesonderung' (oder aber zur Verteidigung dieser).

Die Exklusion von Menschen mit Behinderungen führt aber auch zur Konstituierung neuer Systeme, welche sich dieser Menschen annehmen: Soziale Hilfe, Lebenshilfe oder Selbsthilfeverbände. Innerhalb des Erziehungssystems ist hier aber auch die (praktische wie wissenschaftliche) ‚Behindertenpädagogik' zu nennen. Während das allgemeine Erziehungssystem und diese besonderen Systeme auch Parallelen aufweisen (Basis Kommunikation; Auftrag, bei Schülern Veränderungen auszulösen), gibt es auch Unterschiede: Das allgemeine Erziehungssystem arbeite mit dem Programm Lehrplan, dasjenige der Behindertenpädagogik mit individuellen Förderplänen. Dies wird zum einen dem Ziel der Förderung potenziell Exkludierbarer oder Exkludierter gerecht, ist jedoch zum anderen auch ‚systemwidrig', indem es Selektion über Vergleich mit anderen verhindert (Huber 2010, 185). Die hier vollzogene ‚Nebeneinanderstellung' der Programme Lehrplan und Förderplan stellt allerdings eine Art Bestimmung und Setzung der Programme beider ‚Systeme' dar, über die diskutiert werden kann und müsste.

Die Aktivität des Systems Behindertenpädagogik sei dabei potenziell paradox: Zum einen trage es über die Bemühung zur Inklusion zu seiner Selbstabschaffung bei – zum anderen tendiere es (wie wohl jedes System) zur Selbsterhaltung und zur Reproduktion. Mit jeder Operation trage es zur Erhaltung der für es ausschlaggebenden Differenz bei (Huber 2010, 185). Daher könnten solche Systeme die Exklusion nie wirklich verhindern oder stoppen. „Ganz im Gegenteil verhindern sie so vielmehr, dass die Gesellschaft sich mit ihren Exklusionsmechanismen beschäftigen muss" (ebd.). Diese Paradoxie werde oft erkannt, müsste jedoch unbedingt kritisch reflektiert werden.

8.5 Heutige Situation und Kritik

Kritik an der systemtheoretischen Erziehungswissenschaft kommt stark von Seiten der Kritischen Erziehungswissenschaft („Habermas-Luhmann-Kontroverse"; Krüger 2006, 129). Das handelnde Subjekt werde zu einem bloßen Element in einem komplexen Systemgefüge und werde damit nicht als intentional und frei gesehen (Brunkhorst 1995). Zudem bestehe ein Problem in der „Herausfilterung" des Individuums aus der Theorie – die „Froschperspektive der Behavioristen" werde durch eine „komplementäre Vogelperspektive" ausgetauscht, die ebenso wenig tragfähig sei, weil sie das Individuum nicht mehr berücksichtige (Brunkhorst 1995, 210). Wenn von Handlungen, Sinn oder Zwecken die Rede sei, gebe es wohl doch ein „heimliches Subjekt".

Auch die Wissenschaft selbst reduziere sich auf eine bloße Beobachtungswissenschaft. Sie habe damit kein kritisches Potenzial und drohe zum Erfüllungsgehilfen des Systems zu werden, das sie beschreiben und beobachten wolle. Habermas fordert, dass die Strukturen der Lebenswelt als Konstituenten von Gesellschaftssystemen berücksichtigt werden müssten (Brunkhorst 1995, 210).

Zudem würden die Grenzlinien zwischen Pädagogik und Soziologie verwischt; über pädagogische Fragestellungen könne nicht von sozialwissenschaftlichen Grundlagen aus entschieden werden und es dürfe auch nicht die pädagogische durch eine soziologische oder sozialpsychologische Terminologie ersetzt werden.

Schließlich werde durch die Perspektive einer Beobachtungswissenschaft der Schritt zur Handlungslehre durchbrochen – im Sinne einer „Pädagogik als Wissenschaft von und für die pädagogische Praxis" (Krüger 2006, 130).

In den 1990er Jahren wurden systemische Ansätze sehr eng mit konstruktivistischen zusammengebracht, so dass häufig vom „systemisch-konstruktivistischen Ansatz" die Rede war – und ist (Huschke-Rhein 2003; Kösel 1993). Dies ist nicht unproblematisch und bedingt eine nicht-radikale, sondern gemäßigte Sicht des Konstruktivismus. Daher werden hier beide Ansätze getrennt betrachtet; aber inhaltliche Verbindungen werden im Vergleich des hier, unter 8., und des im Weiteren, unter 9., Erörterten deutlich werden (auch Krieger 1996).

8.6 Kontrollfragen zu Systemischer Erziehungswissenschaft

• Können Sie verschiedene Auffassungen von ‚System' unterscheiden?
• Können Sie erläutern, was Zirkularität als zentrales Prinzip systemischen Denkens meint?
• Können Sie erklären, inwiefern Regelkreismodelle wie etwa der didaktische Ansatz von Cubes der Komplexität systemischen Denkens nicht ausreichend gerecht werden?

- Können Sie in eigenen Worten erklären, was Luhmann mit „Differenz" meint?
- Können Sie die geäußerte Kritik gegenüber der Systemtheorie wiedergeben und reflektieren?

9 Konstruktivistische Pädagogik

9.1 Konstruktivismus als Erkenntnistheorie

Begriff und Konzept des Konstruktivismus wurden um 1970 herum in die Erziehungswissenschaft eingeführt. Einen regelrechten ‚Hype' gab es in den 1990er Jahren – in der Heil- und Sonderpädagogik wird Konstruktivismus seit etwa dieser Zeit bis heute intensiv diskutiert.

Ausgangspunkt des Konstruktivismus sind zentrale erkenntnistheoretische Fragestellungen: wie bauen Menschen Erkenntnisse und Wissen auf, und wie ist es um das Verhältnis zwischen Erkenntnis und Wissen einerseits sowie der Wirklichkeit andererseits bestellt? Insofern handelt es sich beim Konstruktivismus insbesondere um eine Art Modell menschlicher Erkenntnis.

Dabei ist zu bedenken, dass es, ähnlich wie für andere wissenschaftstheoretische Positionen, nicht ‚den' Konstruktivismus gibt. „Angesichts der Vielzahl von konstruktivistischen Positionen fällt es schwer, von dem Konstruktivismus zu sprechen" (Werning 2010, 289). Das Spektrum reicht von Positionen des ‚radikalen' bis hin zu einem sozialen Konstruktivismus. Konstruktivistische Zugänge finden sich zudem auch in unterschiedlichsten Wissenschaftsdisziplinen.

Als Ausgangspunkt der Betrachtung kann die Feststellung dienen, dass Erkenntnis, sei es alltägliche oder wissenschaftliche, durch Beobachtung zustande kommt – und diese nie ohne Beobachter auskomme. „Ein ontologischer Zugang zu einer von dem Beobachter unabhängigen Wirklichkeit wird damit zurückgewiesen" (ebd.). Damit wird die Objektivität von Wissen und Erkenntnis ganz grundsätzlich in Frage gestellt. „Objektivität ist die Selbsttäuschung des Subjekts, dass es Beobachten ohne Subjekt geben könne. Die Berufung auf Objektivität ist die Verweigerung der Verantwortung – daher auch ihre Beliebigkeit" (Glasersfeld 1997, 242, zit. n. Werning 2010, 289).

Damit stellt der Konstruktivismus die Epistemologie in den Vordergrund: *Wie* wissen wir? – oder auch: Wie entwickeln wir unser Wissen?

Im Zuge dessen wird auch die klassische Dualität zwischen Subjekt und Objekt aufgehoben. „Beobachter und Beobachtetes sind zirkulär miteinander verbunden" (ebd.). Dieses Verhältnis wird als relational, interdependent und dynamisch gesehen.

Demzufolge erschafft jeder Mensch seine eigenen Wirklichkeitskonzeptionen; es handelt sich stets um individuelle „Konstruktionen" (Heyting 1996). Der Verhaltensphysiologe Gerhard Roth (1992; 1998; 2009) hat dies für die basalen neurophysiologische Funktionen aufgezeigt: Er geht davon aus, dass Wahrnehmung grundsätzlich nicht Realitäten und Objektives wiedergibt und abbildet – und dies auch nicht muss. Hingegen ist sie so gestaltet, dass sie sich für das betreffende Lebewesen als zweckmäßig erweist – im Sinne seiner Funktionsfähigkeit und seines Überlebens. Wahrnehmung muss ‚gangbar' sein. Daher ist von einem Zusammenhang zwischen der Komplexität der (Über-)Lebensbedingungen einerseits und der Komplexität von Wahrnehmung und Nervensystem andererseits auszugehen. Ein Lebewesen im Hochgebirge wird insofern andere Wahrnehmungsorgane, -modalitäten und -repräsentationen entwickeln, als ein Mensch – solche, die seiner Umgebung entsprechen und mit denen es zu existieren vermag.

Dabei erweisen sich die Umgebungen von Lebewesen grundsätzlich als komplex und vieldeutig im Hinblick auf Gegenständlichkeit, Gesetzmäßigkeit und ihre Bedeutung. Auch die über die Sinnesorgane das Nervensystem erreichenden Informationen sind somit vieldeutig. Das Gehirn kann mit dieser Vieldeutigkeit nur so umgehen, dass es die äußere und konkret die über die Sinne ‚eingehende' Komplexität reduziert – nicht zu verwechseln mit dem Gedanken der Komplexitätsreduktion bei Luhmann (Kap. 8). Dabei greift das Gehirn für seine Konstruktionen auf interne Prinzipien zurück (Roth 1992, 284).

Zudem ist zu bedenken, dass von allen Sinnesrezeptoren ausgehend die auf diese einströmenden Reize in Form von elektrischen Impulsen weitergeleitet werden. Solche Impulse sind zunächst unspezifisch, also unabhängig von der Sinnesmodalität – „das Gehirn kann einem Nervenimpuls nicht ansehen, woher er stammt" (Roth 1998, 122; siehe auch 2009, 83ff). Auch solche Unterscheidungen der Sinnessysteme muss das Gehirn erlernen und konstruieren. Es hat nur diesen Zugang zum Äußeren, zur Umgebung. Alle empfundenen Unterschiede zwischen den verschiedenen Sinnesmodalitäten sind ebenso konstruiert wie diejenigen der durch sie übermittelten Inhalte.

Dem Gehirn gehen also über die Sinnesorgane Informationen zu; es konstruiert die äußere Welt jedoch allein aus neuronalen Informationen, die über alle Sinnessysteme ihrem Charakter nach gleich sind: Schon, ob eine Information etwa visuell, akustisch, taktil oder olfaktorisch ist, muss auf Basis der neurologischen Impulse vom Gehirn rekonstruiert werden. Dabei kann das Gehirn die Bedeutung, Korrektheit und Stimmigkeit dieser Informationen nur auf Basis interner Prozesse prüfen. Roth (1987a, 242f) unterscheidet drei grundsätzliche Arten einer solchen Konsistenzprüfung:

1. die Prüfung einer grundsätzlichen Einschätzung der Zuverlässigkeit: Basis sei „die Tatsache, daß durch die lange Stammesgeschichte und durch prägungsartige, ontogenetisch frühe Lernprozesse eine mehr oder weniger verläßliche Zuordnung von Sinnesorganen zu bestimmten Sinneszentren und von Sinnesqualitäten zu bestimmten lokalen Erregungsmustern im Gehirn garantiert ist" (ebd., 242);
2. die „parallele Konsistenzprüfung" im Sinne eines Vergleichs zwischen den Mitteilungen verschiedener Sinnessysteme;

3. die Überprüfung der internen Stimmigkeit, ein Vergleich mit früheren Erfahrungen mit Hilfe des Gedächtnisses – von Roth als „konsekutive Konsistenzprüfung" bezeichnet: „In wenigen Millisekunden wird alle einlaufende sensorische Erregung mit früheren Erregungen und deren Interpretationsfolgen verglichen" (ebd., 243).

Insofern betrachtet Roth das Gehirn als in sich geschlossen und selbst-rückbezüglich: „Das Gehirn läßt sich als ein funktional und semantisch selbstreferentielles oder selbst-explikatives System auffassen. Unter *funktionaler* Selbstreferentialität eines Systems verstehe ich die Eigenschaft, mit den eigenen Zuständen rekursiv oder zirkulär zu interagieren, so daß jeder Zustand aus der Interaktion früherer Zustände resultiert. Selbstreferentielle Systeme sind in ihren Zustandssequenzen selbstbestimmt oder *autonom*. Ihre Zustandssequenzen sind nicht von außen steuerbar" (ebd., 240f).

Dies bedeute allerdings nicht Isolation: Einflüsse von außen seien möglich; ihre Wirkung sei jedoch ausschließlich durch das System selbst bestimmt. Ein solches selbstreferentielles oder auch selbst-explikatives System „weist seinen eigenen Zuständen Bedeutungen zu, die nur aus ihm selbst kommen" (ebd., 241).

Eine solche Abgeschlossenheit des Gehirns und das Funktionsprinzip der Selbstreferentialität bringt Vorteile mit sich: Das Gehirn ist nicht starr an seine Umwelt angekoppelt und damit durch von außen kommende Informationen fremdgesteuert; die Bewältigung komplexer Umwelten wird durch Komplexitätsreduktion und Selbstrückbezüglichkeit möglich: „Externe Komplexität wird durch intern generierte Komplexität reduziert. Wäre das menschliche Gehirn ... ein ,offenes', d.h. auf genaue Erfassung der Welt ausgerichtetes System, so wäre es häufig von der Flut der Umweltereignisse überwältigt und zur Steuerung sinnvollen Handelns gar nicht fähig" (ebd., 247). Das Gedächtnis spielt hierbei für Roth (1998) eine wesentliche Rolle: „Das Gedächtnis ist unser wichtigstes Sinnesorgan" (ebd., 261).

Realität ist also aus dieser Perspektive ganz grundsätzlich immer eine individuelle, je subjektive Konstruktion. Damit wird auch die Verständigung zwischen Individuen schwierig, wenn jedes Wesen in und mit seiner eigenen Realität lebt. Sie wird jedoch auch aus Sicht des Konstruktivismus nicht für unmöglich gehalten: Der Versuch einer solchen Verständigung zwischen Individuen über ihre jeweiligen Konstruktionen ist zunächst unverzichtbar, da die internen ,Realitäten' so unterschiedlich sind – und Verständigungsbestrebungen verhelfen zur Entwicklung von Bereichen einer gemeinsamen, geteilten (konsensuellen, ko-konstruierten oder ko-konstruktivistischen) Realität. Dabei birgt allerdings jeder Verständigungsversuch zugleich auch wiederum das Potenzial neuer Verkennungen und Missverständnisse. Konstruktionen müssen daher immer wieder neu abgeklärt werden; Verständigung wird zu einem prozesshaften Geschehen und zu einer überdauernden, immer wieder anzugehenden Notwendigkeit.

Diese neurophysiologischen Überlegungen basieren auf der bereits angedeuteten Theorie der Autopoiese, ausgehend von den Arbeiten von Maturana & Varela (1987): Lebende Systeme sind operational geschlossen und erzeugen sowie erhalten ihre eigene Organisation stetig durch ihr Operieren. Sein und Tun werden als untrennbare Einheit gesehen. Dabei muss zwischen *Organisation* und *Struktur* unterschieden werden (Werning 2010, 290):

- Organisation meint die Einheit des zirkulären Produktionsprozesses der Systemkomponenten. Diese ist invariant.
- Struktur meint die konkreten Relationen zwischen den Bestandteilen, als Abfolge und Verkettung der Bestandteile im fortlaufenden Prozess der Produktion – diese ist veränderbar, zugunsten des Weiterbestehens sowie auch der Entwicklung des Organismus.

Autopoietische Systeme haben also folgende Eigenheiten:

- „Sie sind strukturdeterminiert ...
- Ihre Aufgabe besteht darin, sich selbst zu reproduzieren ...
- Sie sind operational geschlossen und können nur mit ihren Eigenzuständen operieren" (ebd., 290). Damit sind sie zwar von außen nicht formbar, können aber von dort Informationen aufnehmen und verarbeiten. Dies wiederum wird durch die interne Struktur bestimmt, nicht durch die Umwelt.

All dies gilt auch für den (wissenschaftlichen) Beobachter. Diesen Gedanken hat am deutlichsten Luhmann (1988, zit. n. Heyting 1996) eingeführt: Es gibt nur eine Gesellschaft und insofern auch nur ein umfassendes System der „Autopoiesis von Kommunikation ... Erst die Soziologie der Erkenntnis ermöglicht einen radikalen, sich selbst einschließenden Konstruktivismus" (ebd.).

Nicht einmal radikale Konstruktivisten gehen davon aus, dass Wirklichkeitskonstruktionen beliebig sind. Anstelle von Korrespondenz (zwischen Wissen und Wahrheit) setzen sie *Viabilität*. „Viabilität bezeichnet ... die Gangbarkeit, das Funktionieren bzw. Passen von spezifischen Vorgehensweisen in der eigenen Erfahrungswelt" (Werning 2010, 291). Dieser Gedanke schien schon weiter oben auf, als es um die Funktionalität der Wahrnehmung von Lebewesen ging. Ein solcher Weg der Gangbarkeit geschieht als Einschätzung und Ziehen von Konsequenzen durch Organismen der anhand ihrer Konstruktionen im Handeln gemachten Erfahrungen. Das Konzept lässt sich auch neurobiologisch untermauern, wie die Gedanken von Roth oben zeigen. Allerdings geht Roth im Sinne eines „realistischen Konstruktivismus" durchaus davon aus, dass es eine (reale) bewusstseinsunabhängige Welt gibt. Das ist nicht bei allen Vertretern des Konstruktivismus (vgl. „radikaler Konstruktivismus") unbedingt der Fall.

Zwischen Systemen, die zuvor vereinzelt waren, kann es zu „strukturellen Koppelungen" (Kösel 1993, 44ff) kommen: „Solche Zusammenschlüsse können durch Sprache, durch soziale Normen, durch gemeinsame Ideen, durch Rollenübernahme, durch rekursive Interaktionen oder durch gemeinsame Interessen geschehen"

(Huschke-Rhein 2003, 206). Systeme nehmen hierdurch phasenweise miteinander Kontakt auf. Außenreize, die von einem System aufgenommen werden, können im System Verstörungen hervorrufen. Diese werden aus konstruktivistischer (wie systemtheoretischer) Perspektive als *Perturbationen* bezeichnet. Das System könnte zu seinem alten Gleichgewicht zurückkehren, aber solche Verstörungen vermögen auch eine Neuorganisation des Systems nach sich zu ziehen oder hierzu beizutragen. „Umweltereignisse haben für ein informationell geschlossenes System keinen Informationswert. Sie sind nur noch ‚Perturbationen‘, das heißt Störungen, die erst zu Informationen auf Grund der eigenen Organisation des Systems werden" (Krieger 1996, 38).

Systeme bewegen sich in Umwelten. Diese Bewegung wird als *Driften* in einer *Driftzone* bezeichnet. „Die Erhaltung der Autopoiese und die Erhaltung der Anpassung sind notwendige Bedingungen für die Existenz der Lebewesen; die ontogenetische Strukturveränderung eines Lebewesens in seinem Milieu wird immer ein strukturelles Driften sein, das mit dem Driften des Milieus in Übereinstimmung ist" (Maturana & Varela 1987, S. 113f.; siehe auch Kösel 1993).

Auch wenn Wissen auf individuellen Konstruktionen basiert, ist zu bedenken, dass Menschen sozial eingebunden sind. Maturana & Varela (1987, 209) sprechen diesbezüglich von „Netzwerken von Ko-Ontogenesen". Im sozialen Miteinander werden „konsensuelle Bereiche" entwickelt, welche die Grundlage von Konsensbildungen (höherer Ordnung) bieten (Werning 2010, 292). Dabei unterscheidet Glasersfeld (1997, zit. n. Werning 2010, 292) zwischen Viabilität I. und II. Ordnung: Die Passung von Handlungen, Begriffen und Operationen werde auf einer höheren Ebene sozialverträglich geteilt. Eine zentrale Bedeutung kommt dabei der Sprache zu. Hier besteht allerdings ein Konfliktpunkt zwischen radikalen und sozialen Konstruktivisten.

9.2 Grundlagen

Die konstruktivistische Sicht auf Wahrnehmung, Erkenntnis und Wahrheit führt zu einer sehr eigenständigen, spezifischen Auffassung erziehungswissenschaftlichen Arbeitens und pädagogischer Praxis. Geht man davon aus, dass Menschen ihr Bild von der Welt grundsätzlich selbst konstruieren, so bedeutet dies auch, dass sie die Welt auf Grundlage dieser eigenen Konstruktionen wahrnehmen (etwa Schmidt 1995, 31). Es wurde ja bereits darauf hingewiesen, dass Roth (etwa 1987b, 280) das Gedächtnis als „wichtigstes Sinnesorgan betrachtet. Wissen kann sich bewähren und sozial abgeglichen werden, ist jedoch nie als endgültige und gerade aus konstruktivistischer Sicht nicht als einzig gültige Wahrheit anzusehen. Schmidt (1987, 38) weist auf die ethischen Konsequenzen hin, die sich aus dieser Auffassung ergeben: „Wenn Wahrheit und Wirklichkeit als absolute und letztverbindliche Berufungsinstanzen ausscheiden, weil sie prinzipiell von keinem Menschen erkennbar oder besitzbar sind, dann müssen wir für unsere Handlungen und Kognitionen die Verantwortung übernehmen, müssen in eigener Person für unser Verhalten und unsere Wissenskonstruktionen einstehen. Wir können dann nur versuchen, andere durch Argumente zu überzeugen, wir müssen uns einem nutzenorientierten Ideenwettbewerb aussetzen." Diese Perspektive zieht Konsequenzen für die Sicht auf wissenschaftliche Arbeit, pädagogische Professionalität in der Praxis – aber auch auf lernende Menschen nach sich: „Auch Lernen muss in den Prozess der Konstruktionen eines Menschen eingeordnet werden; Wissen und Erfahrungen werden nicht passiv aufgenommen, sondern aktiv konstruiert" (Stein & Stein 2014, 18).

Was die Konstruktionen und inneren Strukturen des Menschen betrifft, sind hier zwei Aspekte in den Vordergrund zu stellen:

- Im Hinblick auf die Konzepte der Selbstreferentialität und Autopoiesis vollziehen sich Lernprozesse, auch Vorgänge von Bildung und Erziehung, stets im Rahmen von Strukturen, die kognitive, emotionale und auch körperliche Aspekte beinhalten. „Gerade bei Kindern spielen emotionale Momente von Erlebnissen und Erfahrungen eine besondere Rolle" (ebd., 19) – das gilt aber, insbesondere für kleinere Kinder, auch für körperliche Aspekte. Neue Erfahrungen werden stets – selbstreferentiell – im Rahmen der aufgebauten und bestehenden internen Konstruktionen aufgenommen. Häufig stehen im konstruktivistischen Diskurs kognitive Aspekte im Vordergrund, aber Konstruktionen implizieren eben auch solche emotionalen und körperlichen Momente (etwa Schmidt 1987b, 61f. mit Rückbezug auf Ciompi sowie auch Reich 1997).

- Auf der einen Seite stehen die je subjektiven Konstruktionen der einzelnen Individuen. Im Rahmen professioneller pädagogischer Settings kommen aber Menschen mit ihren je eigenen Konstruktionen zusammen. Von besonderer Bedeutung ist damit die Kommunikation, die stets als ‚strukturelle Koppelung' verstanden werden muss. Im Sinne einer gelingenden Kommunikation muss dabei „die Ausbildung von gleichen oder ähnlichen Strukturen in Subjekten" (Tschamler 1996, 76) vonstattengehen. Vermittels der zwischen Individuen geteilten Systeme von Kultur und Sprache können Gemeinsamkeiten gebildet werden: „Was wir – eingebunden in biologische und soziokulturelle Evolutionsprozesse – als Wirklichkeit erfahren, ist ökologisch valides (überlebenstaugliches) Wissen, das wir erfahrungsgemäß mit anderen teilen, eben weil seine Konstruktion vom Umgang mit anderen (Interaktion), von Sprache und Kultur konstituiert wird" (Schmidt 1995, 31). Dieses Teilen kann allerdings aus einer konsequenten konstruktivistischen Sicht stets nur begrenzt sein, es handelt sich immer um Annäherungsprozesse.

Aus dieser Perspektive sind Lernen, Bildung und Erziehung alles andere als ‚machbar'. Es kann auch nicht davon ausgegangen werden, dass solche Bedingungen zu schaffen wären, die sicher spezifische Wirkungen vorausbestimmen oder vorhersagbar machen. Lernen ist alles andere als ein unmittelbares Resultat von Informationsübertragung. Zudem kann von außen auch nicht sicher festgestellt werden, ob und welche Lernprozesse stattgefunden haben (Heyting 1996). Didaktische Prozesse und Interaktionen können nur „nicht-instruktiv" verlaufen (Maturana & Varela 1987, 85; 187ff).

Dies hat aus Sicht des pädagogischen Konstruktivismus erhebliche Konsequenzen für pädagogische Professionalität, für die Arbeit von Lehrenden und für die Gestaltung von Lernkontexten. Zum einen gilt das Konzept der „strukturellen Koppelung" auch für die Lehrenden (Kösel 1993, 44f.; Maturana & Varela 1987, 85): Sie können nur versuchen, sich den Wirklichkeitskonstruktionen der Lernenden zu nähern und diese zu erfassen. Dies muss günstigenfalls in einem stetigen Austausch geschehen. „Wenn dieser Vorgang erfolgreich ist, kommt es zur Ankoppelung zwischen den Konstruktionen des Lehrenden und jenen des Lernenden" (Stein & Stein 2014, 21). „Lernen und Lehren sind im Sinne dieser Argumentation als konstruierende Tätigkeiten interagierender kognitiver Systeme zu betrachten, die sich gegenseitig ‚perturbieren', nicht jedoch in linear-kausaler Weise determinieren" (Heyting 1996). Hinzuzufügen ist, wie oben dargestellt, dass es sich, bleibt man in Heytings Terminologie, auf beiden Seiten um ‚kognitiv-emotional-leibliche' Systeme handelt. Was die Lernangebote und die Gestaltung von Lernwelten anbelangt, können Lehrende lediglich Angebote machen, an welche die Lernenden ‚anzudocken' vermögen, um auf Basis der Auseinandersetzung mit diesen zur Erweiterung und Veränderung eigener Konstruktionen zu kommen. Eine solche „Modellierung von Lernwelten" im Sinne einer konstruktivistischen Didaktik, einer „subjektiven Didaktik", hat insbesondere Kösel (1993) entworfen (Stein & Stein 2014, 136ff). Darüber hinaus hat die konstruktivistische Perspektive nicht nur die Diskussion um die Überprüfbarkeit von Lernerfolgen, sondern auch generell um die Planbarkeit von Unterricht (neu) entfacht.

Bei Kösel (1993), aber auch an anderer Stelle (Huschke-Rein 1996; Stein & Stein 2014), wird der Schluss gezogen, dass man nicht nur von der (konstruierenden) Selbsttätigkeit der Lernenden ausgehen müsse, sondern diese auch konsequent zu fördern wäre, weil nur so autopoietisch fundierte Entwicklungsprozesse denkbar wären – und dass die unmittelbare, aktive Einbindung der Lernenden in die Gestaltung von Lernwelten unverzichtbar sei.

Alle bisher entwickelten Konzepte und Sichtweisen ziehen auch für ein konstruktivistisch orientiertes erziehungswissenschaftliches Arbeiten Folgen nach sich: Auch Wissenschaftler agieren aus dieser Perspektive mit ihren Konstruktionen und innerhalb ihrer eigenen Realität. Sie müssten sich dessen bewusst sein – und damit trotz allen Bemühens um objektive Forschung ihrer unausweichlichen Subjektivität im Forschungsprozess sowie der Relativität ihrer Ergebnisse. Darüber hinaus rückt auch die Problematik, wie sich eine echte Verständigung über Erkenntnisse erzielen lässt, neu in den Fokus. Im Hinblick auf die Realisierung ,systemisch-konstruktivistischer' Forschung weist Huschke-Rhein (1996) darauf hin, dass der Systemansatz qualitative und hermeneutische Forschungsmethoden bevorzuge, aber auch empirisch-analytische Methoden nicht aus-, sondern einschließe. Dabei ist zu sagen, dass hier ein stark systemische und konstruktivistische Gedanken verbindendes Konzept im Hintergrund steht. „Allerdings hält der Systemansatz daran fest, daß die klassischen methodologischen Kriterien wie Kausalität, Meßbarkeit, Allgemeingültigkeit usw. ebenso wie empirische Erhebungskategorien unsere kognitiven Konstrukte darstellen und nicht den Objekten ,an sich' zukommen. Der Komplexität nichtlinearer Systeme werden darum qualitative, interpretative und hermeneutische Methoden besser gerecht" (ebd.).

Im Falle eines Schulversuch zur inklusiven bzw. nicht-inklusiven Beschulung von Kindern oder auch Jugendlichen sowie den sie unterrichtenden Lehrkräften böten sich den begleitenden Wissenschaftlern daher z.B. die Inhaltsanalyse zu geführten Interviews, Fallstudien zur Entwicklung einzelner Kinder, narrative Forschungselemente oder Biographieforschung, z.B. in Form von Tagebucheinträgen, Handlungs- und Aktionsforschung direkt im Klassenzimmer, subjektive Deutungsmodelle sowie „von der Chaosforschung inspirierte Attraktormodelle" (Huschke-Rhein 1996) an.

Aus einer konstruktivistischen Position heraus liegen grundsätzlich alle Methoden nahe, die sich der ,inneren' Welt der zu betrachtenden bzw. untersuchenden Personen annähern können. Die sind insbesondere Ansätze der qualitativen Befragung und Datenerhebung.

Aus beiden, im Vergleich zu anderen Positionen ja recht jungen, Ansätzen der Systemtheorie und des Konstruktivismus heraus findet man sehr viel zur pädagogischen Methodik, aber recht wenig Diskussion zu wissenschaftlichen, forschungsorientierten Methoden. Dies spricht für einen erheblichen Weiterentwicklungsbedarf dieser Konzepte.

Als ein Beispiel für einen solchen Ansatz kann die von Glaser und Strauss (1967) seit den 1960er Jahren auf Basis des Symbolischen Interaktionismus entwickelte Grounded Theory Method (GTM) gelten. Ziel ist jedoch nicht die Rekonstruktion subjektiver Perspektiven und Einstellungen, sondern die Herausarbeitung und Bildung von Theorien, die in empirischen Daten enthalten sind. Ohne auf die zwischen Glaser und Strauss entstandenen Differenzen und weitere Entwicklungen eingehen zu wollen, kann festgehalten werden, dass eine Strömung der Grounded Theory nahe am Konstruktivismus orientiert ist: „Im Gegensatz zu objektivistischen Positionen in der GTM liefert die konstruktivistische Haltung einen umfassenderen Zugang zur Rolle der ForscherIn im Prozess. Objektivistische GTM bezieht sich zwar ebenfalls auf eine reflexive Haltung, nimmt diese aber als eine Variable im Prozess wahr. Die entstehende Theorie wird von dieser Haltung dann befreit und objektiv betrachtet. Dieser Tendenz entgegnet die KGTM [Konstruktivistische GTM; Anm. d. Autoren], indem sie die reflexive Haltung bis zur Auswertung der Daten mitträgt und damit einen gänzlich unterschiedlichen epistemologischen Anspruch erhebt ..., der sich eher am *Verstehen* als am *Erklären* orientiert" (Winter 2013, 6).

Insbesondere in – und seit – den 1990er Jahren hat sich eine intensive erziehungswissenschaftliche und auch sonderpädagogische Diskussion konstruktivistischer und „systemisch-konstruktivistischer" Positionen und ihrer wissenschaftlichen wie praktischen Bedeutung entwickelt (etwa Voß 1998).

Aus wissenschaftlicher Perspektive ist kritisch zu fragen, inwiefern konstruktivistische Positionen einer gewissen Beliebigkeit der Erkenntnis das Wort reden: Was bedeutet noch ,Wahrheit', wenn jeder Mensch seine eigenen Konstruktionen hiervon hat und es keine Kriterien für ,bessere' und ,schlechtere' Annäherungen dieser Konstruktionen an die ,Realität' gibt? Müsste nicht selbst die Wirklichkeitssicht eines Psychotikers aus dieser Perspektive akzeptiert werden? In pädagogischer Hinsicht wäre zu fragen, ob auch die Gestaltung von Lernprozessen einer großen Beliebigkeit unterliegen könnte, denn es können ja nur Angebote sein, um ,Perturbationen' zu erzeugen, deren Wege aber unwägbar wären. Dagegen wäre die Argumentation zu setzen, dass Freiheit der Wirklichkeitskonstruktion auch ethische Verantwortlichkeit möglich, ja sogar notwendig mache. Diese Freiheit wäre allerdings als negative zu verstehen: es stehe keine Außenzuschreibung mehr zur Verfügung; Beschreibungen müssten in eigener Verantwortlichkeit entwickelt werden (Watzlawick 1992, zit. n. Heyting 1996).

9.3 Kontrollfragen zum Konstruktivismus

• Können Sie erklären, inwiefern der Konstruktivismus eine Erkenntnistheorie ist?
• Können Sie erläutern, was man im Konstruktivismus unter ,Viabilität' versteht?
• Können Sie die Bedeutung des Konzepts der ,Perturbation' für die Pädagogik herausstellen?
• Können Sie aus sonderpädagogischer Sicht Konsequenzen für das Unterrichten von Kindern und Jugendlichen aus konstruktivistischer Perspektive ziehen?
• Können Sie begründet Kritik an der konstruktivistischen Sichtweise üben?

10 Empirische Forschungsmethoden

Methoden und Methodologie wurden bereits durchweg im Rahmen der Darstellung der unterschiedlichen wissenschaftstheoretischen Positionen mitbedacht, knapp vorgestellt und diskutiert. In diesem Kapitel sollen nun spezifisch und etwas vertiefter Grundfragen wissenschaftlichen Arbeitens im Vordergrund stehen, über alle Positionen hinweg. Zunächst wird der Ablauf wissenschaftlicher Untersuchungen beleuchtet und skizziert – um anschließend Untersuchungsarten sowie grundlegende Forschungsansätze und einige konkrete Methoden wissenschaftlichen Forschens zu betrachten.

10.1 Ablauf einer wissenschaftlichen Untersuchung

Wie gestaltet sich nun der Ablauf einer wissenschaftlichen Untersuchung tatsächlich? Mit Bortz & Döring (1995, 2006, 35ff) können sieben zentrale Schritte unterschieden werden. Diese stellen, hier etwas anders gegliedert, den Hintergrund der nachfolgenden, auch unter sonderpädagogischem Bezug erfolgenden Überlegungen dar.

Zunächst gilt es, ein *Thema* für die die Untersuchung zu finden und festzulegen. Wichtiges Ausgangskriterium hierfür ist, dass das Thema einer Untersuchung auf die Erweiterung des vorhandenen Bestands an Erkenntnissen zu einem bestimmten Sachverhalt abzielt. Natürlich kann das Thema einer Untersuchung aus verschiedenen Quellen heraus gewonnen werden. Rund um einen Themenkomplex könnte ein Ideenpool gebildet werden, aus dem sich nach und nach das zentrale Thema der Untersuchung herausschält.

Im Falle des Beispiels eines Schulversuchs zu inklusiver Unterrichtung sammelte man alle möglichen Themen und Fragestellungen, die man mit der Durchführung des Schulversuchs beantwortet sehen möchte, versucht dann beispielsweise eine Reihenfolge oder Hierarchie an Themen und Fragen herzustellen und so das eigentliche Thema der Untersuchung herauszufiltern. Hier könnte es also um Schulleistungen gehen, um das Wohlbefinden von Schülern, um soziale Akzeptanz und vieles mehr. Anders ließe sich vorgehen, wenn man sich alle möglichen Forschungsbefunde zu ähnlich gelagerten Schulversuchen ansieht und entweder eine parallele Fragestellung für die eigene Untersuchung entwirft oder aber analysiert, welche Fragen und Themen in den vorhandenen Studien und Befunden unberücksichtigt geblieben sind. So käme man beispielsweise zu der Erkenntnis, dass es einige Studien gibt, die sich mit den Schulleistungen in inklusiven Beschulungsformen befassen, soziale und emotionale Aspekte jedoch kaum berücksichtigen und könnte aus einer solchen Erkenntnis das Thema der eigenen Untersuchung gewinnen.

Neben eigenen Ideen für wissenschaftliche Untersuchungen könnten auch bestehende Forschungsbefunde Forschungsanlässe hervorrufen: Man könnte auf ihrer Basis neue Fragen entwickeln, versuchen, Widersprüche zwischen unterschiedlichen Theorien oder auch zwischen vorliegenden Befunden zu klären – oder auch Replikationen, also Wiederholungen vorliegender Untersuchungen anstreben, um deren Ergebnisse zu validieren oder auch zu widerlegen. Gerade solche Replikationen werden aktuell stark diskutiert, beispielsweise in der Psychologie – um das durch empirische Forschung generierte Wissen kritisch auf Fehl-Erkenntnisse hin zu überprüfen. Schließlich könnten aber auch bestimmte vorliegende Konzepte oder Methoden erstmals empirisch untersucht werden. Diese Möglichkeiten werden weiter unten, am Beispiel des diesem Buch zugrunde gelegten Schulversuchs, noch einmal näher erörtert.

Auch wenn man so vorgeht wie bisher beschrieben, ist noch nicht garantiert, dass sich das gefundene Thema oder die interessante Fragestellung auch für eine Untersuchung eignen. Hierzu wäre es notwendig und unverzichtbar, die Untersuchungsidee zu *bewerten*. Dazu dienen einige Anhaltspunkte:

• Auf der wissenschaftlichen Ebene gilt es zu prüfen, ob sich aus der Idee auch eine Frage oder ein Problem formulieren lässt, worüber genau benannt wird, was man untersuchen oder herausfinden möchte. Es geht also – im Rahmen der Problemformulierung – um sprachliche Präzision einerseits, um die Genauigkeit im Umgang mit Begriffen und Konzepten andererseits.

Interessiert man sich beispielsweise dafür, wie es den Kindern mit sonderpädagogischem Förderbedarf in einer inklusiven Klasse geht, so wäre hier zu klären, nach was man genau fragt: der Akzeptanz, dem Wohlbefinden oder nach Freundschaften? Darüber hinaus wäre zu klären, was sich konzeptionell hinter einem Begriff wie Akzeptanz oder Wohlbefinden verbirgt. Sollte dieser Klärungsschritt erfolgreich sein, bedarf es einer Abschätzung der empirischen Untersuchbarkeit. Dabei spielt vor allem der – einerseits erforderliche, andererseits realisierbare – Aufwand eine Rolle. Wie viele Interviews müssten durchgeführt werden, wie viele Fragen gestellt und wie viele Fragebögen und standardisierte Verfahren eingesetzt werden, um am Ende möglicherweise etwas über die Akzeptanz der Schüler mit sonderpädagogischem Förderbedarf in einer inklusiven Schulklasse aussagen zu können?

Dabei stellt sich die Frage, wie dieser Aufwand im Verhältnis zu eigenen finanziellen und zeitlichen Ressourcen, aber auch zum Vermögen der untersuchten Kinder steht.

Abschließend wäre noch einmal zu klären, ob die Fragestellung und die geplante Untersuchung tatsächlich auch eine gewisse wissenschaftliche Tragweite aufzuweisen haben oder ob nicht vielmehr Zeit, Kraft und Geld vergeudet werden, um etwas herauszufinden, was eigentlich schon bekannt oder aber logisch erschließbar wäre.

- Ein kritischer Blick sollte auch der wissenschaftlichen Relevanz des Untersuchungsgegenstands gelten und dessen, was an Erkenntnis gewonnen werden könnte. Jede Untersuchung wird von Begrenztheit gekennzeichnet sein und sich der Frage der Nützlichkeit stellen müssen (Bortz & Döring 1995; 2006, 40). Allerdings wäre es wohl verfehlt, radikal nur nach dem ‚Nützlichkeitswert' von Forschung und ihren Erkenntnissen zu fragen.

- Auf einer wissenschaftsethischen Ebene wären ebenfalls einige Fragen zu klären, bevor man die Untersuchung im Detail planen kann. Die im Einzelnen zu berücksichtigenden Aspekte sind im Kapitel 11.2 ausführlicher zusammengetragen und dargestellt.

Im nächsten Schritt geht es an die genauere *Planung* der Untersuchung. Nicht ganz einfach ist es, den Anspruch der geplanten Untersuchung einzuschätzen, denn dazu muss der Untersuchungszweck mit in der Wissenschaft zu diesem Thema vorhandenen Fragestellungen abgeglichen werden. Andererseits muss der Anspruch einer Untersuchung auch mit äußeren Gegebenheiten übereinstimmen.

So wäre es unverhältnismäßig und mit den Prüfungsordnungen nicht übereinstimmend, von Studierenden zu verlangen, beide Klassen in einem Schulversuch zu inklusiver Unterrichtung über vier Jahre hinweg komplett zu begleiten und in allen Aspekten der Themenstellung zu untersuchen. Angemessen wäre es aber beispielsweise, wenn Studierende im Rahmen ihrer Qualifikationsarbeit Teile einzelner Fragekomplexe des Schulversuchs bearbeiteten: zum Beispiel, welche spezifischen Problemstellungen im Hinblick auf die soziale Akzeptanz sich durch die inklusive Beschulung eines Kindes mit Förderbedarf in der motorischen Entwicklung ergeben.

Zu klären ist hier, was mit der Untersuchung konkret erreicht werden soll, wie vorgegangen wird (siehe auch 10.2), was und wer wie untersucht werden sollte, wie die Untersuchung konkret ablaufen sollte und wie eine Auswertung und Analyse der Befunde vollzogen werden kann, auch mit welchen konkreten Methoden. Diese Aspekte werden weiter unten, anhand von Beispielen, noch einmal näher erörtert.

Daraufhin beginnt das *Literaturstudium*, um gut vorbereitet die geplante Untersuchung vorbereiten zu können. Dazu ist es hilfreich, sich am Beginn zunächst recht allgemein zu orientieren und in Handbüchern, Lexika oder auch Kongressberichten sowie auch über Internetrecherchen nach dem Themenkomplex und seinen relevanten Kontexten zu suchen. Gegebenenfalls kommt es im Anschluss daran noch einmal zu einer Präzisierung der Fragestellung oder gar zu einer völlig neuen Formulierung. Daran schließt sich dann ein vertiefendes Studium von Fachliteratur, vorhandenen Studien und Artikeln an. Basis werden häufig Recherchen in fachbezogenen Datenbanken sein, in denen punktgenauer und auf die verfügbare Breite der wissenschaftlichen Literatur bezogen recherchiert werden kann. Es ist wichtig, parallel zu all dem die geleistete Recherchearbeit zu dokumentieren, sei es analog durch Karteikartensysteme u. ä oder auch digital, beispielsweise mithilfe einer Verschlagwortung in entsprechenden Programmen.

Eine detaillierte Literaturrecherche, die sich gezielt an der Fragestellung der geplanten Untersuchung ausrichtet, hilft dabei, die geeignete *Untersuchungsart* auszuwählen.

Je nachdem, wie beispielsweise der Erkenntnisstand und die Fragestellung im Zusammenhang mit inklusiven Schulversuchen sind, wird man sich entscheiden, eine explorative, eine populationsbeschreibende oder eine hypothesenüberprüfende Untersuchungsart auszuwählen.

Natürlich muss man sich auch überlegen, welches Maß an Gültigkeit sich mit der Untersuchung erzielen lässt. Lassen sich mit der gewählten Untersuchungsart Ergebnisse erzielen, mit denen eine so genannte innere Validität erzielt werden kann, mit der sich also Aussagen treffen lassen, die innerhalb der Untersuchung gültig sind? Wie lässt sich eine Untersuchungsart auswählen, mit der es gelingen könnte, möglicherweise auch eine externe Validität zu erzielen? Das hieße, dass man anhand der Ergebnisse aus der Untersuchung eines Schulversuchs auch Aussagen für andere, vergleichbare Schulversuche machen könnte. Im Rahmen studentischer Qualifikationsarbeiten lässt sich aber eine externe Validität nur im seltensten aller Fälle wirklich erzielen.

In der Untersuchung inklusiver versus nicht-inklusiver Beschulung beispielsweise hat man es in der Regel mit zwei natürlichen Gruppen zu tun, an deren Zusammensetzung man nichts ändern kann. Für andere Untersuchungsthemen könnte es aber hilfreich sein, Gruppen experimentell, also durch das Zufallsprinzip oder gezielte Kriterien bestimmt, zusammenzustellen. Entscheiden muss man schließlich auch noch, ob man eine Feld- oder eine Laboruntersuchung durchführt. Eine Felduntersuchung wird für den Großteil von Schulversuchsbegleitungen das wahrscheinlichste sein, da man die Kinder im Unterricht beobachten muss oder ihnen im Klassenverband Fragebögen zur Beantwortung austeilt. .

Umgekehrt könnte es auch sein, dass Interviews mit einzelnen Schülern über die Klassensituation oder andere Aspekte in einem eigenen Raum durchgeführt werden, sei es an der Schule oder anderswo. Dann hätte man eine Laborsituation geschaffen. Beispielhaft dafür wäre auch, den Unterricht von zwei zu vergleichenden ersten Klassen über mehrere Wochen immer wieder in einem virtuellen Klassenzimmer an einer Universität zu beobachten, aufzuzeichnen und zu analysieren

Nach diesen Vorleistungen kann schließlich das Thema der Untersuchung genau formuliert werden. Dazu sollen im Folgenden einige untersuchungsartabhängige Beispiele gegeben werden:

• Überprüfung theoretisch begründeter Hypothesen oder Forschungsfragen:

Z.B. waren vielleicht in einer Untersuchung spezifische Ergebnisse für die unterschiedliche Schulleistungsergebnisse inklusiver und nicht-inklusiver Klassen zu finden. Dieses Ergebnis gilt als hypothetischer Ausgangspunkt. Die theoriegeleitete Hypothese wäre demnach, dass es sich im aktuellen Schulversuch genauso verhält. Dies wird untersucht.

• Replikation wichtiger Untersuchungen:

Z.B. wird ein zurückliegender identischer Schulversuch nun mit genau denselben Methoden wiederholt, um zu sehen, ob sich die Ergebnisse des ersten Schulversuchs bei gleicher Durchführung bestätigen oder nicht.

• Klärung widersprüchlicher Untersuchungen oder Theorien:

Z.B. könnten sich unterschiedliche Aussagen über die soziale Akzeptanz von Kindern mit sonderpädagogischem Förderbedarf in inklusiv beschulten Klassen in der Literatur finden. Die Untersuchung versucht, diese Widersprüche nun zu klären.

• Überprüfung neuer methodischer oder untersuchungstechnischer Varianten:

Z.B. wurde ein neuer Fragebogen entwickelt, um das Wohlbefinden von Kindern in der Schule zu überprüfen. Dieses Instrument wird nun gleichzeitig mit einem altbewährten Fragebogen eingesetzt, um Unterschiede und mögliche Verfahrensfehler herauszufinden.

- Überprüfung des Erklärungswertes bisher nicht beachteter Theorien:

Z.B. begründen möglicherweise vorliegende Untersuchungen zur sozialen Akzeptanz von Schülern mit emotional-sozialem Förderbedarf die Ablehnung dieser Schüler bislang immer mit spezifischen psychologischen Annahmen. Der Tatbestand der Ablehnung soll nun anhand einer soziologischen Ausgangsannahme noch einmal geklärt und gegebenenfalls neu interpretiert werden.

- Erkundung von Hypothesen:

Z.B. werden nach ausführlichen Beobachtungen im Unterricht diese Beobachtungen gebündelt und mit ihnen Verhaltensweisen von Kindern beschrieben, um zu prüfen, inwieweit vor dem Schulversuch aufgestellte Hypothesen eine Untersuchung wert sein könnten.

Zur Themenfindung und -formulierung gehört es auch, Begriffe genau zu definieren und zu operationalisieren. Das heißt, dass die verwendeten Begriffe und Fachausdrücke genau bestimmt werden müssen; ebenso wie der Untersuchungsgegenstand selbst.

Was meint z.b. inklusive Beschulung, welcher Förderbedarf wird bei einer Untersuchung dessen beachtet, welche Kinder werden untersucht?

Bei der Definition der Arbeitsbegriffe kann zwischen verschiedenen Definitionsarten unterschieden werden, was wiederum oft vom Untersuchungsgegenstand abhängig ist (Bortz & Döring 1995; 2006, 60ff):
1. Real- und Nominaldefinitionen bestimmen Begriffe in ihrem Wesen, indem Beispiele zu ihrer Verwendung oder aus dem Alltag gegeben werden.
2. Analytische Definitionen bestimmen Begriffe oft durch ihre Semantik oder durch die Art und Weise, wie sie verwendet werden. Dies ist ein in der Phänomenologie oftmals gebräuchliches Verfahren.
3. Operationale Definitionen versuchen einen Begriff zu standardisieren, indem sie verdeutlichen, welche Operationen notwendig sind, um den Begriff zu erfassen oder indem sie angeben, was gemessen werden muss, um sagen zu können, dass das vorliegt, was ein Begriff bezeichnet. Problematisch ist dabei aber, dass sehr viele Aspekte berücksichtigt werden müssen, wie beispielsweise die Häufigkeit, die Reaktionszeit oder -dauer oder andere messtheoretische Herausforderungen.

Schließlich gilt es die Stichprobe in Art und Größe auszuwählen, am Beispiel eines Modellversuchs zu inklusiver Beschulung etwa zwei erste Klassen (z.B. insgesamt 60 Schüler als Größe), wovon die eine inklusiv und die andere nicht inklusiv arbeitet (Art der Beschulung bzw. ‚Intervention‘).

Für die Durchführung selbst empfiehlt es sich, in einem Exposé die Planungs-grundlagen zu dokumentieren und darzulegen. Dies hilft nicht nur für die spätere Auswertung und Interpretation, sondern schafft auch Transparenz im Sinne der Kriterien wissenschaftlichen Arbeitens. Nach Durchführung müssen die gewonne-nen Daten methodengemäß aufbereitet werden, gegebenenfalls müssen statistische Berechnungen geplant werden oder Ähnliches und die Ergebnisse müssen interpre-tiert werden.

Zur Durchführung einer Untersuchung gehört auch die schriftliche Darstellung der *theoretischen Grundlegung*. Aus mehreren Gründen empfiehlt es sich, dies nicht irgendwann oder im Nachhinein anzufertigen, sondern genau zwischen Planungs- und Durchführungsphase anzusetzen (ebd., 80ff). Zum einen ist ein solches Vor-gehen arbeitsökonomisch, da die Literaturrecherche meist präsent ist – und zum anderen entsteht noch keine Beeinflussung des Forschers durch Ergebnisse, welche in der sich anschließenden Untersuchung entstehen werden. Es ist also noch eine möglicherweise deutlich größere Offenheit gegeben – und die Gefahr, sich in der theoretischen Grundlegung durch eigene Ergebnisse zu Verkürzungen oder Verfäl-schungen von Sachverhalten verführen zu lassen, ist geringer.

Der Ablauf einer solchen Erarbeitung von theoretischen Grundlagen ist nicht ge-nau festgelegt. Zumeist empfiehlt sich aber folgende Reihenfolge:

• Darstellung der inhaltlichen Problematik, Erläuterung des Untersuchungsanlas-ses;
• Aufarbeitung der vorhandenen Literaturlage in systematischer Art und Weise, wobei die vorhandene Literatur nicht nur dargestellt, sondern kommentierend und reflektierend in Bezug zueinander gesetzt wird. Hier lassen sich manchmal auch schon Bezüge zur gewählten Methodik und Untersuchungsart einweben;
• abschließende Bewertung der vorhandenen Forschungsbefunde und Literatur-lage;
• daraus werden schließlich sachlogisch nachvollziehbar und theoretisch begründet Hypothesen abgeleitet.

Für die tatsächliche *Durchführung* ist es wichtig, das Feld nicht zu verändern, wel-ches man untersuchen möchte.

Natürlich muss man bei aller Objektivität die Kinder eines Schulversuchs, die an der Untersuchung teilnehmen, begrüßen und eine Atmosphäre zu schaffen versuchen, welche angstfrei ist. Gleichzeitig muss man auf die nötige Distanz achten. Manchmal ist es daher hilfreich, sich aufzuschreiben, was man sagen will und dies in beiden Klassen oder gegenüber allen Schülern immer wieder genau gleich vorzutragen.

Man kann also versuchen, das eigene Verhalten als Forscher zu standardisieren. Nach der Untersuchung müssen die Ergebnisse einer *Auswertung* unterzogen wer-den. Hier gilt es noch einmal zu prüfen, ob die vorgesehen Methoden der Untersuchung auch wirklich angewandt wurden. Zudem muss damit rechnen, dass Daten fehlen, beispielsweise, weil Schüler krank waren. Wie geht man mit diesen ‚missing data' um? Je nach gewählter Methode ist schrittweise von Einzeldaten auf Tabellen und veranschaulichende Grafiken hinzuarbeiten, um die Ergebnisse für andere nachvollziehbar und übersichtlich zu gestalten. Erweisen sich Ergebnisse als widersprüchlich, ist noch einmal zu überprüfen, ob es möglicherweise Fehler bei der Planung und Durchführung gab. In jedem Fall aber sind diese Widersprüche zu benennen und mögliche Erklärungsansätze dafür anzuführen.

Am Ende steht ein *Untersuchungsbericht*, welcher das Problem skizziert, auch die zugrunde liegende Theorie, die Fragestellungen und die Hypothesen darstellt, die Methode begründet und erläutert, die Ergebnisse darstellt und diskutiert sowie am Ende zusammenfasst und gegebenenfalls deutet und interpretiert. Für die formale Gestaltung des Untersuchungsberichts gelten die für wissenschaftliche Arbeiten üblichen Standards zur Gestaltung, zum Zitieren und Führen eines Literatur- und Quellenverzeichnisses.

10.2 Untersuchungsarten

Die Frage der Ausrichtung bzw. des Charakters der eigenen Untersuchung stellt sich in aller Regel erst nach Abschluss der Literatursichtung. Dann kann eingeschätzt werden, wie ausgearbeitet der Erkenntnisstand ist: ob es schon einen umfassenderen Erkenntnisstand im Themengebiet gibt, der es erlaubt, konkrete Annahmen in Form von wissenschaftlichen Hypothesen aufzustellen. Dies ist das Hauptkriterium für die Wahl einer der nachfolgend erörterten Strategien (Bortz & Döring 1995; 2006, 49ff). Es gibt jedoch auch weitere Kriterien. So könnte unabhängig vom ermittelten Kenntnisstand der Wunsch darin bestehen, die Population zu beschreiben.

10.2.1 Explorative Untersuchungen

Diese Arten von Untersuchungen haben erkundenden Charakter. Sie werden vor allem „mit dem Ziel durchgeführt, in einem relativ unerforschten Untersuchungsbereich neue Hypothesen zu entwickeln oder theoretische bzw. begriffliche Voraussetzungen zu schaffen, um erste Hypothesen formulieren zu können" (ebd., 30). Diese Formen der Untersuchung haben einen recht offenen Charakter; es besteht also für die Forscher viel Raum zur kreativen Gestaltung, allerdings andererseits auch viel Unklarheit, Unsicherheit und Offenheit der Auswahl von Aspekten (was auch zu völlig falschen Wahlen führen mag). Die Richtlinien für Planung und Berichterstattung über solche Untersuchungen werden als weniger eng betrachtet.

Bortz & Döring (1995; 2006, 50f) skizzieren für solche Untersuchungen folgende beispielhaften, typischen methodischen Ansätze:

- offene Befragungen von Einzelpersonen in Form von Interviews oder auch von Gruppen, beispielsweise durch Anregung, Dokumentation und Auswertung von Gruppendiskussionen: hierdurch könne man Anhaltspunkte für Probleme, Meinungen und Standpunkte oder aktuell gegenwärtige Themen der Untersuchten erhalten;
- Feldbeobachtung (Feldforschung), indem ein oder mehrere Forscher am sozialen Leben des Systems teilnehmen, welches sie interessiert, und dabei Beziehungen, Ereignisse, Regeln und anderes wahrnehmen und auswerten;
- Aktionsforschung: hier „definieren Wissenschaftler zusammen mit den Betroffenen die Problemstellung, suchen nach Ursachen (Hypothesengenerierung, Theoriebildung) und entwerfen Lösungsvorschläge (Interventionen)" (ebd., 50); letztere werden dann umgesetzt und ausgewertet – dabei wird den Betroffenen der Status gleichberechtigter Experten eingeräumt;
- detaillierte Analyse von Einzelfällen – wobei dies in Form der Fremdbeobachtung, aber auch der Selbstbeobachtung erfolgen kann; solche Untersuchungen können als eine Art Basis der Vorbereitung späterer, entsprechender größerer Stichprobenuntersuchungen dienen;
- qualitative Inhaltsanalysen, bei denen zentrale Themen und Bedeutungen anhand von Texten oder auch anderen Objekten (z.B. Kunstgegenständen, Fotos, Videos oder Tonaufnahmen) herausgearbeitet werden.

Das Ziel all dieser offenen Methoden ist die Gewinnung neuer Ideen oder Hypothesen. „Dazu stellt man zweckmäßigerweise Inventare von wichtigen Einflußgrößen auf, bildet durch Zusammenfassung ähnlicher Fälle Typen und Strukturen, schließt auf mögliche Ursachen und Gründe, verfolgt Veränderungen im Zeitverlauf oder konzentriert sich auf das dynamische Zusammenspiel mehrerer Systemelemente" (ebd., 51). Die Qualität der vorgenommenen Untersuchungen erweist sich an den auf dieser Basis generierten Ideen und Hypothesen.

10.2.2 Populationsbeschreibende Untersuchungen

Populationen sind Grundgesamtheiten. Ziel vieler Untersuchungen ist die Beschreibung einer solchen Grundgesamtheit im Hinblick auf eine Reihe ausgewählter Merkmale. Ein klassisches Beispiel sind hier demoskopische Untersuchungen, bei denen die Zusammensetzung bestimmter Bevölkerungen und bestimmte ihrer Merkmale untersucht werden sollen. Um dies zu tun, wird eine Stichprobenerhebung durchgeführt, wobei die Stichprobe im Hinblick auf verschiedene ausgewählte, als besonders relevant eingeschätzte Parameter repräsentativ für die Gesamtpopulation sein sollte.

Bortz & Döring (1995; 2006, 51) nennen verschiedene Arten populationsbeschreibender Untersuchungen, von denen drei zentrale im Folgenden angesprochen werden sollen:

1. Untersuchungen mit einfachen Zufallsstichproben;
2. Untersuchungen mit sogenannten ‚geschichteten Stichproben‘, bei denen eine Auswahl dergestalt erfolgt, dass die prozentuale Verteilung der Stichprobe im Hinblick auf eine Reihe von Schichtungsmerkmalen (wie etwa Alter, Geschlecht, Ausbildung usw.) der prozentualen Verteilung in der Population entspricht;
3. Untersuchung von ‚Klumpenstichproben‘, indem bestimmte zufällig ausgewählte ‚Klumpen‘ (z.b. eine bestimmte Schule oder bestimmte Schulklassen) nach Auswahl vollständig erhoben werden, andere nicht ausgewählte ‚Klumpen‘ jedoch nicht.

Auch eine Kombination von mehreren Schichtungs- oder Klumpenmerkmalen ist möglich – ein komplexerer Ansatz der Stichprobenbestimmung, den Bortz & Döring (ebd.) als „mehrstufige Stichproben" bezeichnen.

Die Qualität der Beschreibung einer Population steht und fällt natürlich mit der treffenden Auswahl der Stichprobe. Deren Gelingen ist wiederum auch von der Wahl der relevanten Kriterien abhängig: Ist z.b. im Hinblick auf eine bestimmte Stichprobenwahl das Alter ein entscheidender Faktor, oder das Geschlecht, die Ausbildung, das Einkommen oder anderes?

Ein ergänzendes Problem ist bei verschiedenen konkreten Verfahren der Rücklauf: So kann bei einer Fragebogenuntersuchung die Stichprobe noch so gut ausgewählt worden sein – ihre Repräsentativität entscheidet sich anhand des tatsächlichen Rücklaufes. Eine wichtige Möglichkeit zur Lösung dieses spezifischen Problems wäre etwa, die Stichprobe zunächst gar nicht so eng zu wählen, nach Rücklauf dafür jedoch zu ‚matchen‘, d.h. Untersuchungsobjekte so (zufällig) aus dem Rücklauf auszuwählen, dass diese gezogene Stichprobe der Verteilung in der Population gerecht wird.

10.2.3 Explanative Untersuchungen

Hiermit sind sogenannte hypothesenprüfende Untersuchungen gemeint. Wenn der Stand der Theorieentwicklung und/oder der empirischen Forschung es erlaubt, begründete und gezielte Hypothesen zu formulieren, kann der Versuch gemacht werden, über die Gewinnung empirischer Informationen Phänomene oder Sachverhalte zu erklären.

Bortz & Döring (1995; 2006, 51) nennen vier Arten der explanativen bzw. hypothesenprüfenden Untersuchung:

• Zusammenhangshypothesen: Hier werden Annahmen über den Zusammenhang zweier oder auch mehrerer Variablen getroffen.

- Unterschiedshypothesen: Darunter fallen beispielsweise Hypothesen über bestimmte Unterschiede zwischen zwei Teilstichproben im Hinblick auf ein oder mehrere spezifische Kriterien.
- Veränderungshypothesen: Damit sind Annahmen über die Veränderung bestimmter Parameter über die Zeit gemeint.
- Einzelfallhypothesen: Damit sind Hypothesen über die Ausprägung spezifischer Merkmale bei einem einzelnen Untersuchungsobjekt, beispielsweise einer bestimmten zu untersuchenden Person gemeint.

Was die Hypothesen selbst anbelangt, kann man grundsätzlich zwei Formen unterscheiden (Bortz & Döring 1995; 2006, 51):

Unspezifische Hypothesen werden bei einem Forschungsstand formuliert, der es noch nicht erlaubt, genauere Angaben über die Größe eines Zusammenhanges, eines Unterschiedes oder einer Veränderung zu machen. Im Rahmen solcher Hypothesen wird lediglich angenommen, dass ein bestimmter Zusammenhang oder ein bestimmter Unterschied besteht oder dass eine bestimmte Veränderung vorliegt. Selbst die Richtung wird in aller Regel nicht vorherbestimmt. Ein Nachteil besteht darin, dass bei großen Stichproben eine solch grobe Hypothese sehr häufig zu einem signifikanten Ergebnis führt, dessen Aussagekraft aber fraglich ist.

Spezifische Hypothesen mit Annahme von Effektgrößen sind dann möglich, wenn ein weiter ausgearbeiteter Theorie- und/oder Empirie-Stand vorliegt. Es werden dann nähere Annahmen über die Größe eines erwarteten Zusammenhanges, über die spezifischen Unterschiede zwischen zwei Merkmalen (in welcher Richtung und wie stark) oder über die Richtung und das Ausmaß einer Veränderung formuliert. Das Erkenntnispotential ist hier deutlich höher, weil auf Basis des vorliegenden Forschungsstandes gezielte Annahmen entwickelt werden können, welche erklärenden Charakter haben, und diese gezielten Annahmen dann detailliert mit den gefundenen Ergebnissen verglichen werden können.

10.3 Forschungsansätze

10.3.1 Quantitatives und qualitatives Paradigma

Im Folgenden steht die Darstellung und der Vergleich der beiden grundsätzlichen Forschungsansätze im Vordergrund: qualitative und quantitative Forschung, bezogen sowohl auf Forschungsprojekte sowie die Forschungsmethodik (siehe auch Nussbeck 2006; Koch & Ellinger 2015). Beide Ansätze wurden unter 6.5 bereits ausführlicher thematisiert und sollen daher hier nur knapp rekapituliert werden. Diese basalen Ausrichtungen könnten wie folgt voneinander abgegrenzt werden:

• Grundsätzlich meint man mit einem *quantifizierenden Forschungsansatz* ein Vorgehen, das die Beobachtungsrealität zu quantifizieren und auf dieser Basis zu analysieren versucht. „‚Quantitativ-empirisch' werden solche Forschungsprojekte genannt, die ihre Fragestellungen zu einem System von Hypothesen ausarbeiten, diesen Hypothesen dann Variablen (veränderliche Größen) zuordnen und schließlich Instrumente der Datenerhebung einsetzen, die die jeweilige Ausprägung eines Merkmals möglichst quantitativ (numerisch) abbilden" (Terhart 1997, 28). Hier wird also theorie- und hypothesenorientiert gearbeitet, und es werden systematisch Daten erhoben und interpretiert. Basis ist in der Regel der kritische Rationalismus.

• „Als ‚qualitativ-empirisch' werden demgegenüber solche Forschungsprojekte gekennzeichnet, die zwar auch von Fragestellungen ausgehen, jedoch darauf ausgerichtet sind, durch einen möglichst (!) unvoreingenommenen, unmittelbaren Zugang zum jeweiligen sozialen Feld und unter Berücksichtigung der Weltsicht der dort Handelnden ausgehend von dieser unmittelbaren Erfahrung Beschreibungen, Rekonstruktionen, Strukturgeneralisierungen vorzunehmen" (Terhart 1997, 28). Mit einem qualitativen Forschungsansatz ist also ein Vorgehen verbunden, das überwiegend auf Messungen verzichtet und insbesondere mit Interpretationen von verbalem Material arbeitet. Dieser Zugang ist deutend und sinnverstehend. Angestrebt wird ein möglichst detailliertes und vollständiges Bild von Wirklichkeitsausschnitten – zunächst ohne Einschränkung. Auch die Interaktion des Forschers mit seinen Gegenständen wird mit einbezogen.

Es besteht gerade in der Sonderpädagogik, aber auch darüber hinaus, ein grundsätzlicher Streit von Vertretern bzw. Verfechtern einer der beiden Strategien. Im Grunde stehen dahinter forschungsmethodische Grundpositionen, die teilweise puristisch und polemisch vertreten werden. So stehen auf der einen Seite ‚strenge Empiriker', die davon ausgehen, nur über exakte, gut operationalisierte und kontrollierte quantifizierende Ansätze seien wirklich aussagekräftige Informationen über die Realität zu gewinnen. Auf der anderen Seite stehen Verfechter der Position, gerade soziale Realitäten seien zu komplex, um sie wirklich kontrollieren und exakte Erkenntnisse gewinnen zu können – daher sei von vornherein auf solche Informationen zu verzichten. Dahinter stehen wissenschaftstheoretische Modelle: auf der einen Seite der kritisch-rationale Ansatz, auf der anderen Seite geisteswissenschaftliche und phänomenologische Sichtweisen und entsprechende (z.B. hermeneutische) Methoden. Häufig wird von beiden Seiten her polemisiert und die andere Seite verachtet als Gruppe von Wissenschaftlern, die keine verwertbaren Erkenntnisse produziere. Dieser Konflikt findet sich über Jahrzehnte auch in der Sonder- und Heilpädagogik.

Ein solcher Streit in dieser polarisierten und auch emotionalisierten Art scheint aus einer sachlich-wissenschaftlichen Sicht sowohl bedauerlich als auch in seiner radikalen Form unbegründet. Beide Vorgehensweisen erlauben es, zu jeweils spezifischen Fragen und Problemstellungen Erkenntnisse zu gewinnen. Dahinter steht die Unterscheidung zwischen einer klinischen und einer statistischen Diagnostik, wie sie etwa Seitz (1977; 2003) trifft: Es handelt sich um den Widerstreit zwischen höchstmöglicher methodischer Exaktheit einerseits und der Darstellung weitestgehend individueller Persönlichkeitsbesonderheiten andererseits. Beides hat seine Vor- und Nachteile, die abzuwägen wären – und beides kann je nach diagnostischem oder Forschungsinteresse in den Vordergrund rücken.

Darauf weist auch Kron (1999, 177) hin: „In der modernen pädagogischen Forschung stehen die beiden Methoden in fruchtbarer Konkurrenz und Ergänzung. Sie sind auf einem Kontinuum zu sehen" (Kron 1999, 177). Im Gesamtbild kann man folgende unterschiedlichen Merkmale beider Ansätze festhalten:

• zunächst Unterschiede in der Art des verwendeten Datenmaterials
• unterschiedliche Forschungsmethoden (Erhebungsmethoden)
• unterschiedliche Gegenstände
• hinsichtlich der Herkunft der Ansätze ein unterschiedliches Wissenschaftsverständnis

Grundsätzlich können sowohl quantitative als auch qualitative Daten empirisch genutzt und weiterverarbeitet werden. Zu unterscheiden wäre dann ein qualitatives von einem quantitativen *Forschungsparadigma*. Ersteres basiert im Wesentlichen auf dem Verständnis Geisteswissenschaftlicher Pädagogik, letzteres auf demjenigen der Empirischen Erziehungswissenschaft. Von den Forschungsparadigmen abzugrenzen wären die *Daten als solche*. Während im Rahmen Geisteswissenschaftlicher oder Phänomenologischer Pädagogik insbesondere bzw. (fast) ausschließlich qualitative Daten erhoben und ausgewertet werden, sind grundsätzlich für die Empirische Erziehungswissenschaft sowohl quantitative als auch qualitative Daten verwertbar. Daher wird im Folgenden von quantitativer Forschung ausgegangen. Allerdings sei mit Bortz & Döring (1995; 2006, 276f) darauf hingewiesen, dass qualitative Ansätze auch nicht auf Erklärungen verzichten – und zeitgemäßere quantitative Ansätze durchaus nicht die Rekonstruktion der Sichtweisen der Untersuchten außer Acht lassen.

Der quantitativen Forschung geht es in aller Regel um überindividuelle Kategorien und interindividuelle Vergleiche sowie um die Erklärung von Phänomenen und Sachverhalten. Dadurch können allgemeine Gesetzmäßigkeiten ermittelt werden, es kann aber auch eine überindividuelle Beschreibung und Einordnung einzelner Fälle erfolgen. Beobachtungskriterien und Beschreibungskategorien sind zumeist enger gefasst, um eine Vergleichbarkeit und einen Überblick über viele Fälle zu ermöglichen. Individuelle Besonderheiten verlieren an Prägnanz oder werden sogar nicht erhoben. Daher ergibt sich ein hoher Generalisierungsgrad, jedoch ein eingeschränkter Erkenntnisgewinn im Hinblick auf untersuchte ‚Fälle'. Oft ergeben sich auch Grenzen im Detail der beobachteten Aspekte.

Quantitative Daten in sozialwissenschaftlichen Zusammenhängen können auf verschiedenerlei Weise gewonnen werden. Ein typisches Vorgehen wäre die Verwendung von Ratingskalen: die Ausprägungen eines inhaltlichen Sachverhaltes werden quantifiziert und von Probanden eingeschätzt. Diese Daten lassen sich statistisch weiterverarbeiten. Hier liegt das Hauptaugenmerk auf der Vorbereitung in Form einer sinnvollen und für die Probanden nachvollziehbaren sowie verständlichen Quantifizierung. Datenerhebung und primäre Auswertung sind in aller Regel weniger aufwendig. Gerade Fragebogenerhebungen schaffen mehr Distanz zwischen Beobachter und Proband – dies kann problematisch sein, aber durchaus auch von Vorteil – etwa im Sinne einer Erleichterung für ein ehrliches Antworten; so weisen Bortz & Döring (1995; 2006; 273) darauf hin, dass sich für Fragebogenaussagen über sexuelle Erlebnisse Indizien für eine höhere Validität im Vergleich zu Interviewäußerungen ergeben hätten. Eine kritische Frage bei quantifizierenden Verfahren der Datenerhebung ist zumeist, welche Aspekte in die Untersuchung ‚hineingesteckt' wurden – mehr als das kann auch kaum herauskommen.

Ein Grenzfall zwischen quantitativen und qualitativen Informationen sind nominale Daten. Dabei werden in der Regel Objekte in disjunkte und erschöpfende Kategorien eingeteilt und diesen kategoriale Begriffe (etwa Ziffern) zugeordnet. Solche Daten haben im Grunde qualitativen Charakter, sind aber durchaus auf statistischem Wege analysierbar (etwa durch Auszählung von Kategorien oder durch Chi-Quadrat-Verfahren zur Prüfung der Verteilung auf Abweichung von einer erwarteten Verteilung; ein weiteres Verfahren ist die Konfigurationsfrequenzanalyse). Verbale Daten sind nicht von sich aus nominale Daten, können jedoch in solche überführt werden. Durch Beurteiler und Einschätzer lassen sich Verbaldaten sogar auch in quantitative Daten auf höherem Skalenniveau transformieren: etwa Ratings von verbalen Äußerungen zur Professionalität der eigenen Lehrer-Rolle. Somit sind Transformationen qualitativer in quantitative Daten und damit Übergänge zwischen beiden Datenformen durchaus möglich und auch verbreitet. Der umgekehrte Weg ist kaum möglich.

Ziele der quantitativen Auswertung sind insbesondere das Beschreiben und das Erklären. Grundlage vieler, aber längst nicht aller (und zunehmend weniger) quantitativer Verfahren ist die sogenannte ‚klassische Testtheorie'. Diese geht von verschiedenen zentralen Axiomen über Daten aus: etwa, dass ein Testergebnis sich aus einem wahren und einem Fehlerwert zusammensetzt (Ziel der Messung ist dann, sich dem wahren Wert möglichst anzunähern) – oder, dass es bei wiederholten Testanwendungen zu einem Fehlerausgleich kommt.

Eine weitere essenzielle Grundlage sind drei zentrale Testgütekriterien:
• Objektivität: „Die Objektivität eines Tests gibt an, in welchem Ausmaß die Testergebnisse vom Testanwender unabhängig sind" (Bortz & Döring 1995; 2006, 180).

- Reliabilität: „Die Reliabilität eines Tests kennzeichnet den Grad der Genauigkeit, mit dem das geprüfte Merkmal gemessen wird" (ebd., 181).
- Validität: „Die Validität eines Tests gibt an, wie gut der Test in der Lage ist, genau das zu messen, was er zu messen vorgibt" (ebd., 185).

Die Erreichbarkeit dieser Kriterien ist ein Ansatzpunkt der Kritik an quantitativen Verfahren. Dabei ist allerdings zweierlei zu bedenken: Ein seriöser Forscher würde versuchen, sich diesen Gütekriterien anzunähern, aber nicht davon ausgehen, dass er ihnen in sozialen Kontexten absolut gerecht werden kann. Zweitens ist zu fragen, inwiefern diese Kriterien nicht auch für qualitative Vorgehensweisen gelten sollten. Grundsätzlich sind sie auch hier zu berücksichtigen.

Folgende grundlegenden quantitativen Verfahren können genannt werden (Bortz & Döring 1995; 2006, 127ff):

- Zählen (etwa die Anzahl von Objekten in einer spezifischen Kategorie);
- Urteilen (etwa: Bildung von Rangfolgen anhand bestimmter Daten; Paarvergleich im Hinblick auf ein bestimmtes Kriterium; Einsatz von Rating-Skalen; ein besonderes Verfahren ist hier die ‚Grid-Technik', welche qualitative und quantitative Strategien miteinander verbindet);
- Testen: „Ein Test ist ein wissenschaftliches Routineverfahren zur Untersuchung eines oder mehrerer empirisch abgegrenzter Persönlichkeitsmerkmale mit dem Ziel einer möglichst quantitativen Aussage über den relativen Grad der individuellen Merkmalsausprägung" (ebd., 175);
- Befragen: hier sind grundsätzlich mündliche und schriftliche Befragungen zu unterscheiden;
- Beobachten – insbesondere durch systematische Beobachtung;
- physiologische Messungen.

10.3.2 Aspekte quantitativer Forschung

„Im Vordergrund bei den sog. quantitativen Methoden steht die Frage, wie die zu erhebenden Merkmale operationalisiert bzw. quantifiziert werden sollen" (Bortz & Döring 1995; 2006, 127). Im Folgenden werden Aspekte der quantitativen Forschung knapp dargestellt und in Bezug auf das diesem Buch zugrundeliegende Eingangsbeispiel verdeutlicht. Die Auswahl und Systematik der erörterten Methoden orientiert sich dabei an Nußbeck (2006).

Hypothesen: Darunter versteht man wohl begründete, meist in einer Wenn-Dann-Beziehung stehende Annahmen, die entweder überprüft oder in Erkundungsstudien generiert werden.

So könnte in einem Modellversuch zu inklusiver Beschulung, auf Basis der bisherigen Forschung und Literatur, möglicherweise von größeren Leistungsfortschritten in der inklusiv beschulten Klasse ausgegangen werden – oder von höherer emotionaler Belastung der Kinder mit Förderbedarf in dieser Klasse.

Variablen: Eine Variable ist eine Bedingung, die verschiedene Ausprägungen annehmen kann. Unterschieden werden abhängige, unabhängige und intervenierende Variablen. Im Standardmodell empirischer Untersuchungen werden die Ausprägungen unabhängiger Variablen variiert im Hinblick auf ihre Wirkung auf eine oder mehrere abhängige Variablen.

Am Beispiel des erwähnten Schulversuchs könnte die Frage inklusiver oder nicht-inklusiver Beschulung die unabhängige Variable darstellen, die Leistungsfortschritte oder die soziale Integration von Kindern in ihrer Klasse abhängiger Variablen. Eine intervenierende Variable könnte das Engagement einzelner Lehrkräfte in den Klassen sein.

Kennwerte:
• Deskriptive Statistik arbeitet mit beschreibenden Kennwerten. Beispiele sind Maße zentraler Tendenz – also Mittelwerte wie Modus, Median und arithmetisches Mittel oder Streuungsmaße wie Standardabweichung und Varianz.
• Inferenzstatistik oder induktive Statistik analysiert Daten auf Zusammenhänge und Strukturen (wie etwa über Korrelationen, Varianz-, Faktoren- und Clusteranalysen).
• Zu bedenken sind statistisch immer mögliche und unterschiedliche Fehler: alpha-Fehler (Unterschiede, die gar nicht existieren); beta-Fehler (vorhandene Unterschiede werden negiert). Ermittelt wird bei statistischen Analysen ein Fehlerniveau bzw. Signifikanzniveau; die Effektstärke bezeichnet die praktische Bedeutsamkeit von Befunden (siehe auch Nußbeck 2006, 202).

Experimente: Darunter wird eine Erprobung unter (streng) kontrollierten Bedingungen verstanden. Ein Dilemma besteht darin, dass mehr Variablenkontrolle auch mit größerer Künstlichkeit und ‚Lebensferne‘ einhergeht.

Feldexperimente: Darunter werden Untersuchungen im natürlichen Kontext verstanden; sie spielen auch im Rahmen qualitativer Forschung eine bedeutsame Rolle. In quantitativer Hinsicht ist hier die Kontrolle von ‚Störvariablen‘ schwieriger, dafür bestehen erhöhte Verallgemeinerungsmöglichkeiten. Können Untersuchungsgruppe und Kontrollgruppe nicht kontrolliert zugewiesen werden, handelt es sich um ein Quasiexperiment; ein Quasiexperiment im Feld wird als Feldstudie bezeichnet (Nußbeck 2006, 199). Im Vergleich von Experiment und Feldexperiment stellt das Beispiel des geplanten Schulversuchs zu Inklusion sicher ein Feldexperiment dar.

Kontrollierte Einzelfallstudie: Hierbei handelt es sich um eine Sonderform des Experiments.

Beispielsweise kann mit einem ‚A-B-A'-Versuchsplan gearbeitet werden: Grundrate (Phase A) (Lesekompetenz zu Beginn der 1. Schulklasse inklusiv oder nichtinklusiv); Intervention (Phase B) – und erneute Erhebung der Grundrate (zweite Phase A) (Lesekompetenz nach einem Schuljahr).

Ex-post-facto-Studien: Hier werden unabhängige und abhängige Variablen einer Untersuchung erst im Nachhinein, bei vorliegenden Daten, bestimmt. „Wenn beispielsweise die Hypothese verfolgt wird, dass unsichere Bindung im Kleinkindalter eine feindselige Haltung im Jugendalter bedingt, so könnten feindselige und nichtfeindselige Jugendliche hinsichtlich ihrer Bindungserfahrung untersucht werden, wenn denn die entsprechenden Daten vorliegen" (ebd., 199). Die Kontrolle von Störvariablen macht Kausalaussagen hier sehr schwierig, da sie im Nachhinein kaum gezielt möglich ist. Ex-post-facto-Studien haben einen eher beschreibenden Charakter, sind aber trotz aller Probleme für Psychologie und Pädagogik durchaus bedeutsam.

So könnte man eine erprobte inklusive Beschulung im Vergleich zu einem nichtinklusiven Setting anhand vorliegender Daten im Nachhinein untersuchen.

Verhaltensbeobachtung: Diese stellt einen bedeutsamen empirischen Zugangsweg dar, gerade auch für die Sonderpädagogik. Es besteht ein großes Spektrum der Systematisierung; im quantitativen Paradigma wäre eine strukturierte Verhaltensbeobachtung wünschenswert, die auf einer verhaltensnahen Operationalisierung der zu beobachtenden Einheiten basiert. Häufig werden genau beschriebene Verhaltenskategorien eingesetzt.

So könnten im Hinblick auf inklusive Beschulung das soziale Verhalten zwischen Schülern mit und ohne Förderbedarf und damit verbundene Exklusionsprozesse beobachtet und analysiert werden. Eingesetzt werden dabei auch Verhaltenschecklisten.

Standardisierte Tests: Hier handelt es sich um stark strukturierte Instrumente, um zu bestimmten Persönlichkeitsparametern (Merkmalen) möglichst quantifizierte Informationen hinsichtlich des relativen Grads der jeweiligen Merkmalsausprägung der untersuchten Person zu erheben. Besonders verbreitet sind Intelligenztestverfahren.

Ein solches Verfahren könnte in einem Schulversuch zu inklusiver und nichtinklusiver Beschulung dazu dienen, die kognitiven Kompetenzen der Kinder beider Gruppen zu erheben – eingangs sowie möglicherweise erneut nach zwei Schuljahren.

Schätzskalen: Hier werden zu bestimmten Aspekten, häufig auf einer Ratingskala, Einschätzungen vorgenommen.

So könnten die Lehrer der beiden Klassen in einem Inklusions-Schulversuch eine Skala bekommen, auf der sie in regelmäßigen Abständen grob die soziale Eingebundenheit der einzelnen Schüler in den Klassenverband beurteilen.

Fragebögen: Diese können selbst entwickelt werden; zugleich existiert ein breites Spektrum verfügbarer Instrumente zu unterschiedlichsten Inhalten. Fragebögen und ihre Antwortmöglichkeiten können geschlossen, teilstrukturiert oder auch offen sein. Fragebögen mit geschlossenen Antwortmöglichkeiten arbeiten häufig mit Ratingskalen. Vorteile von Fragebögen liegen in der strukturierten Form und der Ökonomie der Erhebung (beispielsweise im Vergleich zu Interviews). Zentrale, häufige Probleme bestehen in Verzerrungstendenzen, insbesondere der Antworttendenz hin zu sozialer Erwünschtheit – sowie bei geschlossenen Instrumenten in der Vorstrukturierung und damit Begrenztheit der Fragen.

Im beispielhaften Unterrichtsversuch könnten etwa Persönlichkeitsfragebögen oder Fragebögen zu emotional-sozialen Problemen eingesetzt werden, um Unterschiede beider Gruppen zu ermitteln.

10.3.3 Aspekte qualitativer Forschung

„Qualitative Forschung geht grundsätzlich davon aus, dass die soziale Wirklichkeit in der gemeinsamen Herstellung und Zuschreibung von Bedeutungen entsteht. Sie ist damit prozesshaft und reflexiv. Objektive Bedingungen erlangen ihre Bedeutung durch das Erleben und werden erst dadurch subjektiv relevant (Bortz & Döring 1995, 2006, 195). Wie für die Aspekte der quantitativen Forschung werden nun Aspekte der qualitativen Forschung, der Systematik Nußbecks (2006) folgend, knapp dargestellt und in Bezug auf das dem diesem Buch zugrundliegende Eingangsbeispiel verdeutlicht:

Einzelfallanalyse oder biographische Analyse: Anhand unterschiedlicher Materialien, wie beispielsweise erhobenen Anamnesen, aufgezeichneten Biographien, Memoiren, Tagebucheinträgen oder Briefen, lassen sich einzelne, auch extremere oder idealtypische, häufige oder seltene Fälle untersuchen.

Dies hieße z.B., einzelne Kinder über die ersten vier Jahre ihrer Schulzeit in einer inklusiven Klasse immer wieder zu befragen oder sie später, wenn sie schreiben können, Tagebucheinträge anfertigen zu lassen, damit das gesammelte Material in größere Zusammenhänge eingeordnet und mit anderen Fällen verglichen werden kann.

Die Daten müssen aber nicht unbedingt immer erst erhoben werden, sondern sind, beispielsweise bei der Forschung über historische Persönlichkeiten, in der Regel schon vorhanden.

Feldforschung: Ziel der Feldforschung ist eine Untersuchung in natürlicher Umgebung.

Z.B. könnte sich Feldforschung der Innenperspektive im inklusiven Klassenunterricht annähern. Dazu wäre es hilfreich, die Gruppenprozesse der Kinder zu untersuchen und so zu entsprechenden Erkenntnissen zu gelangen.

Handlungsforschung: Begründet wurde die Handlungsforschung durch Lewin und war besonders in den 1970er Jahren stark verbreitet. Man geht von einem Problem aus, welches aus konkreten praktischen Bedürfnissen heraus definiert wird.

Z.B. könnte man von der Problemstellung ausgehen, dass Kinder ohne sonderpädagogischen Förderbedarf mit Kindern mit Förderbedarf in der emotional-sozialen Entwicklung in der Pause nicht spielen wollen. Im Forschungsprozess würde dann mit den Lehrern und Kindern gemeinsam in diese Situation handelnd eingegriffen und beispielsweise ein entsprechendes Pausenkonzept entwickelt sowie hinsichtlich seiner Wirkung begleitet.

Die initiierten Veränderungen werden beobachtet und interpretiert und somit eine ständige Wechselwirkung und gegenseitige Bedingtheit von Theorie und Praxis erzeugt. Das Problem dabei ist, dass Forscher und die untersuchten Kinder zugleich Forschungssubjekt und -objekt sind, was zu verschiedenen Unschärfen führen kann. Auch ist zu bedenken, dass die Forscher hier natürlich (konzeptimmanent) ihre neutrale Beobachtungsposition aufgeben und Teil des Untersuchungsfeldes werden.

Qualitative Evaluationsforschung: Hier geht es um die Untersuchung von Veränderungen in der Praxis und ihren Wirkungen, ohne dass die Forscher aktiv in das Geschehen eingreifen.

Besonders bei einem recht komplexen Schulversuch einer inklusiven und einer nicht-inklusiven ersten Klasse, die auf verschiedene Auswirkungen hin untersucht werden sollen, bietet sich ein solches Vorgehen an. Es gilt dafür, zunächst die Ausgangslage differenziert zu beschreiben, festzulegen, was am Ende des Schulversuchs als Ergebnis stehen soll, und im Weiteren, alle von den Beteiligten als wesentlich erkannten Aspekte des Schulversuchs mit einzubeziehen.

Am Ende steht eine Schlussevaluation, die sich auf die festgelegten Ziele bezieht.

Disability Studies sind ein interdisziplinäres Forschungsgebiet, bei welchem die Erfahrungen und Sichtweisen von Menschen mit Behinderungen selbst im Mittelpunkt der Untersuchungen über Behinderung stehen.

Dies hieße, die Kinder mit sonderpädagogischem Förderbedarf im Sinne ihres subjektiven Erlebens ,zu Wort' kommen zu lassen. Ein großes Bemühen müsste darin bestehen, dass die Kinder mit sonderpädagogischem Förderbedarf nicht nur Objekt der Forschung sind, sondern sich wesentlich mit ihrem subjektiven Erleben wiederfinden. Schwierig dabei ist, dass man weitestgehend auf allgemeingültige Aussagen über das Erleben von Kindern mit sonderpädagogischem Förderbedarf in der inklusiven Klasse verzichten müsste, da die einzelnen Erfahrungen ansonsten einem Objektivierungsversuch unterzogen würden.

Offene Interviewtechniken: Hier existiert ein ganzes Spektrum, z.B. das problemzentrierte Interview, welches durch ein vorgegebenes Problem strukturiert ist; das narrative Interview, welches Erzählungen zu einem Thema ohne Eingriff des Interviewers aufzeichnet und höchstens Verständnisfragen erlaubt oder auch das fokussierte Interview, bei dem mit einem ,Aufhänger', z.B. einem spezifischen Erlebnis in der Klasse, oder mit einem bestimmten Kind oder einer speziellen Unterrichtssituation gearbeitet wird.

Gruppendiskussionen: Für Gruppendiskussionen bieten sich Impulse an.

So könnte beispielsweise einer ,nicht-inklusiv' beschulten Klasse ein Filmausschnitt oder eine Erlebniserzählung ,inklusiv' beschulter Schüler vorgelegt werden, was dann zu Diskussionen animieren soll und den Forschern Erkenntnisse über die inhaltliche Position, Themen und Diskussionsprozesse der Gruppe liefern könnte. Das Problem hierbei sind aber Gruppeneffekte, z.B., dass sich bestimmte Kinder nicht trauen zu sagen, was sie denken oder aber etwas anderes sagen, als sie eigentlich denken, um beispielsweise in der Gruppe gut anzukommen.

Hinzu kommt, wie bei manch anderen qualitativen Methoden auch, dass die Aufzeichnung und Transkription einer solchen Diskussion nicht einfach ist.

Teilnehmende Beobachtung setzt voraus, dass die untersuchten Personen, hier also Erstklässler, über eine ausreichende kommunikative Kompetenz verfügen.

Der Forscher nimmt also beispielsweise am Unterrichtsgeschehen teil, beobachtet es und teilt seine Beobachtungen mit den Kindern, um so zu Erkenntnissen über das Gelingen eines Schulversuchs zu inklusiver Beschulung zu gelangen.

Problem dabei ist allerdings die Doppelrolle des Beobachters als Teilnehmer einerseits und als Beobachter und Forscher andererseits und somit das Entstehen möglicher Unschärfen.

Qualitative Inhaltsanalyse: Die bekannteste Inhaltsanalyse liegt nach Mayring (2010) vor, bei der Kategorien aus Material, z.b. geführten Interviews mit Schülern, in steigendem Abstraktionsgrad bei wiederholter Prüfung am Material entwickelt werden. Unklare Textbestandteile sollen durch zusätzliches Material verdeutlicht werden – eine ‚explizierende Inhaltsanalyse'. Davon zu unterscheiden ist die strukturierende Inhaltsanalyse, bei der das vorhandene Material durch so genannte ‚Ankerbeispiele' erschlossen wird.

Interviewt man z.b. alle Kinder der beiden ersten Klassen eines vergleichenden Schulversuchs zu inklusiver Beschulung, ließe sich für bestimmte Einstellungen oder Ideen der Kinder nach Beispielen suchen, die in den meisten der Interviews auftauchen.

Grounded Theory ist eine recht junge Methode, die auf Glaser und Strauss (1967) zurückgeht (siehe auch 9.2). Man bezeichnet sie auch als gegenstandsbezogene Theoriebildung.

Grundidee wäre es, sich beispielsweise einem Projekt zu inklusiver Beschulung völlig frei von theoretischen Vorannahmen zu nähern und dann nach und nach Konzepte über dessen Gelingen oder spezifische Problemlagen zu entwickeln und Konstrukte und Hypothesen im Verlauf der Datensammlung zu bilden. Problematisch dabei erscheint, dass es zu einer Überschneidung und gegenseitigen Bedingtheit von Erhebung und Auswertung kommen kann und dass es kaum möglich sein dürfte, sich einem solchen Schulversuch oder auch jedem anderen Untersuchungsgegenstand ohne irgendeine theoretische Vorannahme zu nähern.

10.4 Kontrollfragen zu empirischen Forschungsmethoden

• Können Sie die grundlegenden Unterschiede qualitativer und quantitativer Forschungsparadigmen unterscheiden?
• Können Sie diese Forschungsparadigmen bestimmten wissenschaftstheoretischen Positionen zuordnen?
• Können Sie erläutern, was Gütekriterien sind und welche Rolle sie für die wissenschaftliche Methodenwahl spielen?
• Können Sie je drei konkrete Methoden bzw. Konzepte zum einen für quantitative, zum anderen für qualitative Forschung nennen und knapp erläutern?

11 Wissenschaftsethik

11.1 Grundlegende Begriffe und Fragestellungen

In den vorausgegangenen Kapiteln wurde deutlich, wie unterschiedlich die Ideen davon sind, was Wissenschaft sein könnte und mit welchen diesen jeweils entsprechenden Methoden wissenschaftliche Erkenntnisse gewonnen werden können bzw. sollen. Der technische Fortschritt einerseits, globale wie regionale Herausforderungen andererseits haben viele Wissenschaftsdisziplinen in den vergangenen Jahrzehnten beflügelt und für rasante Entwicklungen und zahlreiche Entdeckungen gesorgt. Spätestens seit der Entwicklung der Atombombe durch Oppenheimer und deren Einsatz in Hiroshima werden ethische Fragen im Zusammenhang der Wissenschaft immer lauter.

Bevor geklärt werden soll, welche ethischen Fragen sich im Speziellen stellen und inwieweit Heil- und Sonderpädagogik von diesen Fragen betroffen ist, gilt es, vorab kurz zu skizzieren, was mit Ethik gemeint ist.

In der Antike bezeichneten Moral und Ethik noch dasselbe: Das griechische Wort ‚ethos' bedeutet Sitte und Gewohnheit, ebenso wie das lateinische Wort ‚mos/moris', von dem sich der Begriff Moral ableitet. Mit Kant werden die beiden Begrifflichkeiten schließlich unterschieden. Unter Ethik verstand Kant die Frage nach einem guten, gelungenen Leben, während er Moral als Frage allgemeiner Regeln und Handlungsweisen betrachtete. In das 21. Jahrhundert und auf das Feld der Wissenschaft überführt, lässt sich Ethik als akademische Moralphilosophie ansehen. Moser und Horster (2012, 24) halten in ihrem aus sonderpädagogischer Perspektive gewählten Zugang zu Moral fest: „Moral ist die Gesamtheit der Regeln, die zur Realisierung der Werte oder zum Wohl der Menschen beiträgt, bzw. man kann auch sagen, dass die moralischen Regeln, wenn sie angewendet werden, die Menschen, die vom Handeln anderer betroffen sind, schützen sollen".

Für den Prozess wissenschaftlichen Arbeitens kann zwischen epistemischen, ethischen und sozialen Werten unterschieden werden (Wessel & Diesner 2010, 62): „Epistemische oder kognitive Werte gehen als epistemische Maßstäbe, wie Vereinheitlichung oder Genauigkeit, in die Forschung ein" (ebd.) – so etwa Wahrheit als Bestrebung im Rahmen wissenschaftlicher Forschung. Ethische Werte heben auf die grundsätzliche Verantwortlichkeit des Wissenschaftlers und der Wissenschaft für die eigene Forschung, deren Ausrichtungen, Anlagen, Ergebnisse, Interpretationen und ihren Transport in die Gesellschaft ab. Ein sozialer Wert sei derjenige einer kritischen Wissenschaft, die sich bewusst im gesellschaftlichen Kontext verortet, auch in ihren Abhängigkeiten hiervon (wie dies die Kritische Theorie besonders konsequent ins Auge fasst). Ein anderer sozialer Wert wäre die Interdisziplinarität wissenschaftlicher Forschung. Wissenschaftliches Handeln ist immer auch soziale Praxis.

Hier soll einer Systematik von Hoyningen-Huene (2009) gefolgt werden, indem vier grundsätzliche Dimensionen differenziert werden, in denen Ethik in der Wissenschaft eine Rolle spielt:

1. *Probleme bei wissenschaftlicher Forschung selbst:* Gemeint sind hier Probleme, die zumeist durch den wissenschaftlichen Fortschritt als solchen erzeugt werden und in Folge ethische Fragen aufwerfen. Nicht mehr die Machbarkeit steht also im Vordergrund der Überlegungen, sondern die ‚Erlaubtheit' dessen, was machbar wäre. Beispielhaft hierfür stehen Debatten um Präimplantationsdiagnostik, künstliche Befruchtung, Stammzellenforschung oder Versuche an Tieren und Menschen.

2. *Fragen guter wissenschaftlicher Praxis:* Hier geht es nun weniger um die genaue Berücksichtigung wissenschaftsmethodischer Aspekte, wie sie in den vorangegangenen Kapiteln beschrieben wurden, sondern vielmehr um ethische Kriterien für konkrete wissenschaftliche Untersuchungen (Bortz & Döring 1995; 2006).

Im Falle eines Modellversuchs zu inklusiver Beschulung ginge es beispielsweise um die Sicherung der Privatsphäre aller Befragten – Schüler wie Lehrer. Zu beachten wäre auch, dass durch eine Befragung keine psychischen Beeinträchtigungen hervorgerufen würden oder auch zu bedenken wäre, was die Untersuchung möglicherweise bei den Untersuchten auslöst.

Darüber hinaus geht es in Experimenten mit Menschen und Tieren darum, möglichst keine schädigenden Effekte zu erzielen. Zu gewährleisten wäre auch die Freiwilligkeit der Teilnahme an einer Untersuchung, und es wäre sicher zu stellen, dass alle Ergebnisse anonym behandelt werden. Auf der anderen Seite ist damit aber auch die Frage verbunden, inwiefern die ‚Zu-Untersuchenden' über Sinn und Zweck des Vorhabens sowie über die gewonnenen Ergebnisse und Erkenntnisse informiert werden sollten. Im Anschluss an durchgeführte Untersuchungen meint eine gute wissenschaftliche Praxis auch, ehrlich mit Daten umzugehen und diese nicht zu fälschen oder in Veröffentlichungen Plagiate zu erzeugen (Berka 2009). Dazu sind eine metatheoretische Distanz einerseits, aber auch Neutralität und Unabhängigkeit sowie Selbstkritik gefragt. Letztgenannte Aspekte drohen dann gefährdet zu werden, wenn Untersuchungen durch so genannte Drittmittel gefördert werden – also Gelder von nicht wissenschaftlichen Unternehmen und Organisationen, die mit einer wissenschaftlichen Untersuchung auch eine bestimmte Erkenntnishoffnung verbinden.

3. *Fragen der Verantwortung:* Aus den Fragen nach einer guten wissenschaftlichen Praxis leiten sich in Folge auch Fragen der Verantwortung ab. Der persönli-

chen Verantwortung der Wissenschaftler kommt dabei eine große Bedeutung zu, besonders, wenn es um Untersuchungen und Experimente geht, an denen Lebewesen beteiligt sind. Diese Frage stellt sich aber auch, wenn Menschen als Untersuchungsgegenstand nicht unmittelbar betroffen sind, sondern ‚Empfänger‘ wissenschaftlicher Erkenntnisse werden sollen. Hier haben Wissenschaftler eine Güterabwägung von wissenschaftlichem Fortschritt und Menschenwürde vorzunehmen. Einige Beispiele mögen dies verdeutlichen: Sollen Chemiker und Pharmazeuten Gifte entwickeln, die für die Todesspritze in solchen Staaten eingesetzt werden, die entsprechende Strafen vorsehen – auch wenn die Wissenschaftler selbst in keinem solchen Staat leben? Dürfen Wissenschaftler an Föten und Embryonen forschen, wenn damit sichergestellt werden soll, dass zukünftig schwere Krebserkrankungen, Alzheimer oder Parkinson geheilt werden könnten? Neben diesen alles andere als leicht zu entscheidenden, weil komplexen und schwierigen wissenschaftsethischen Fragen zeigt sich der Aspekt der Verantwortung jedoch sehr schnell auch schon im ‚Kleinen‘.

Werden Kinder und Lehrer in einem Schulversuch zu inklusivem Unterricht mit Fragebögen und Interviews ‚bombardiert‘ und geradezu informativ ‚ausgesaugt‘ – oder gelingt es, Fragestellungen zu entwickeln, die in den Untersuchten selbstreflexiv etwas anregen und sie in ihrer eigenen persönlichen und/oder beruflichen Entwicklung weiterführen, statt sie als Untersuchungsobjekte ausgebeutet zurückzulassen?

4. Fragen der Rolle der Wissenschaft im gesellschaftlichen Ganzen: Wissenschaft steht nicht losgelöst vom gesellschaftlichen Ganzen da, obgleich sie in ihrer Spezialisierung und in ihren jeweiligen Fachsprachen bisweilen so erscheint. Fachdisziplinen und Wissenschaftler haben die Aufgabe, ihre Erkenntnisse und Ergebnisse so darzustellen und zu erläutern, dass sie für einen Großteil der Gesellschaft nachvollziehbar und verständlich sind. Darüber hinaus muss deutlich werden, worin die Bedeutung wissenschaftlicher Arbeit für die Gesellschaft besteht: Damit ist nicht ein vorschnelles Schielen auf den reinen Nutzen oder die konkrete Verwertbarkeit wissenschaftlicher Erkenntnisse gemeint, aber dennoch die Fähigkeit der Wissenschaft angesprochen, deutlich machen zu können, inwiefern eine Fragestellung, eine Untersuchung oder ein Experiment mit der gesellschaftlichen Gemeinschaft und ihrem Zusammenleben verbunden sind. Dass Wissenschaft eine Rolle für die Gesellschaft als Ganzes hat, wird auch daran deutlich, dass es in der Bundesrepublik Deutschland nicht nur verschiedene interfraktionelle Ethikkommissionen gibt, sondern auch, dass ein unabhängiger ‚Deutscher Ethikrat‘ existiert, bestehend aus Wissenschaftlern, Kirchenvertretern und anderen benannten Personen. Die insgesamt 26 Mitglieder werden hälftig von Bundestag und Bundesrat bestimmt und vom Bundespräsidenten berufen. Stellungnahmen liegen derzeit zu folgenden Themen vor: Problem der anonymen Kindesabgabe, Humanbiobanken für die Forschung, Nutzen und Kosten im Gesundheitswesen, Präimplantationsdiagnostik, Mensch-Tier-Mischwesen in der Forschung, Intersexualität, Demenz und Selbstbestimmung, Zukunft der genetischen Diagnostik, Biosicherheit und Inzestverbot (www.ethikrat.org). Einrichtungen ethischer Kontrolle gibt es als Bereich der angewandten Ethik in den Lebenswissenschaften (Wessel & Diesner 2010, 63) sowie auch in verschiedenen Berufsverbänden, etwa der Psychologie – nicht jedoch explizit in der Sonderpädagogik, die sich zugleich sehr intensiv mit ethischen Fragen auseinandersetzt.

5. In diesem Zusammenhang wird allerdings auch die Frage aufgeworfen, inwiefern Wissenschaft die Aufgabe hat, auf gesellschaftliche Missstände, die sie zutage fördert, öffentlich hinzuweisen und damit einen konstruktiven Beitrag zur gesellschaftlichen Weiterentwicklung zu leisten. Folgt man diesem Gedanken, wäre es möglicherweise bedeutsam, dass sich Wissenschaftler nicht nur in ihrer ‚scientific community‘ zu Wort melden, sondern im Hinblick auf gesellschaftlich brisante Themen auch öffentlich, über verschiedene Medien. Die Gefahr, dass dabei gewonnene Erkenntnisse zu stark vereinfacht, verzerrt oder falsch dargestellt werden, ist dabei allerdings mitzudenken.

11.2 Ethische Aspekte wissenschaftlichen Arbeitens

Aus diesen vier grundsätzlichen Dimensionen ergeben sich in Folge ganz konkrete ethische Kriterien für wissenschaftliches Arbeiten:

• Wissenschaftliches Arbeiten sollte dem wissenschaftlichen Fortschritt und nicht dem Selbsterhalt einer Fachdisziplin oder dem privaten Interesse dienen.
• Unabhängig von der ‚gewählten‘ Methode sollten sich Wissenschaftler stets um ein möglichst hohes Maß an Objektivität bemühen.
• Neutralität und Unabhängigkeit sind wichtige Prämissen, um Objektivität zu erzielen. Die Auseinandersetzung mit eigenen Vorannahmen ist daher entscheidend. Beeinflussung durch Dritte sollte wachsam im Auge behalten werden und ist zu verhindern.
• Wissenschaftliches Arbeiten sollte stets von (Selbst-)Kritik begleitet sein, die sich auf den Prozess als solchen, die Fragestellungen, das methodische Vorgehen sowie die Interpretation der Ergebnisse bezieht.
• Eine metatheoretische Distanz verhindert eine Verstrickung in alt Bewährtes und hilft, mit der eigenen Arbeit auch dem wissenschaftlichen Fortschritt zu dienen.
• Im Umgang mit allen Beteiligten ist Fairness zu gewährleisten. Gerade bei befragten oder untersuchten Personen ist darauf zu achten, dass diese nicht für wissenschaftliche Zwecke ‚ausgebeutet‘, sondern als Partner in einem Forschungsprozess angesehen und gewürdigt werden. Dies beginnt bereits mit der Erstellung

und Auswahl von Untersuchungsinstrumenten – und es endet mit der Frage der Einbeziehung in und Information über Forschungsergebnisse.
• Wissenschaftler in führenden Positionen tragen Verantwortung für den wissenschaftlichen Nachwuchs – sowohl den im eigenen Team als auch den studentischen Nachwuchs. Diesen gilt es zu fördern und nicht für eigene Forschungszwecke und Interessen über die Maßen zu beanspruchen.

Neben diesen sehr allgemeinen Kriterien für wissenschaftliches Arbeiten lassen sich mit Bortz & Döring (1995; 2006) konkrete ethische Kriterien für wissenschaftliche Untersuchungen benennen – teils unter Bezug auf die oben erörterten Kriterien, teils ergänzend:
• Einhaltung der Privatsphäre
• kritische Beachtung der Möglichkeit einer Auslösung problematischer Effekte bei Untersuchungen und in Experimenten
• Vermeidung psychischer oder körperlicher Beeinträchtigungen
• Güterabwägung – wissenschaftlicher Fortschritt einerseits, Menschenwürde andererseits
• Übernahme persönlicher Verantwortung
• Informationspflicht gegenüber den Individuen in Untersuchungen
• Freiwilligkeit der Teilnahme
• Anonymität der Ergebnisse

Zu all diesen Aspekten gesellt sich zudem die Frage um den Schutz geistigen Eigentums. Besonders mit der Aberkennung akademischer Titel einiger Personen des öffentlichen Lebens in den vergangenen Jahren ist diese Diskussion um Plagiate und geistiges Eigentum neu entbrannt. Aber auch die fortschreitende Digitalisierung und die mit ihr verbundenen Verbreitungs- und Veröffentlichungsmöglichkeiten sowie auch Schwierigkeiten von Kontrollmöglichkeiten tragen ihren Teil zur Debatte bei. Von Friedell (2007, 52) stammt die These: „Die ganze Geistesgeschichte der Menschheit ist eine Geschichte von Diebstählen." Das ist sicher auch als provokant zu sehen, aber fast alle neuen Ideen und Entwicklungen bauen schließlich auf Gedankengut und Erkenntnissen auf, die in der Vergangenheit erarbeitet wurden. Von daher und unter der Berücksichtigung, dass wissenschaftliches Arbeiten dem wissenschaftlichen Fortschritt und der Gesellschaft nützen soll, stellt sich die Frage, inwieweit Wissen als öffentliches Gut oder individuelles Eigentum angesehen werden kann (Berka 2009). Ganz umgekehrt schützt das Recht geistiges Eigentum durch Patente, Lizenzen und andere rechtliche Regelungen, und es ist ein Recht auf solchen Schutz zu bedenken. Problematisch wird es dann, wo der rechtliche Schutz geistigen Eigentums dazu führt, dass Erkenntnisse, die beispielsweise zur Eindämmung einer schweren Epidemie oder Krankheit dienen könnten oder aber dazu verwendet werden könnten, erhebliche Macht anderen gegenüber auszuüben (z.B. durch Atomwaffen), nur einzelnen Nationen, bestimmen Gesellschaftsschichten oder auch bestimmten, ausgewählten Gruppen zugänglich sind, insbesondere,

weil sie an pekuniäre Möglichkeiten gebunden sind (Wessel & Diesner 2010, 62f).
Bei aller Ambivalenz gebietet ein wissenschaftliches Arbeiten, das sich an ethischen
Kriterien orientiert, einen entsprechenden Umgang mit den geistigen Leistungen
anderer, indem entsprechende Quellenangaben und Belege angeführt werden –
und eine kritische Reflexion, was mit den Ergebnissen zu geschehen habe und wer,
aus ethischer Sicht, auf diese Zugriff haben sollte.

11.3 Grundsätzliche Fragen im Kontext von Wissenschaft, Ethik und Behinderung

Sofern es bei wissenschaftsethischem Forschen um die Betrachtung und Untersuchung dessen geht, was eine gute wissenschaftliche Praxis ausmacht, spielt der
konkrete Forschungs- oder Untersuchungsgegenstand nur eine zweitrangige Rolle.
Ethische Grundsätze gelten in Bezug auf die Wissenschaftspraxis grundsätzlich und
nicht nur dann, wenn der Untersuchungsgegenstand selbst eine ethische Frage be-
inhaltet.
Anders verhält es sich, wenn man den Fokus auf die Frage der Verantwortung
von Wissenschaft sowie ihrer Bedeutung im gesellschaftlichen Ganzen legt. Dann
kommt jede Wissenschaftsdisziplin nicht umhin zu überprüfen, welche Aspekte
ihres Gegenstandsbereichs hier besonders gemeint sein könnten. Ethische und
moralische Fragestellungen durchziehen die Gesellschaft im Ganzen. Moralische
Entscheidungen, an denen auch Wissenschaft ihren Anteil hat, sind auf vielen Ge-
bieten gefragt, z.B. im Hinblick auf

• Embryonenforschung,
• In-vitro-Fertilisation,
• Genpatentierungen,
• Sterbehilfe und Euthanasie (Singer 1984),
• Pränataldiagnostik,
• Präimplantationsdiagnostik,
• Bestattungskulturen

und einiges mehr. Dies hat viele Wissenschaftsdisziplinen dazu gebracht, eigene
Bereiche einer angewandten Ethik herauszubilden. Hier lassen sich beispielsweise
Medizin- und Genethik, aber auch die politische oder die Wirtschaftsethik nennen.
Wissenschaftliche Fragestellungen der Heil- und Sonderpädagogik können thema-
tisch in verschiedene dieser Bereiche fallen, was vermutlich ein wesentlicher Grund
dafür ist, dass es keine speziell ausgewiesene heil- und sonderpädagogische Ethik
gibt, sondern ‚nur' Fragestellungen, die in besonderem Maße relevant erscheinen –
wie beispielsweise folgende:

- Inwiefern lassen sich subjektive Bedürfnisse und gesellschaftliche Erwartungen in Beziehung miteinander bringen?
- Wie sind menschliche Beziehungen zueinander zu beschreiben? Sind es stets machtvolle Beziehungen, in denen jeder um Anerkennung und Integrität kämpft (Honneth 1992; Dederich 2013) oder geht es vielmehr um das Etablieren einer fürsorglichen Haltung, um Mitfühlen und Sorge? Oder ist dies nicht illegitimer Paternalismus und Bevormundung? Darf und soll Heil- und Sonderpädagogik die Rolle eines Übersetzers oder Stellvertreters übernehmen?
- Daraus ergibt sich die Frage, wer der Andere, das Gegenüber eigentlich ist (Lévinas 1989)? Wer oder was ist eine Person und ab wann (Quante & Schweikard 2012, 90ff)?
- Darf man von Behinderung, Benachteiligung und Beeinträchtigung sprechen oder handelt es sich dabei um unzulässige Etikettierungs- und Stigmatisierungsprozesse?
- Wie steht es um Fragen von Gleichheit und Gerechtigkeit (Liesen 2006) im Hinblick auf Beeinträchtigung, Benachteiligung und Behinderung?
- In welcher Hinsicht sind Menschen gleich und wie müssen Beziehungen sein, damit man sie als gerecht bezeichnen kann (ebd.)?
- Wie stellt sich die Heil- und Sonderpädagogik zur Medizin in ihren Möglichkeiten hinsichtlich Pränataldiagnostik und Reparationstechnologien?

Einige dieser Fragen wurden bereits eingangs, unter 3., insbesondere beim Blick auf die von Bach beschriebenen Unsicherheiten sowie die von Speck erörterten Krisen, angesprochen.

Die ‚Mit-Zuständigkeit' der Heil- und Sonderpädagogik für diese und andere ethische Fragen aus ihrer eigenen Professionalität heraus, aber auch als Bezugswissenschaft mit Verbindungslinien zu Philosophie, Psychologie, Soziologie, Jura und Medizin, erfordert einerseits in konkreten Untersuchungen ein besonderes Bewusstsein für wissenschaftsethisches Arbeiten. Andererseits wirft diese Mit-Zuständigkeit das Problem auf, wie man angesichts der in verschiedenen Wissenschaftsdisziplinen unterschiedlich geführten Debatten und Vorgehensweisen zu Entscheidungen kommen kann. Ungeklärt bleibt letztlich, wie sich ethische Fragen durch die alltägliche Praxis beantworten lassen, auch wenn es keine theoretisch oder wissenschaftlich eindeutigen oder abschließenden Antworten gibt. Aber unbenommen sind die Anforderungen an kritische Reflexion und Diskurs innerhalb sowie zwischen wissenschaftlichen Disziplinen (Wessel & Diesner 2010, 63).

11.4 Kontrollfragen zu Wissenschaftsethik

• Können Sie mindestens drei grundsätzliche Dimensionen benennen und unterscheiden, in welchen Ethik in der Wissenschaft eine Rolle spielt?
• Können Sie benennen, welche Folgen sich aus ethischen Überlegungen für die Praxis wissenschaftlichen Arbeitens ableiten lassen?
• Können Sie verschiedene gesellschaftliche Themenfelder benennen – und erläutern, in welcher Form hier auch Aussagen seitens der Heil- und Sonderpädagogik gefragt sind?

12 Fazit

Kehrt man an den Anfang dieses Buches und das dort konstruierte Beispiel eines Schulversuchs zurück, so stellen sich am Ende die gleichen Fragen wie zu Beginn: Unter welchen Perspektiven und mit welchen Methoden kann sich Wissenschaft einem Untersuchungsgegenstand wie beispielsweise einem Schulversuch nähern? Welche wissenschaftlichen Fragestellungen lassen sich aufwerfen und wie werden, abhängig von Forschungsparadigmen, wissenschaftstheoretischen Positionen und Methoden, Antworten jeweils ausfallen?

Fest steht: Sonderpädagogik ist eine Wissenschaft. Damit wird sie, wie viele andere Wissenschaftsdisziplinen auch, von dem mitgeprägt, was Menschen von jeher als wissenschaftlich und auch als nicht (mehr) wissenschaftlich bezeichnet und festgelegt haben und wie sie diese Festlegungen begründet haben.

Fest steht auch, dass die Sonderpädagogik, nun anders als andere Wissenschaftsdisziplinen, sich nicht ohne weiteres einer wissenschaftstheoretischen Strömung oder Position alleine zuordnen lässt. Als Wissenschaft mit vielen Bezugswissenschaften – wie der Philosophie und der Psychologie, der Medizin und dem Rechtswesen, der Soziologie und der Anthropologie, der Theologie und der Ethik – sieht sie sich stets auch mit sehr unterschiedlichen Grundannahmen, Perspektiven und wissenschaftlichen Interessen konfrontiert. Gleichzeitig ist sie ein im Grunde ‚unbestimmtes Mehr‘ als die Summe ihrer Bezüge, was sich wesentlich aus ihrer praktischen Tradition der Arbeit für und mit behinderten, beeinträchtigten, benachteiligten und kranken Menschen heraus begründet. Es wäre naiv und utopisch zugleich, anzunehmen, Sonderpädagogik als Wissenschaft könne die verschiedenen Positionen und Paradigmen, Perspektiven und Methoden widerspruchsfrei zusammenführen oder gar harmonisieren. Als eine Wissenschaft, die sich in einem oszillierenden Verhältnis von Theorie, Praxis und Poiesis wesentlich aus dem Leben und Erleben von höchst unterschiedlichen Menschen und ihren Biographien speist, kann sie das nicht und – normativ gesprochen – sollte sie dies wohl auch nicht.

Vielleicht liegt in der auch wissenschaftlich auszumachenden Heterogenität gerade eine Chance verborgen, der Unterschiedlichkeit derjenigen Menschen etwas gerechter zu werden, für welche die Heil- und Sonderpädagogik einst angetreten ist und für die sich auch heute und in Zukunft immer wieder Menschen engagieren werden – unabhängig davon, ob man sich darüber streiten mag, inwieweit dies – einerseits – Auftrag sozialer, anthropologischer Verantwortung oder – andererseits – Zumutung bevormundender Etikettierung sei.

Denn gerade angesichts der in Kapitel 11 angerissenen gesellschaftlichen Themen, die mit dem begonnenen 21. Jahrhundert bedeutsam sind und werden, kann Sonderpädagogik als Wissenschaft nicht darauf verzichten, sich einzumischen – und dies nicht nur als Diskurspartner, sondern als Wissenschaftsdisziplin, deren Qualität darin besteht, unter verschiedenen Schwerpunktsetzungen diese gesellschaftlichen Diskurse mitzugestalten. Dabei hat sie zum Schutze aller Menschen auch die Aufgabe, zunehmenden Machbarkeitsphantasien und ökonomisch beschneidenden Interessen in allen ihren Arbeitsfeldern durch wissenschaftlich untermauerte Belege entgegenzutreten. Gefragt ist hier wissenschaftliche Strenge und Schärfe in all ihrer Tiefe und auch Breite, wie sie etwa die in diesem Buch dargestellten unterschiedlichen Positionierungen in ihrer Gesamtheit – und auch mit ihrem Widerstreit – repräsentieren.

Und was gilt nun? Was ist wahr? Der indische Bildungsphilosoph Jiddu Krishnamurti prägte den Satz: „I maintain that truth is a pathless land, and you cannot approach it by any path" (1929). Solange sich Sonderpädagogik als Wissenschaft, unabhängig davon, welcher theoretischen Position sie folgt und welche Methoden zum Einsatz bringt, dieses Gedankens bewusst ist, bleibt zu hoffen, dass sie sich nicht in wissenschaftstheoretischen und wissenschaftsmethodischen Diskursen verliert oder gar zerstreitet. Die Wahrheit ist ein pfadloses Land!

Literaturverzeichnis

Abelein, Philipp & Stein, Roland (2016): Förderung bei Aufmerksamkeits- und Hyperaktivitätsproblemen. Stuttgart: Kohlhammer. In Vorber.

Adorno, Theodor W. (1951; 2007): Minima Moralia. Reflexionen aus dem beschädigten Leben. Frankfurt a.m.: Suhrkamp. Einmalige Sonderausgabe.

Theodor W. Adorno (2007): Vorlesung über Negative Dialektik. Fragmente zur Vorlesung 1965/66. Frankfurt am Main: Suhrkamp.

Ahrbeck, Bernd (2011): Der Umgang mit Behinderung. Stuttgart: Kohlhammer.

Ahrbeck, Bernd (2014): Inklusion. Eine Kritik. Stuttgart: Kohlhammer.

Bach, Heinz (1977): Fruchtbare Unsicherheiten im Bereich der Sonderpädagogik. In: Kleber, E. W. (Hrsg.): Zur Revision sonderpädagogischer Praxis. Berlin. 7-16. (Auch in: Haeberlin, Urs 1996[4]: Allgemeine Heilpädagogik. Bern: Haupt.)

Banki, Farsin & Rothe, Friedrich K. (1979): Wege der pädagogischen Forschung. Eine Einführung. Bad Heilbrunn: Klinkhardt.

Benner, Dietrich (1980): Das Theorie-Praxis-Problem in der Erziehungswissenschaft und die Frage nach Prinzipien pädagogischen Denkens und Handelns. In: Zeitschrift für Pädagogik 26 (4), 485 – 497.

Benner, Dietrich (2012[7]): Allgemeine Pädagogik. Weinheim: Beltz Juventa.

Berka, Walter (2009): Über Originalität und geistiges Eigentum. In: Magerl, Gottfried (Hrsg.): Ethos und Integrität der Wissenschaft. Wien: Boehlau.

Bleidick, Ulrich (1985a): Theorie der Behindertenpädagogik. (Handbuch der Sonderpädagogik, Band 1). Berlin: Marhold.

Bleidick, Ulrich (1985b): Wissenschaftssystematik der Behindertenpädagogik. In: Bleidick, Ulrich (Hrsg.): Theorie der Behindertenpädagogik. (Handbuch der Sonderpädagogik, Band 1). Berlin: Marhold. 48-86.

Böhm, Winfried (1985): Theorie und Praxis. Würzburg: Königshausen & Neumann.

Bollnow, Otto F. (1959): Existenzphilosophie und Pädagogik: Versuch über unstetige Formen der Erziehung. Stuttgart: Kohlhammer.

Bortz, Jürgen & Döring, Nicola (1995[2]): Forschungsmethoden und Evaluation. Berlin: Springer.

Brezinka, Wolfgang (1971): Von der Pädagogik zur Erziehungswissenschaft. Weinheim: Beltz.

Brezinka, Wolfgang (1978): Metatheorie der Erziehung. München: Reinhardt.

Brezinka, Wolfgang (1990). Grundbegriffe der Erziehungswissenschaft. Analyse, Kritik, Vorschläge. München Basel: Reinhardt.

Bronfenbrenner, Urie (1981): Die Ökologie der menschlichen Entwicklung. Stuttgart: Klett-Cotta.

Bronfenbrenner, Urie (1990): Ökologische Sozialisationsforschung. In: Kruse, Lenelis & Graumann, Carl-Friedrich & Lantermann, Ernst-Dieter (Hrsg.): Ökologische Psychologie. München: Beltz, Psychologie Verlagsunion. 76-79.

Brunkhorst, Hauke (1995): Systemtheorie. In: Lenzen, Dieter & Mollenhauer, Klaus (1995): Theorien und Grundbegriffe der Erziehung und Bildung. (Enzyklopädie Erziehungswissenschaft, Band 1). Stuttgart: Klett 193-213.

Burkard, Franz P. & Weiss, Axel (2008): dtv-Atlas Pädagogik. München: dtv.

Chalmers, Alan F. (2007[6]): Wege der Wissenschaft. Einführung in die Wissenschaftstheorie. Berlin: Springer.

Cube, Felix von (1982): Kybernetische Grundlagen des Lernens und Lehrens. Stuttgart: Klett-Cotta.

Cube, Felix von (1980; 1995[8]): Die kybernetisch-informationstheoretische Didaktik. In: Gudjons, Herbert; Teske, Rita & Winkel, Rainer (Hrsg.): Didaktische Theorien. Hamburg: Bergmann u. Helbig. 47-60.

Danner, Helmut (2006[5]): Methoden geisteswissenschaftlicher Pädagogik. München: Reinhardt.

Dederich, Markus (2013): Philosophie in der Heil- und Sonderpädagogik. Stuttgart: Kohlhammer.

Detel, Wolfgang (2008[2]): Erkenntnis- und Wissenschaftstheorie. Grundkurs Philosophie Band 4. Stuttgart: Reclam.

Dorsch, Friedrich (1994[12]): Psychologisches Wörterbuch. Bern: Huber.

Duden (1997): Sinn- und sachverwandte Wörter: Synonymwörterbuch der deutschen Sprach (hrsg. von Wolfgang Müller). Mannheim: Duden

Ehrenreich, Barbara (2010): Wie konservativ ist die positive Psychologie? In: Psychologie Heute 37 (11), 26-30.

Ellinger, Stephan (2015): Ist Wirklichkeit die Erfindung eines Lügners? Grundsätzliche Überlegungen zum qualitativen Forschungsprozess. In: Koch, Katja & Ellinger, Stephan (Hrsg.): Empirische Forschungsmethoden in der Heil- und Sonderpädagogik. Göttingen: Hogrefe. 229-234.

Engler, Fynn Ole (2010): Kritischer Rationalismus. In: Horster, Detlef & Jantzen, Wolfgang (Hrsg.) (2010): Wissenschaftstheorie. (Behinderung, Bildung, Partizipation. Enzyklopädisches Handbuch der Behindertenpädagogik. Band 1.) Stuttgart: Kohlhammer 214-218.

Feuser, Georg (1996): Geistigbehinderte gibt es nicht. Zum Verhältnis von Menschenbild und Integration. Vortrag: http://bidok.uibk.ac.at/library/feuser-geistigbehinderte.html#idp375040. Abruf vom 20.02.2015.

Feyerabend, Paul (1983): Wider den Methodenzwang. Skizze einer anarchistischen Erkenntnistheorie. Frankfurt a.M.: Suhrkamp.

Fischer, Dieter (1992): Ich setzte meinen Fuß in die Luft – und sie trug. Band 2. Würzburg: edition bentheim.

Friedell, Egon (2007): Kulturgeschichte der Neuzeit. Wien: Boehlau.

Fuchs, Werner; Klima, Rolf; Lautmann, Rüdiger; Rammstedt, Otthein & Wienold, Hans (Hrsg.) (1978[2]): Lexikon zur Soziologie. Opladen: Westdeutscher Verlag.

Glaser, Barney & Strauss, Anselm (1967): The Discovery of Grounded Theory. Strategies for Qualitative Research. Aldine Publications.

Gröschke, Dieter (1997): Praxiskonzepte der Heilpädagogik: anthropologische, ethische und pragmatische Dimensionen. München: Reinhardt.

Gudjons, Herbert & Lippitz, Wilfried (Hrsg.) (1994[4]): Erziehungswissenschaftliche Theorien. Hamburg: Bergmann + Helbig.

Habermas, Jürgen (1995a): Theorie des kommunikativen Handelns. Band 1: Handlungsrationalität und gesellschaftliche Rationalisierung. Frankfurt a.M.: Suhrkamp.

Habermas, Jürgen (1995b): Theorie des kommunikativen Handelns. Band 2: Zur Kritik der funktionalistischen Vernunft. Frankfurt a.M.: Suhrkamp.

Haeberlin, Urs (1996): Heilpädagogik als wertgeleitete Wissenschaft. Bern: Haupt.

Haeberlin, Urs (2005): Grundlagen der Heilpädagogik. Bern: Haupt/UTB

Harrington, Anne (2002[9]): Die Suche nach Ganzheit. Die Geschichte biologisch-psychologischer Ganzheitslehren. Vom Kaiserreich bis zur New-Age-Bewegung. Reinbek: Rowohlt.

Hegel, Georg Wilhelm Friedrich (1817; 1986): Vorlesungen über die Geschichte der Philosophie II. Werke 19. Frankfurt a.M.: Suhrkamp.

Hegel, Georg Wilhelm Friedrich (1807; 1998[6]): Phänomenologie des Geistes. Werke 3. Frankfurt a.M.: Suhrkamp.

Hegel, Georg Wilhelm Friedrich (1830; 2012[8]): Enzyklopädie der philosophischen Wissenschaften III. Werke 10. Frankfurt a.M.: Suhrkamp.

Heyting, Frieda (1996): Konstruktivistische Erziehungswissenschaft. In: Hierdeis, Helmwart & Hug, Theo (Hrsg.): CD-Rom der Pädagogik. Baltmannsweiler: Schneider.

Hillenbrand, Clemens (1999): Paradigmenwechsel in der Sonderpädagogik? Eine wissenschaftstheoretische Kritik. In: Zeitschrift für Heilpädagogik, 50 (5), 240-246.

Hillenbrand, Clemens (2015): Evidenzbasierung sonderpädagogischer Praxis: Widerspruch oder Gelingensbedingung? In: Zeitschrift für Heilpädagogik 66 (7), 312-324.

Honneth, Axel (1992): Kampf um Anerkennung. Frankfurt a. M: Suhrkamp.

Horkheimer, Max & Adorno, Theodor W. (1988; 1944): Dialektik der Aufklärung. Frankfurt a.m.: Fischer.

Horster, Detlef & Jantzen, Wolfgang (Hrsg.) (2010): Wissenschaftstheorie. (Behinderung, Bildung, Partizipation. Enzyklopädisches Handbuch der Behindertenpädagogik. Band 1). Stuttgart: Kohlhammer.

Hoyningen-Huene, P. (2009): Zur Rationalität der Wissenschaftsethik. In: Magerl, G. & Schmidinger, H. (Hrgs): Ethos und Integrität der Wissenschaft. Wien: Böhlau. 11-13.

Huber, Christian (2010): Systemtheorie, sozialwissenschaftlich: Luhmann. In: Horster, Detlef & Jantzen, Wolfgang (Hrsg.) (2010): Wissenschaftstheorie. (Behinderung, Bildung, Partizipation. Enzyklopädisches Handbuch der Behindertenpädagogik. Band 1). Stuttgart: Kohlhammer. 179-186.

Hügli, Anton & Lübcke, Poul (Hrsg.) (1997). Philosophielexikon. Reinbek: Rowohlt.

Huschke-Rhein, Rolf (1996): Systemische Erziehungswissenschaft. In: Hierdeis, Helmwart & Hug, Theo (Hrsg.): CD-Rom der Pädagogik. Baltmannsweiler: Schneider.

Huschke-Rhein, Rolf (2003[2]): Einführung in die systemische und konstruktivistische Pädagogik. Weinheim: Beltz UTB.

Kant, Immanuel (1781; 1995[13]): Kritik der reinen Vernunft I. Werkausgabe Band III. Frankfurt a.m. : Suhrkamp.

Keckeisen, Wolfgang (1995): Kritische Erziehungswissenschaft. In: Lenzen, Dieter & Mollenhauer, Klaus (1995): Theorien und Grundbegriffe der Erziehung und Bildung. (Enzyklopädie Erziehungswissenschaft, Band 1). Stuttgart: Klett. 117-138.

Klafki, Wolfgang (1985): Neue Studien zur Bildungstheorie und Didaktik. Beiträge zur kritisch-konstruktiven Didaktik. Weinheim: Beltz.

Klafki, Wolfgang (1995[8]): Die bildungstheoretische Didaktik im Rahmen kritisch-konstruktiver Erziehungswissenschaft. In: Gudjons, Herbert; Teske, Rita & Winkel, Rainer (Hrsg.): Didaktische Theorien. Hamburg: Bergmann u. Helbig. 11-26.

Koch, Katja (2015): Woraus besteht der quantitative Forschungsprozess? Kopf oder Zahl – Grundsätzliche Überlegungen zum quantitativen Forschungsprozess. In: Koch, Katja & Ellinger, Stephan (Hrsg.): Empirische Forschungsmethoden in der Heil- und Sonderpädagogik. Göttingen: Hogrefe. 41-48.

Koch, Katja & Ellinger, Stephan (Hrsg.) (2015): Empirische Forschungsmethoden in der Heil- und Sonderpädagogik. Göttingen: Hogrefe.

Kohlberg, Lawrence (1995): Die Psychologie der Moralentwicklung. Frankfurt a.m.: Suhrkamp.

Krappmann, Lothar (1978[5]): Soziologische Dimensionen der Identität. Strukturelle Bedingungen für die Teilnahme an Interaktionsprozessen. Stuttgart: Klett-Cotta.

Krieger, David J. (1996): Einführung in die allgemeine Systemtheorie. München: Fink.

Krishnamurti, Jiddu: (1929): Dissolution Speech. Ommen, Niederlande.

Kriz, Jürgen (1999): Systemtheorie für Psychotherapeuten, Psychologen und Mediziner. Wien: Facultas.

Kron, Friedrich W. (1999): Wissenschaftstheorie für Pädagogen. München: Reinhardt.

Kroworsch, Susann (Hrsg.) (2014): Inklusion im deutschen Schulsystem. Barrieren und Lösungswege. Berlin: Verl. des Deutschen Vereins für öffentliche und private Fürsorge.

Krüger, Heinz-Hermann (2006[4]): Einführung in Theorien und Methoden der Erziehungswissenschaft. Opladen: Leske & Budrich.

Krumm, Volker (1995): Kritisch-rationale Erziehungswissenschaft. In: Lenzen, Dieter & Mollenhauer, Klaus (1995): Theorien und Grundbegriffe der Erziehung und Bildung. (Enzyklopädie Erziehungswissenschaft, Band 1). Stuttgart: Klett. 139-154.

Kühn, Rudolf M. (1999): Unhumanistische Denkweisen. Ansätze zur Überwindung des pädagogischen Humanismus bei Buber, Lévinas, Ballauff und Schaller. Hohengehren: Schneider.

Lenzen, Dieter & Mollenhauer, Klaus (1995): Theorien und Grundbegriffe der Erziehung und Bildung. (Enzyklopädie Erziehungswissenschaft, Band 1). Stuttgart: Klett

Lévinas, Emmanuel (1989): Humanismus des anderen Menschen. Hamburg: Felix Meiner.

Liesen, Christian (2006): Gleichheit als ethisch-normatives Problem der Sonderpädagogik. Weinheim: Beltz.

Luhmann, Niklas (1996[6]): Soziale Systeme. Grundriß einer allgemeinen Theorie. Frankfurt a.m.: Suhrkamp.

Luhmann, Niklas (2011[6]): Einführung in die Systemtheorie. Heidelberg: Carl-Auer.

Luhmann, Niklas & Schorr, Karl Eberhard (Hrsg.) (1986): Zwischen Intransparenz und Verstehen. Fragen an die Pädagogik. Frankfurt a.M.: Suhrkamp.

Luhmann, Niklas & Schorr, Karl Eberhard (1988): Reflexionsprobleme im Erziehungssystem. Frankfurt a.M.: Suhrkamp.

Luhmann, Niklas & Schorr, Karl Eberhard (Hrsg.) (1992): Zwischen Absicht und Person. Fragen an die Pädagogik. Frankfurt a.M.: Suhrkamp.

Luhmann, Niklas & Schorr, Karl-Eberhard (Hrsg.) (1996): Zwischen System und Umwelt. Fragen an die Pädagogik. Frankfurt a.M.: Suhrkamp.

Mann, Leon (1972): Sozialpsychologie. München: Psychologie-Verl.-Union.

Matthes, Eva (2011): Geisteswissenschaftliche Pädagogik. Ein Lehrbuch. München: Oldenbourg.

Maturana, Humberto R. & Varela, Francisco J. (1987): Der Baum der Erkenntnis. Frankfurt a. M.: S. Fischer..

Mayring, Philipp (2010[11]): Qualitative Inhaltsanalyse. Grundlagen und Techniken. Weinheim: Beltz.

Merleau-Ponty, Maurice (1966). Phänomenologie der Wahrnehmung. Berlin: de Gruyter & Co.

Métraux, Alexandre (2010): Phänomenologie. In: Horster, Detlef & Jantzen, Wolfgang (Hrsg.): Wissenschaftstheorie. Stuttgart: Kohlhammer. 229-234.

Meyer-Drawe, Käte (1984): Leiblichkeit und Sozialität. Phänomenologische Beiträge zu einer pädagogischen Theorie der Inter-Subjektivität. München: Wilhelm Fink.

Mollenhauer, Klaus (1968): Erziehung und Emanzipation. München: Juventa

Mollenhauer, Klaus (1972): Theorien zum Erziehungsprozeß. München: Juventa.

Mollenhauer, Klaus (1998): Vergessene Zusammenhänge. Über Kultur und Erziehung. München: Juventa.

Moser, Vera (2003): Konstruktion und Kritik. Sonderpädagogik als Disziplin. Opladen: Leske & Budrich.

Moser, Vera & Sasse, Ada (2008): Theorien der Behindertenpädagogik. München: Reinhardt UTB.

Moser, Vera & Horster, Detlef (2012): Ethik der Behindertenpädagogik. Stuttgart: Kohlhammer.

Nußbeck, Susanne (2006): Forschungsmethoden. In: Hansen, Gerd & Stein, Roland Hrsg.): Kompendium Sonderpädagogik. Bad Heilbrunn: Klinkhardt. 192-204.

Nußbeck, Susanne (2014): Evidenzbasierte Praxis. In: Wember, Franz B., Stein, Roland & Heimlich, Ulrich (Hrsg.): Handlexikon Lernschwierigkeiten und Verhaltensstörungen. Stuttgart: Kohlhammer 247-249.

Oskamp, Ulrich (2006): Wissenschaftstheoretische Positionen. In: Hansen, Gerd & Stein, Roland (Hrsg.): Kompendium Sonderpädagogik. Bad Heilbrunn: Klinkhardt. 378-389.

Piaget, Jean & Inhelder, Bärbel (1990): Die Entwicklung des inneren Bildes beim Kind. Frankfurt a.M.: Suhrkamp.

Piaget, Jean & Inhelder, Bärbel (1991[4]): Die Psychologie des Kindes. Olten: Walter.

Popper, Karl (1973): Objektive Erkenntnis. Ein evolutionärer Entwurf. Frankfurt a. M.: Suhrkamp.

Quante, Michael & Schweikard, David P. (2012): Person. In: Moser, Vera & Horster, Detlef (Hrsg.): Ethik der Behindertenpädagogik. Stuttgart: Kohlhammer, 90 – 104.

Reich, Kersten (1997[2]): Systemisch-konstruktivistische Pädagogik. Neuwied: Luchterhand.

Reichenbach, Roland (2011): Erziehung. In Kade, Jochen (Hrsg.): Pädagogisches Wissen, Erziehungswissenschaft in Grundbegriffen. Stuttgart: Kohlhammer 20-27.

Roth, Gerhard (1987a): Erkenntnis und Realität: Das reale Gehirn und seine Wirklichkeit. In: Schmidt, S.J. (Hrsg.): Der Diskurs des Radikalen Konstruktivismus. Frankfurt a.M.: Suhrkamp, 229-255.

Roth, Gerhard (1987b): Autopoiese und Kognition: Die Theorie H. R. Maturanas und die Notwendigkeit ihrer Weiterentwicklung. In: Schmidt, S.J. (Hrsg.): Der Diskurs des Radikalen Konstruktivismus. Frankfurt a.m.: Suhrkamp, 256-286.

Roth, Gerhard (1992): Das konstruktive Gehirn: Neurobiologische Grundlagen von Wahrnehmung und Erkenntnis. In: Schmidt, S.J. (Hrsg.): Kognition und Gesellschaft. Der Diskurs des Radikalen Konstruktivismus 2. Frankfurt a.m.: Suhrkamp, 277-336.

Roth, Gerhard (1998²): Das Gehirn und seine Wirklichkeit. Frankfurt a.m.: Suhrkamp.

Roth, Gerhard (2009): Aus Sicht des Gehirns. Vollständig überarbeitete Neuauflage. Frankfurt a.m.: Suhrkamp.

Roth, Heinrich (1963): Die realistische Wendung in der pädagogischen Forschung. In: Die Deutsche Schule 55, 109-119.

Sander, Alfred (1999): Ökosystemische Ebenen integrativer Schulentwicklung – ein organisatorisches Innovationsmodell. In: Heimlich, Ulrich & Bless, Gerard (Hrsg.): Sonderpädagogische Fördersysteme. Auf dem Weg zur Integration. Stuttgart: Kohlhammer. 33-44.

Schad, Gerhard (2006²): Wissenschaftstheorie für Sonderpädagogen. In: Ellinger, Stephan & Stein, Roland (Hrsg.): Grundstudium Sonderpädagogik. Oberhausen: Athena. 54-76.

Schad, Gerhard (2015): Evidenzbasierte Erziehung? In: Zeitschrift für Heilpädagogik 66 (7), 335-344.

Scheler, Max (1925): Die Formen des Wissens und die Bildung. In: Frings, Manfred (Hrsg.) (1976): Max Scheler: Späte Schriften. Bern: Francke.

Schleiffer, Roland (2013): Verhaltensstörungen: Sinn und Funktion. Heidelberg: Carl-Auer.

Schmidt, Siegfried J. (Hrsg.) (1987): Der Diskurs des Radikalen Konstruktivismus. Frankfurt a.m.: Suhrkamp.

Schmidt, Siegfried J. (Hrsg.) (1992): Kognition und Gesellschaft. Der Diskurs des Radikalen Konstruktivismus II.. Frankfurt a.m.: Suhrkamp.

Schmidt, Siegfried J. (1995): (Radikaler) Konstruktivismus. Wie Wirklichkeit wirklich wird. In: Reusch, Siegfried (Hrsg.): Der blaue Reiter. Journal für Philosophie. Nr. 2, Thema: Wahrheit-Wirklichkeit. 30-33.

Schnädelbach, Herbert (2010): Erkenntnistheorie/Erkenntnis. In: Horster, Detlef & Jantzen, Wolfgang (Hrsg.) (2010): Wissenschaftstheorie. (Behinderung, Bildung, Partizipation. Enzyklopädisches Handbuch der Behindertenpädagogik. Band 1). Stuttgart: Kohlhammer 131-138.

Schweppenhäuser, Gerhard (2010): Kritische Theorie. In: Horster, Detlef & Jantzen, Wolfgang (Hrsg.) (2010): Wissenschaftstheorie. (Behinderung, Bildung, Partizipation. Enzyklopädisches Handbuch der Behindertenpädagogik. Band 1). Stuttgart: Kohlhammer. 218-223.

Schülein, Johann A. & Reitze, Simon (2012³): Wissenschaftstheorie für Einsteiger. Wien: facultas.

Seiffert, Helmut (1991¹¹): Einführung in die Wissenschaftstheorie. Band 1. München: Beck.

Seitz, Willi (1977): Persönlichkeitsbeurteilung durch Fragebogen. Braunschweig: Westermann.

Seitz, Willi (2003): Diagnostik bei Störungen des Erlebens und Verhaltens. In: Leonhardt, Annette & Wember, Franz B. (Hrsg.): Grundfragen der Sonderpädagogik. Weinheim: Beltz. 218-243.

Singer, Peter (1984): Praktische Ethik. Stuttgart: Reclam.

Speck, Otto (2003⁵): System Heilpädagogik. München: Reinhardt.

Speck, Otto (2010): Schulische Inklusion aus heilpädagogischer Perspektive. Rhetorik und Realität. München: Reinhardt.

Stein, Roland (2004): Zum Selbstkonzept im Lebensbereich Beruf bei Lehrern für Sonderpädagogik. Hamburg: Kovač.

Stein, Roland (2015⁴): Grundwissen Verhaltensstörungen. Baltmannsweiler: Schneider.

Stein, Roland & Stein, Alexandra (2014²): Unterricht bei Verhaltensstörungen. Bad Heilbrunn: Klinkhardt UTB.

Stinkes, Ursula (1993): Spuren eines Fremden in der Nähe: das „geistig behinderte" Kind aus phänomenologischer Sicht. Würzburg: Königshausen & Neumann.

Stumm, Gerhard & Voracek, Martin (Hrsg.) (2000): Wörterbuch der Psychotherapie. Wien: Springer.

Tenorth, Heinz E. (2011): Inklusion im Spannungsfeld von Universalisierung und Individualisierung – Bemerkungen zu einem pädagogischen Dilemma. Manuskript zum Eröffnungsvortrag am 13.10.2011 zur Tagung „Schule auf dem Weg zur Inklusion – Unterschiedliche Leistungen als Herausforderung" des Zentrums für Lehrebildung und Bildungsforschung der Universität Würzburg, 13./14. Oktober 2011: Unveröffentlicht.

Terhart, Ewald (1997): Entwicklung und Situation des qualitativen Forschungsansatzes in der Erziehungswissenschaft. In: Friebertshäuser, Barbara & Prengel, Annedore (Hrsg.): Handbuch Qualitative Forschungsmethoden in der Erziehungswissenschaft. Weinheim: Beltz. 27-42.

Thalhammer, Manfred; Bleidick, Ulrich & Speck, Otto (1986): Gefährdungen des behinderten Menschen im Zugriff von Wissenschaft und Praxis: Anfragen an Sondererziehung und Therapie. München: Reinhardt.

Theunissen, Georg & Plaute, Wolfgang (2002): Handbuch Empowerment und Heilpädagogik. Freiburg i.Br.: Lambertus.

Thiersch, Hans (1995): Geisteswissenschaftliche Pädagogik. In: Lenzen, Dieter & Mollenhauer, Klaus (1995): Theorien und Grundbegriffe der Erziehung und Bildung. (Enzyklopädie Erziehungswissenschaft, Band 1). Stuttgart: Kohlhammer. 81-100.

Treml, Alfred K. (2010): Philosophische Pädagogik. Stuttgart: Kohlhammer.

Tschamler, Herbert (1996[3]): Wissenschaftstheorie. Eine Einführung für Pädagogen. Bad Heilbrunn: Klinkhardt.

Voß, Reinhard (Hrsg.) (1998): Schul-Visionen. Theorie und Praxis systemisch-konstruktivistischer Pädagogik. Heidelberg: Carl-Auer.

Vossler, Andreas (2000): Als Indexpatient ins therapeutische Abseits? Kinder in der systemischen Familientherapie und -beratung. In: Praxis der Kinderpsychologie und Kinderpsychiatrie;49 (6), 435-449.

Watzlawick, Paul; Beavin, Janet H. & Jackson, Don D. (1990[8]): Menschliche Kommunikation – Formen, Störungen, Paradoxien. Bern: Huber.

Weber, M. (2005): Wirtschaft und Gesellschaft. Frankfurt a.M.: Suhrkamp.

Wember, Franz B. (2014): Empirische Sonderpädagogik. In: Wember, Franz B., Stein, Roland & Heimlich, Ulrich (Hrsg.): Handlexikon Lernschwierigkeiten und Verhaltensstörungen. Stuttgart: Kohlhammer. 241-243.

Weniger, Erich (1969[4]): Neue Wege im Geschichtsunterricht. Frankfurt a. M.: Schulte-Bulmke.

Wernet, Andreas (2010): Objektive Hermeneutik. In: Horster, Detlef & Jantzen, Wolfgang (Hrsg.): Wissenschaftstheorie. Stuttgart: Kohlhammer 279-284.

Wessel, Karl-Friedrich & Diesner, Thomas (2010): Wissenschaftstheorie und Wissenschaftsgeschichte. In: Horster, Detlef & Jantzen, Wolfgang (Hrsg.): Wissenschaftstheorie. Stuttgart: Kohlhammer 47-64.

Winter, Paul (2013): Grounded Theory. Mehrwert im globalen Forschungssetting? Unter: http://www.shabka.org/wp-content/uploads/2013/05/Shabka-Background_5-2013_GroundedTheory.pdf. Aufgerufen am 21.09.2015.

Zahavi, Dan (2007): Phänomenologie für Einsteiger. Paderborn: Fink UTB.